国际融资学
——理论·实务·案例

陈湛匀 编著

立信会计出版社

图书在版编目(CIP)数据

国际融资学:理论·实务·案例/陈湛匀编著. —上海:立信会计出版社,2006.1
ISBN 978-7-5429-1596-2

Ⅰ.国… Ⅱ.陈… Ⅲ.国际金融—融资 Ⅳ.F831.5

中国版本图书馆 CIP 数据核字(2006)第 002013 号

国际融资学——理论·实务·案例

出版发行	立信会计出版社	
地　　址	上海市中山西路 2230 号	邮政编码　200235
电　　话	(021)64411389	传　　真　(021)64411325
网　　址	www.lixinaph.com	电子邮箱　lxaph@sh163.net
网上书店	www.shlx.net	电　　话　(021)64411071
经　　销	各地新华书店	
印　　刷	常熟市梅李印刷有限公司	
开　　本	787 毫米×960 毫米　　1/16	
印　　张	14.25	
插　　页	2	
字　　数	282 千字	
版　　次	2006 年 1 月第 1 版	
印　　次	2018 年 1 月第 5 次	
印　　数	8 201—9 300	
书　　号	ISBN 978-7-5429-1596-2/F	
定　　价	30.00 元	

如有印订差错　请与本社联系调换

序　言

本书的序言部分，作者想对下面几个问题作出回答：① 为什么要写作这本书？写作这本书基于什么愿望？在写作过程中基于什么假设？② 本书有哪些重要内容和特色？③ 本书的主要读者对象是谁？等等。

1. 写作本书的原因

随着我国市场经济体制的逐步完善和投融资体制改革的不断深入，一个项目的建设资金难以只靠项目单位自筹资金或国家投资。从各个方面利用各种方式筹集建设资金项目是必然趋势，而从国际资本市场上融资是一种重要途径。在国际资本市场上，融资有各种各样的方式，有的是西方国家早就采用的，有的是近些年来兴起的；有的是我国改革开放后已经采用过的，有的是刚刚传入我国的；有的我们比较熟悉，有的我们还比较陌生。

目前，国内开设国际融资课程的学校和专业愈来愈多。作者认为，国际融资本来就是一门日新月异发展的实务学科，如果不抓住最新的国际金融市场动态，就难以及时了解和熟悉有关金融最新操作方法，就不利于培养头脑灵活、眼界开阔、能融会贯通的国际金融人才。为此，本书除了理论阐述以外，还非常重视实务性内容的阐述。

2. 本书的特色和内容

本书的特色是内容新颖和实务性较强，本书不仅具体地介绍了国际融资的最新内容，而且所选用的案例大多取自于最新发表的国际金融外文书籍、杂志和互联网上的资料以及银行实际业务，便于学生熟悉和把握最新国际融资动态。总之，本书汇集相当数量的实务、操作方法和案例，内容丰富，材料翔实，理论、实务和案例浑然一体，而且比较全面。

作者在本书每一章的结构及编排上做了如下尝试：① 每章都配有本章的学习目标。这样做的目的是，告诉读者在学完本章之后应该掌握哪些要点；帮助读者在学习时将注意力集中在主要问题上，以提高学习效率。② 各章之后都配有本章小结。本章小结的作用是提醒读者学完本章之后应该学会和掌握哪些内容，同时供读者进行总结和回顾时参照。③ 在每章后面都附有一定数量的习题，它们是从各章的内容之中被选择出来的，如果读者学完并掌握了各章的内容，就能顺利地回答习题中的问题，设立一定数量的习题的目的是供读者测试和练习之用。④ 在每章实务部分后面都给出了一定数量的案例，其目的是想借助这些案例帮助读者更好地掌握相关的实务操作，从而提高实务操作的能力。

3. 本书的读者对象

本书主要是为经济类、管理类专业的大学本科生编写的,由于本书具有内容充实、实务操作突出、又具有一定理论性的特点,因此,它同时也是一本适合于广大公司企业财务管理人员以及实务工作者学习国际融资学操作的好书。

4. 致谢

本书在写作过程中直接或间接地借鉴了国内外大量的论著、教科书等一些素材,因数量众多,难以一一列举,在此一并致谢!然而,书中存在的观点上的偏差,当由作者负完全责任,概与他人无关,敬请广大读者不吝赐教。

陈湛匀
2006 年于上海

目 录

第一章 国际贷款融资 ·· 1
  1.1 国际货币基金组织贷款概述 ·· 2
    1.1.1 基金组织贷款的特点 ·· 2
    1.1.2 现行的国际货币基金组织贷款的种类 ·· 2
  1.2 世界银行贷款概述 ··· 5
    1.2.1 世界银行贷款的特点 ·· 5
    1.2.2 世界银行贷款的原则和政策 ·· 6
    1.2.3 世界银行贷款方向及条件 ··· 7
    1.2.4 提款和支付 ··· 9
    1.2.5 我国与世界银行的业务往来 ··· 10
  1.3 外国政府贷款概述 ·· 11
    1.3.1 外国政府贷款的概念 ··· 11
    1.3.2 政府贷款的特点 ·· 12
    1.3.3 影响政府贷款的因素 ··· 13
    1.3.4 政府贷款的一般程序 ··· 13
    1.3.5 我国利用外国政府贷款 ·· 15
  1.4 国际商业银行贷款 ·· 16
    1.4.1 国际商业银行贷款的规定 ··· 17
    1.4.2 我国对国际商业银行贷款的管理 ·· 18
    1.4.3 国际银团贷款 ··· 19
  案例 ·· 25
  本章小结 ··· 28
  本章习题 ··· 28

第二章 国际贸易融资 ·· 29
  2.1 贸易融资的产生及理论背景 ·· 29
    2.1.1 中世纪贸易融资的产生 ·· 29

2.1.2　自由资本主义时期国际贸易融资的发展 ……………………… 30
　　2.1.3　垄断资本主义时期国际贸易融资的成长 ……………………… 30
　　2.1.4　国际贸易融资发展的理论背景 …………………………………… 31
2.2　国际贸易融资 ……………………………………………………………… 34
　　2.2.1　国际贸易融资的概念与类型 ……………………………………… 34
　　2.2.2　国际贸易融资的主体 ……………………………………………… 35
　　2.2.3　国际贸易融资的特点 ……………………………………………… 36
　　2.2.4　国际贸易融资的优势 ……………………………………………… 37
　　2.2.5　国际贸易融资的作用 ……………………………………………… 40
2.3　国际贸易融资风险管理 …………………………………………………… 42
　　2.3.1　防范和控制风险的原则 …………………………………………… 42
　　2.3.2　国际贸易融资风险管理的措施 …………………………………… 43
案例 …………………………………………………………………………………… 46
本章小结 ……………………………………………………………………………… 48
本章习题 ……………………………………………………………………………… 49

第三章　项目融资 ………………………………………………………………… 50

3.1　项目融资概述 ……………………………………………………………… 50
　　3.1.1　项目融资的基本内涵 ……………………………………………… 50
　　3.1.2　项目融资的产生与发展 …………………………………………… 51
　　3.1.3　项目融资的适用范围 ……………………………………………… 51
　　3.1.4　项目融资的特征 …………………………………………………… 51
　　3.1.5　项目融资方式优势 ………………………………………………… 52
3.2　项目融资的参与者结构及相互关系 …………………………………… 53
　　3.2.1　项目融资参与者 …………………………………………………… 53
　　3.2.2　项目融资参与方相互关系 ………………………………………… 55
　　3.2.3　项目融资的合约安排 ……………………………………………… 56
3.3　项目融资结构安排与财务分析 ………………………………………… 58
　　3.3.1　项目融资组织形式安排 …………………………………………… 58
　　3.3.2　项目融资资金来源 ………………………………………………… 59
　　3.3.3　项目融资的融资结构 ……………………………………………… 61
　　3.3.4　项目融资财务分析 ………………………………………………… 62
3.4　项目融资可行性评估 ……………………………………………………… 63
　　3.4.1　投资项目可行性研究的含义 ……………………………………… 64

3.4.2 项目可行性研究的范围 …… 64
3.4.3 融资项目的选择 …… 65
3.4.4 项目评估分析方案内容 …… 66
3.5 项目融资的风险及承担 …… 68
3.5.1 项目融资风险分类 …… 68
3.5.2 项目融资风险管理 …… 69
案例 …… 71
本章小结 …… 72
本章习题 …… 72

第四章 国际证券融资 …… 74
4.1 国际证券融资的基本特征 …… 74
4.2 国际股票融资 …… 76
4.2.1 国际股票融资概述 …… 76
4.2.2 境内上市外资股(B股)的融资 …… 79
4.2.3 境外直接上市融资 …… 86
4.2.4 境外借壳上市 …… 94
4.3 国际债券融资 …… 97
4.3.1 国际债券市场和品种 …… 97
4.3.2 国际债券的发行 …… 100
4.3.3 国际债券的流通 …… 108
4.3.4 国际债券的清算 …… 109
4.4 证券融资国际化趋势及其影响 …… 109
案例 …… 114
本章小结 …… 116
本章习题 …… 116
本案附录 世界主要外国债券市场介绍 …… 117

第五章 吸引外商直接投资 …… 121
5.1 国际直接投资理论 …… 121
5.1.1 传统的国际直接投资理论 …… 121
5.1.2 当代国际直接投资理论创新 …… 124
5.2 国际直接投资的主要类型与特征分析 …… 127
5.2.1 国际直接投资的主要类型 …… 127

  5.2.2 国际直接投资的特征与新特点 ………………………………… 128
 5.3 外国直接投资(FDI)与中国 ………………………………………… 128
  5.3.1 FDI 在中国的发展轨迹 …………………………………………… 128
  5.3.2 我国利用 FDI 状况分析 ………………………………………… 129
  5.3.3 我国 FDI 快速增长原因 ………………………………………… 130
  5.3.4 FDI 与我国的产业结构调整 …………………………………… 131
  5.3.5 FDI 与我国的产业政策调整 …………………………………… 132
 案例 …………………………………………………………………………… 133
 本章小结 ……………………………………………………………………… 134
 本章习题 ……………………………………………………………………… 134

第六章 金融租赁融资 ……………………………………………………… 135
 6.1 金融租赁融资概述 ………………………………………………… 136
  6.1.1 金融租赁的概念和特点 ………………………………………… 136
  6.1.2 金融租赁的形式及作用 ………………………………………… 137
  6.1.3 金融租赁融资的利弊 …………………………………………… 138
 6.2 金融租赁融资合同 ………………………………………………… 139
  6.2.1 金融租赁涉及的合同及其主要内容 …………………………… 139
  6.2.2 合同的变更和解除 ……………………………………………… 142
 6.3 金融租赁操作过程 ………………………………………………… 143
  6.3.1 企业租赁项目决策 ……………………………………………… 143
  6.3.2 企业委托租赁 …………………………………………………… 145
  6.3.3 租赁公司审查受理 ……………………………………………… 145
  6.3.4 金融租赁业务合同 ……………………………………………… 147
  6.3.5 金融租赁租金的计算 …………………………………………… 148
 6.4 金融租赁的会计处理 ……………………………………………… 149
 6.5 金融租赁保险 ……………………………………………………… 150
  6.5.1 金融租赁保险的作用 …………………………………………… 150
  6.5.2 金融租赁保险分类 ……………………………………………… 151
  6.5.3 索赔和理赔 ……………………………………………………… 152
 6.6 我国金融租赁业发展状况 ………………………………………… 153
 案例 …………………………………………………………………………… 155
 本章小结 ……………………………………………………………………… 156
 本章习题 ……………………………………………………………………… 156

第七章 无形资产融资 ··· 158
7.1 无形资产概述 ··· 158
7.1.1 无形资产的范围 ·· 158
7.1.2 无形资产的特点 ·· 160
7.1.3 无形资产分类 ··· 162
7.2 无形资产融资的意义 ·· 164
7.2.1 拓宽企业融资渠道 ·· 164
7.2.2 促进企业机制转变 ·· 165
7.2.3 防止国有资产流失 ·· 167
7.2.4 实现企业整体优势 ·· 167
7.3 无形资产融资方式与运作 ··· 168
7.3.1 无形资产的许可、转让与参股 ··································· 168
7.3.2 特许权融资 ·· 171
7.3.3 无形资产融资评估与风险管理 ··································· 174
案例 ·· 180
本章小结 ··· 180
本章习题 ··· 181

第八章 创业融资 ·· 182
8.1 创业融资概况 ··· 182
8.1.1 创业与创业融资 ·· 182
8.1.2 创业融资困难和解决方法 ·· 183
8.2 创业融资的主要渠道 ·· 184
8.2.1 筹备阶段融资 ··· 185
8.2.2 成长阶段融资 ··· 187
8.3 天使投资 ··· 190
8.3.1 天使投资概述 ··· 190
8.3.2 商业计划书 ·· 193
8.3.3 天使投资的交易结构 ··· 197
案例 ·· 199
本章小结 ··· 201
本章习题 ··· 201

第九章 企业融资 ·· 203

9.1 现代企业融资理论 ………………………………………………… 203
9.2 企业筹资渠道与筹资方式 ………………………………………… 206
9.3 表外融资及其方式 ………………………………………………… 209
9.4 企业营运资金融资政策 …………………………………………… 212
9.5 中国企业筹资体系的演进 ………………………………………… 213
9.6 企业融资理论与我国上市公司的融资结构 …………………… 216
案例 …………………………………………………………………………… 218
本章小结 ……………………………………………………………………… 219
本章习题 ……………………………………………………………………… 219

参考文献 …………………………………………………………………… 220

第一章　国际贷款融资

学习目标

- 了解国际贷款的概念；
- 了解国际贷款的主要类型；
- 掌握国际货币基金组织贷款的有关操作；
- 掌握世界银行贷款的有关操作；
- 了解外国政府贷款的有关操作；
- 掌握国际商业银行贷款的有关操作。

国际金融组织分为全球性金融组织和区域性金融组织两类。全球性国际金融组织，主要有国际货币基金组织(IMF)、世界银行(WB 或 IBRD)、国际农业发展基金组织(IFAD)等。区域性国际金融组织，主要有亚洲开发银行(ADB)、泛美开发银行(IDB)、非洲开发银行(AFDB)、欧洲复兴开发银行(EBRD)、阿拉伯货币基金组织(AMF)等。目前，向我国提供多边贷款的国际金融组织主要是国际货币基金组织、世界银行、国际农业发展基金组织和亚洲开发银行。

国际金融市场由经营国际间货币信用业务的一切金融机构所组成。它是国际货币金融领域内各种金融商品交易市场的总和，包括货币市场、外汇市场、证券市场、黄金市场和金融期货期权市场等。

利用国际贷款来发展本国经济，是世界各国包括一些发达国家在内的一个共同的历史经验。中世纪荷兰经济的发展，18 世纪英国工业的崛起以及 19 世纪美国经济的长足进步，无一不是与国际贷款有着密切的关系。20 世纪以来，许多国家也利用外资促进了本国经济的发展，特别是第二次世界大战后，不少国家和地区的经济发展都是同利用国际贷款分不开的。

近 20 年来，随着生产国际化和国际贸易的发展，国际金融信贷领域内的变化日新月异，各种融资方式层出不穷。本章将就货币基金组织贷款、世界银行贷款、外国政府贷款和商业银行贷款等主要形式进行论述。

1.1 国际货币基金组织贷款概述

国际货币基金组织于1946年3月正式成立,1947年3月开始营业活动,它是战后国际货币体系的核心。它有六大宗旨,其中之一就是:在临时性的基础上和具有保障的条件下,为会员国融通资金,使它们在无需采取有损本国和国际经济繁荣的措施的情况下,纠正国际收支的不平衡。

1.1.1 基金组织贷款的特点

国际货币基金组织的所有贷款都具有以下特点:
(1) 贷款对象只限于政府。
(2) 贷款的用途仅限于解决借款国的国际收支逆差和宏观经济调整问题。
(3) 贷款期限短,一般为5～10年,另有宽限期3～4年。
(4) 贷款数额受份额限制。

1.1.2 现行的国际货币基金组织贷款的种类

国际货币基金组织IMF设有多种贷款,根据不同的政策向其会员国提供资金。但《国际货币基金协定》条款关于贷款的条件和内容相当含糊不清。贷款采取由会员国用本国货币向基金组织申请换购外汇的方式,还款时则以外汇购回本国货币。现在贷款不论使用什么货币都按特别提款权计息,利息用特别提款权缴付。

(一) 普通贷款

这是IMF最基本的一种贷款,用于解决会员国一般国际收支逆差的短期资金需要,期限3～5年,利率随期限递增,第1年利率为4.375%,第1～2年为4.875%,第2～3年为5.375%,第3～4年为5.875%,第4～5年为6.375%。根据规定,会员国借取普通贷款的累计数最多不得超过其份额的125%,如会员国的份额为10亿特别提款权,则贷款最高限额为12.5亿特别提款权,备用安排期1年,即贷款被批准后可在此限期内动用贷款。IMF对普通贷款采取分档次政策,即把贷款额划分为几种不同的部分,规定宽严不同的贷款条件。普通贷款由储备部分贷款和信用部分贷款构成。

1. 储备部分贷款。按照《国际货币基金协定》原来的规定,会员国份额的25%需要用黄金缴付,因此在这25%额度范围的贷款也叫做黄金份额贷款,会员国申请的这一部分贷款,实际上就是会员国原来认缴的黄金部分。在《国际货币基金协定》第二次修正案于1978年4月1日生效后,会员国份额的25%可不以黄金缴付,而用特别提款权或指定的外汇代替,所以叫做储备部分贷款。这部分贷款有十足的保证,会员国可以自由动用,不需特殊批准,即贷款是无条件的,不付利息。当IMF持有一国的货币,由于他国购买的关系而降到份额的 75% 以下时,即属超黄金部分提款,也是可自由动用的。一国未使用的黄金和超黄金部分提款权就是它在 IMF 普通账户的储备头寸,所以 75% 是债权国与债务国地位的分界线,超过 75%,即需履行"重新购回"本国货币的义务,也就是用特别提款权或 IMF 指定的其他货币买回过去提款时所使用的本国货币额。

2. 信用部分贷款。普通贷款的最高限额为会员国份额的 125%,除去 25% 的储备部分贷款后,剩余的 100% 称为"基本贷款",分成 4 个信用部分。信用部分贷款是指会员国的提款使 IMF 持有该国货币超过 100%,高到会员国份额的 200%。每个信用部分相当于份额的 25%,分成两档:第 1 档信用部分贷款和高档信用部分贷款。会员国借用第 1 档信用部分的贷款,条件还是比较松的,只需提出克服国际收支困难的计划,IMF 就得批准,它并不定出会员国应该遵循的"行为准则",而是期望会员国作出合乎情理的努力以解决自己的困难。此项贷款申请获得批准后,除第 1 档信用部分贷款可一次性提用外,一般采取备用信贷安排的方式,由会员国与 IMF 事先商定一个贷款额度,在规定的备用期内,可以根据需要随时分批支用。1979 年 3 月,在第三世界会员国的要求下,对备用安排的期限作了修改,只要会员国提出要求,IMF 认为有必要,可将期限由 1 年延长到 3 年。高档信用部分贷款包括第 2 个信用部分(份额的 50%～75%),第 3 个信用部分(份额的 75%～100%)和第 4 个信用部分(份额的 100%～125%)。这几部分贷款的条件比较严格,档次越高,条件越严。贷款期限为 3～5 年,利率从第 1 年的 4.375% 到第 5 年的 6.375%。会员国在申请贷款时需提出具体的理由和一项全面的财政稳定计划,还要提供许多资料,如国际收支总额、对货币自由兑换地区的收支情况、短期外债限额、外汇储备增长最低额等。这种贷款采用备用信贷安排的方式,在备用期内分阶段发放,只有会员国完成上述计划中规定的政策指标和遵守 IMF 提出的行为准则时,才能提用贷款。在使用过程中,IMF 还要进行一定的监督,如果借款国未能遵守原定的计划,IMF 将考虑采取进一步的措施,以确保达到原定的目标。

由于高档信用贷款条件较严,附带条件较高,对我国来说,利用价值不大,一般发展中国家也较难利用 IMF 的高档信用部分贷款,因为:① 它们受世界商品价格波动的影响较大,难以符合一般的贷款标准。② 发展中国家的经济结构不像发达国家那样能够迅速调整,以适应 IMF 的要求。但由于 IMF 是它们的最后一个贷款者,当它们在债务上面临困境,支付问题日益严重而不得不与 IMF 打交道时,几乎没有选择的余地,只有屈服于它的贷款条件。

(二) 中期贷款

这是为了解决特殊情况下的国际收支困难而提供的贷款,如果一个会员国的储备部分贷款和 4 个信用部分贷款都提完了,接下来只有求助于中期贷款。这项贷款是 1974 年 9 月 13 日设立的,用于解决长时期的、结构性的收支不平衡,最高借款额可达借款国份额的 140%,备用安排可达 3 年,借款期限 4～10 年,利率由第 1 年的 4.375% 递增到第 6 年的 6.875%，备用安排可达 3 年，4 年后开始购回，10 年内分 16 次归还完毕。这种贷款和上述普通贷款两项总额不得超过借款国份额的 165%。IMF 对这项贷款控制更严，它不仅规定了行为准则，而且规定了借款国必须实施的具体政策措施。如果借款国不能达到其要求，IMF 有权停止贷款，所以借款国的经济政策受到 IMF 的影响较大。贷款的条件是：

1. IMF 认为申请贷款的会员国的国际收支困难，确实需要比普通贷款期限更长的期限的贷款才能获得解决。

2. 申请国必须提出整个贷款期内有关政策目标的计划以及在 12 个月内准备施行的有关政策的详细说明；以后每 12 个月内都要向 IMF 提交有关工作进展的详细说明及今后为实现计划目标所采取的政策措施。

3. 贷款根据会员国为实现计划目标执行政策的实际情况分期发放。

这种贷款到 1979 年已经结束，世界上只有埃及、海地、牙买加和斯里兰卡曾借用中期贷款。

（三）出口波动补偿贷款

这项贷款设立于 1963 年，当初级产品出口国家由于市场跌价、出口收入下降而发生国际收支困难时，可以向 IMF 在原有普通贷款外申请此项贷款。这就迈出了开设特殊信贷项目的第一步。这项贷款的最高贷款额最初规定为会员国份额的 25%，1966 年 9 月贷款限额提高到份额的 50%，后又提高到 75%。但若 IMF 同意，最高限额可达到份额的 100%，期限为 3～5 年。这项贷款的贷款条件为：① 出口收入的下降必须是短期性的。② 出口收入的下降是由会员国本身所不能控制的原因造成的。③ 借款国有义务与 IMF 合作采取适当措施解决国际收支的困难。1981 年 5 月 IMF 扩大这项贷款的使用范围，会员国因谷物进口成本过高而面临国际收支困难时，也可申请这项贷款。1983 年后贷款条件提高，限额下降为会员国份额的 83%，1988 年由于增加了应急窗口，遂改为"进出口波动补偿与偶然性收支困难贷款"。

（四）缓冲库存贷款

这是 1969 年 6 月为帮助初级产品出口国家维持库存从而稳定物价的一种贷款，是用来推动有关会员国为稳定国际市场初级产品价格而建立的国际缓冲库存。国际缓冲库存是一些初级产品生产国家按照国际商品协定建立一定数量的存货，如同锡、糖、可可和橡胶。当国际市场价格波动时向市场抛售或买进该项产品以稳定价格，从而稳定生产国的出口收入。此项贷款最高可借到会员国份额的 50%，期限 3～5 年。由于此项贷款与上述出口波动补偿贷款在目标上有密切关系，因此规定两项贷款总额不得超过借款国份额的 75%。

（五）补充贷款

这项贷款又称"韦特文基金"，设立于 1977 年 4 月，总计是 100 亿美元。其中石油输出国提供48亿美元,有顺差的七个工业国家提供52亿美元,主要用于补充普通贷款之不足,帮助会员国解决持续的巨额国际收支逆差问题。在会员国遇到严重国际收支不平衡,需要比普通贷款所能提供的更大数额和更长期限的资金时,可以申请"补充贷款"。该贷款的贷款期限为3年半到7年,每年偿还一次,分期还清。该贷款利率前3年相当于IMF付给资金提供国的利率(7%)加0.2%,以后则加0.325%。贷款采用备用信贷安排的方式,备用期为1~3年,最高借款额可达会员国份额的140%。1981年5月又实行扩大借款政策,其目的和内容与补充贷款相似。1985年规定1年的贷款额度为会员国份额的95%~115%。3年的限额为会员国份额的280%~345%。

(六)结构调整贷款

这项基金设于1986年,用于资助贫穷国家实施中期宏观经济调整规划。

(七)系统经济调整贷款

这项基金主要用于东欧国家从计划经济转向市场经济的财政援助。

1.2 世界银行贷款概述

世界银行是由国际复兴开发银行(IBRD)、国际开发协会(IDA)和国际金融公司(IFC)组成的世界银行集团的简称,成立于1945年,从1947年起成为联合国的专门机构,总部设在美国首都华盛顿。世界银行长期以来的业务活动主要由IBRD进行,因此一般概念中的世界银行主要指IBRD。

IBRD主要向发展中国家提供长期贷款,IDA专门向低收入会员国提供长期免息优惠贷款,IFC则负责向会员国的私人企业提供贷款或直接投资。世界银行的资金来源主要有四个方面:① 会员国实缴的资本。② 在资本市场上发行债券换取的借款,这是资金的主要来源。③ 每年的净收入。④ 到期归还的贷款。

1.2.1 世界银行贷款的特点

随着世界经济的发展,经济格局的变化及国家际金融市场的风云变幻和业务的日新月异,世界银行在其贷款政策和业务活动方面也进行了相应的调整与变革。

1. 结构调整贷款。从1980年起,世界银行针对20世纪80年代期间发展中国家经济更加暗淡的前景,开始实施了一项资助结构调整和政策改革的放款方案。这种放款为发展中国家具体的政策变化和体制改革方案提供资助,以便更有效地运用资金,从而,① 有助于改善中期和长期国际收支状况,并有助于在面临严重不利条件时保持经济增长。② 为将来增长奠定基础。结构调整放款当时是一种非项目贷款,现在仍然是一种非项目贷款,用来支持为了改善一国经济的结构所需执行的方案、政策和体制改革。

2. 部门调整贷款。20世纪80年代开始,部门调整贷款已成为世界银行一系列贷款行动中一项日益重要的内容,这是20世纪70年代后期为对付发展中国家经济增长减缓和倒退而采取的措施。而在1986年前的5年中,这项贷款的份额还只有1.1%。

部门调整贷款与更加全面的结构调整业务一样,目的是在可接受的宏观经济范围内支持包括生产能力结构改革在内的政策与体制改革方案,并且增加资金分配效率。

部门调整贷款的目标是促进采取并有效实施使经济持续迅速增长所需要的政策。根据各种贷款活动的目标和每个国家的情况来看,这类贷款的对象是一个连续的统一体。一般其贷款调整在2～6年内拨付,通常分档次进行,第二档贷款的发放视部门调整方案的进展情况而定。

3. 互换交易。互换交易包括货币互换和利率互换。20世纪80年代前世界银行就一直进行着这类交易,共计19.27亿美元,交易总额包括换为瑞士法郎的12.25亿美元,换为西德马克的3.49亿美元,换为荷兰盾的2.61亿美元和换为日元的0.92亿美元,所有货币互换均为中期至长期偿还期,平均偿还期为10.4年。此外还有两笔美元互换业务,总计1.09亿美元,是从固定利率借款换为可变利率借款得来的。在1982～1986年5个财政年度内,IBRD从事的互换交易额为70.74亿美元。1987年互换交易额为16.35亿美元,这1年世界银行第一次进行了瑞典克朗的交叉货币利率互换交易。

互换货币是为了从三个方面降低IBRD放款业务可获资金的费用。第一,货币互换使IBRD能够在通过直接借款业务获得的具有成本效益的途径之外,增加获得名义费用的货币的机会。第二,货币互换使IBRD获得货币的费用低于直接市场借款提供的最低费用。第三,货币互换使IBRD得以利用比只根据费用来考虑所采取的行动要广泛的资本市场和货币,从而扩大了其直接借款业务的基础。例如,在决定是否从欧洲货币单位市场或澳大利亚元、奥地利先令、比利时法郎、加拿大元、丹麦克朗、法国法郎以及意大利里拉等货币单位市场借款时,一个重要的考虑是有无货币互换的机会。

4. 贷款辛迪加化。在世界银行的部分贷款中,辛迪加化的趋势在加强。在1986年度世界银行批准的一笔10.70亿美元贷款中,约4.34亿美元的公司贷款是同商业银行及其他金融机构一起以辛迪加形式提供的。①

1.2.2 世界银行贷款的原则和政策

世界银行确定贷款对象及其贷款的优惠程度,一是根据人均国民收入多少来确定银行和协会承诺贷款金额;二是按照资助的部门来分配承诺贷款金额。我们必须把这两个方面结合起来考虑对一个国家的资助问题。

世界银行贷款的投放部门越来越广,按照协议规定,其发放贷款的政策是:

1. 银行只贷款给会员国政府或由会员国政府担保的公私机构,但也向在某些会员国

---

① 1981年我国曾获得辛迪加贷款4.5亿特别提款权。

管辖之下的地区承诺贷款。例如，由澳大利亚政府担保，世界银行曾对独立前的巴布亚新几内亚提供过贷款。

2. 按最初协议，贷款一般须用于银行批准的特定项目专款专用。这些项目经世界银行审定，认为在技术上、经济上是可行的，同时也是借款国家经济发展最应优先考虑的。只在极为特殊的情况下，发放非项目贷款。

3. 世界银行只有在会员国确实不能以世界银行认为的合理条件从其他来源得到资金时，才考虑给予贷款。

4. 贷款只贷给有偿还能力的会员国。世界银行在决定承诺贷款以前，先要审查申请国的偿债能力。审查范围包括：申请国管理能力、宏观经济政策、金融政策、财政状况，货币制度、预算制度、开支管理制度；该国的技术水平、出口、国际收支、创汇能力、对进口依赖程度、资源分配结构以及可能从其他来源取得外援等方面的情况。世界银行一般只提供项目建设所需外汇资金，借款国偿还时也要以外汇偿付。如果审查结果对借款国的偿债能力有所怀疑，世界银行就不提供贷款。

1.2.3 世界银行贷款方向及条件

在总的贷款政策下，世界银行的贷款主要集中投放下述部门：

1. 农业和农村的发展。世界银行成立初期的贷款在农业方面主要支持的项目有道路、水坝、港口等，这只能使农业主间接受益。20世纪60年代开始，世界银行对农业贷款趋向多样化，包括改进耕作活动、提供技术援助以促进农村发展。发展中国家大多以农业人口为主，所以世界银行的贷款把支持农业和农村发展放在第一位。但20世纪80年代中期以来，这方面的贷款总的说来处于下降趋势，其所占世界银行贷款总额的比例由20世纪80年代中期以前的30%降至1986年的25.4%；1987～1990年，这一比例分别为16.6%、23.4%、16.3%和17.7%。为避免造成对世界银行政策的误解，世界银行在1994年又将该比例逐渐增加到22%以上。今后世界银行将注重对那些力求增加粮食产量的国家发放贷款，同时对于改善农田水利设施，饮用及工业用水系统的贷款亦相当重视。

2. 能源。世界银行对能源提供的贷款，一般包括电力和石油、天然气、煤，对电力投资大大超过对天然气和煤的投资。世界银行一向非常重视对发展中国家提供能源贷款。

3. 开发金融公司。对当地政府设立的开发金融公司，世界银行也给予贷款，由开发金融公司将贷款发放给当地的生产性企业。这样做使世界银行审查项目的权力下放到当地的开发金融公司，因为它们最了解情况，能够更有效地把资金贷放给最需要的企业。一直以来世界银行给开发金融公司的贷款一直占据重要地位。

4. 教育。世界银行从1962年起开始发放教育方面的贷款，20世纪70年代有了较快的增加。进入20世纪80年代以来，教育方面的贷款增势更猛。世界银行声称发放教育贷款有如下四项原则：第一，条件许可，应向全体人民提供最低限度的基本教育；第二，应该有选择地提供进一步的教育和训练，以便从数量上和质量上增进人们的知识和技能，使其更好地去完成经济、社会和发展方面的任务；第三，全民教育制度应包括正规和非正规的教育在内；第四，为了提高劳动生产率和促进社会平等，受教育的机会应该尽可能均等。对较贫穷国家，注意资助基本教育和农村劳动力培训项目；对发展水平较高的国家，则重视资助中等教育和高等教育项目。

5. 人口计划。人口增长过快是许多发展中国家经济、社会发展的巨大障碍。为此，世界银行设立了"人口、保健和营养局"，制定发放人口项目贷款政策。世界银行一方面提供技术指导，也随时准备资助会员国在执行计划生育需要建立的设施。这一项目的贷款有逐年增加的趋势。

6. 非项目贷款。世界银行贷款的基本原则是项目贷款，专款专用，但从20世纪90年代以来非项目贷款日益受到重视，所占总额比例处于居高不下的地位。

除上述项目外，世界银行还设有工业、小型企业、技术援助、电信、运输、城市发展和供水排水等项目的贷款，且有些项目的贷款平均也占总额的13.5%，这是适应发展中国家改善以运输为主的基础设施条件的结果。

世界银行贷款条件中包括基本条件和转贷条件。

1. 基本条件。世界银行贷款分软、硬贷款两部分。软贷款，由IDA负责办理，为无息贷款，但每次提款时需收取0.75%的手续费。该贷款的偿还期限最长可达50年。软贷款以特别提款权"SDR"为记账单位，贷款的偿还可以使用本国货币，但需承担"SDR"与美元的汇率风险。该贷款主要用于农村水利、交通运输、文教卫生和环境治理等方面。

对于工业项目贷款，一般都为硬贷款，由IBRD负责办理。贷款利率一般根据世界银行在国际资本市场的筹资成本再加0.5%利差确定。贷款利率原来实行6个月调整一次，1989年8月时为7.65%，自此以后实行3个月调整一次。硬贷款的贷款期限为10～30年不等。对于硬贷款，世界银行不收取管理费和其他杂费，但对签约后未支用的部分目前按年率0.75%计收承诺费。

还款一般在宽限期后等额每半年偿还1次，具体数额按世界银行货币总库制定的还款指数调整后确定。项目单位如需提前还款，除提前30天通知外，世界银行还须按一定费率收取提前还款手续费。

2. 转贷条件。通过金融中介机构转贷的世界银行贷款，一般按世界银行的基本条件签订转贷协议，通过转贷银行逐级转贷至项目单位，并在"贷款协定"和"项目协定"的总前提下，由转贷银行和项目单位双方协商确定转贷条件。

对于项目建设期利息和承诺费的资金来源，世界银行一般不在贷款中安排，但在"贷款协定"谈判时可以争取。经世界银行同意，可允许这部分内容包含在贷款总额之内。若未被安排在其中，而且行业公司利用自有外汇安排有困难，可向转贷银行申请贷款。转贷银行一般在有关部门落实了境外借款指标的情况下或利用银行的营运资金，可以为行业公司安排贷款。

对于还款,考虑到项目的不同创汇能力和结汇环节,可以允许项目单位不实行等额还款,按项目实际创汇能力安排还款计划,但还本付息时间必须与世界银行要求还本付息的总进度相衔接。

1.2.4 提款和支付

1. 账户开设。具体有以下三种:

(1) 借款贷款户。"贷款协定"生效以后,世界银行即在借款人名下为项目开立贷款户。提款人的每笔提款,世界银行均通过该贷款户入账,并给提款人寄送回单,每月对账。

(2) 提款人专用账户。对于通过中间金融机构转贷的世界银行贷款,提款人为转贷银行。1985年以前,所有项目的支付均由世界银行办理。1985年以后,世界银行允许每一项目在国内开设专用账户,在"贷款协定"生效后,先予以提取一定金额的周转资金,使项目发生的零星和小额费用可随时支付。专用账户只使用美元资金,其最高金额一般为项目平均4个月的用款,数额在"贷款协定"中予以明确,可以在"贷款协定"生效后一次提足,也可以分次提取。世界银行从提取之日起计收贷款利息。

(3) 用款人贷款户。用款人即为项目单位,一旦"贷款协定"生效,项目单位即应在转贷银行开立贷款户。从世界银行提取的每笔款项都在该账户中记账,并与世界银行每月传送的对账单对账。

2. 支付信。"贷款协定"生效后,世界银行即向提款人寄送支付信(Disbursement Letter),并由提款人负责送交有关项目执行单位。支付信内容包括贷款协定副本、支付方式、提款程序和表格,以及一些支付的特别指示等。这些指标主要包括追溯贷款的条件(Retroactive Financing)、专用账户(Special Account)的使用、费用报表(Statements of Expenditure)的使用、提款的单据要求(Documentation Requirements)和支付方式及程序(Disbursement Procedures)。

3. 提款和支付。这部分内容包括以下几方面:

(1) 支付方式。分以下三种:

① 偿还支付。项目发生的费用已由专用账户的周转资金或自有资金支付。

② 直接支付。根据提款人申请由世界银行直接向供货商支付的方式。

③ 特别承诺支付。提款人开出信用证,由世界银行向议付行对信用证进行特别承诺,待供货商发货后付款。

(2) 提款申请。任何方式下的支付,均需提款人填写申请书,等有关单据准备齐全,一并寄送世界银行支付处请求支付。申请书的支付为直接支付。申请书根据支付方式可分为两种:

① 提款申请书(Application for Withdrawal)。该种申请书适用于偿还支付和直接

支付。

② 特别承诺申请书(Application for a Special Commitment)。该种申请书适用于特别承诺支付。

提款申请经世界银行审核确认以后,项目单位即可按照一定程序进行提款和支付。提款和支付的具体程序视不同情况而异。

1.2.5 我国与世界银行的业务往来

1980年5月,我国在世界银行的合法席位得到恢复后,随着我国经济建设的发展,我国与世界银行建立了良好的业务联系,主要表现在:

1. 贷款协议范围广泛,贷款规模增长迅速。这些贷款用途广泛,包括了农业和农村发展、开发金融公司、教育、能源、工业、人口和保健、技术援助和运输等方面的建设项目。

20世纪80年代中期以后,由于国际国内经济形势的变化,在世界银行向东亚和太平洋地区的放款受到种种限制时,对中国的贷款依然增长较快,原因是由于世界银行在帮助我国政府规划和实行广泛的经济改革方面的工作得不错,对我国的经济发展充满信心。我们一定要利用这一有利时机多争取世界银行的贷款。

2. 贷款结构趋于合理,条件比较优惠。世界银行的放款分为IBRD的贷款(Loan)和IDA的信贷(Credit)。IBRD的贷款参照国际金融市场行情收取利息,且时间较短,因此称为硬贷款。而IDA的信贷不收利息,只收0.75%的手续费和对未用部分的信贷收0.5%的承诺费,且贷款期限较长,最长可达50年,并有10年宽限期(头10年不必还本),第二个10年每年还本1%,其余30年每年还本3%,因此称为软贷款。

我国使用的世界银行贷款中,软硬贷款比例为4:6,而1982~1988年世界银行贷款中这一比例的平均水平为2:8。我国目前使用的实际成本为8.8%,低于世界银行平均水平。从新提供贷款的情况来看,优惠仍很大。

3. 与国民经济建设计划调协调。这表现在两方面:一是世界银行项目建设与国家经济建设总计划的协调;二是世界银行贷款资金与国内配套资金协调,在实施过程中,宜坚持自力更生为主的原则。

4. 对我国经济发展提出建议,并为我国培训干部。世界银行所属经济发展学院还与上海高等院校合作,为我国培训了相当数量的高级经济管理人才。

根据2004年6月25日的《国际金融时报》,截止到2003年6月30日,世界银行对中国贷款总额累计达到366亿美元,支持了245个项目,中国目前是世界银行最大的借款国。世界银行支持的项目几乎遍布中国各省、市、自治区和国民经济的各个部门,贷款总额一半以上为基础设施项目,其余为农业、教育、卫生、环保和供水项目。中国也是实施世界银行项目最好的国家之一。

除贷款以外,通过技术援助、政策咨询、研讨会和培训活动提供金融服务,也是世界银行与中国合作计划极为重要的内容。世界银行通过非金融服务为中国引进世界各国的成功经验和做法,帮助中国国内机构和科技建设,协助政府推进扶贫工作,实施宏观经济管理政策,深化体制改革。

世界银行是帮助、调整全球经济发展的国际性金融机构,它的作用已为许多国家的经济发展所证实。在我国改革开放不断深入、急需大量外资发展经济的情况下,我们一定要注意世界银行的新动向,争取利用世界银行的贷款,达到在最低成本下获得最大经济效益的目标。

1.3 外国政府贷款概述

1.3.1 外国政府贷款的概念

外国政府贷款(Government Loan)是一国政府用其预算资金向另一国政府提供的优惠性贷款。这种贷款利率低,期限长,具有双边经济援助的性质。

政府贷款是以某国政府的名义提供与接受而形成的,主要使用国家财政算收入的资金,属于国家资本的收入与支出的信贷。因此,政府贷款一般是由各国的中央政府经过完备的立法手续加以批准,并通常以两国之间的友好和利害关系为前提。

政府贷款是具有双边经济援助性质的优惠性贷款。按照国际惯例,优惠性贷款一定要含有 25% 以上的赠与成分。所谓"赠与成分(Grant Element,GE)"就是根据贷款的利率、偿还期限、宽限期和综合贴现率等数据,计算出衡量贷款优惠程度的综合性指标。国际通用的计算赠与成分百分比的公式为:

$$GE=100\times\left(1-\frac{r/a}{d}\right)\left\{1-\frac{\frac{1}{(1+d)^{aG}}-\frac{1}{(1+d)^{aM}}}{d(aM-aG)}\right\}$$

式中,GE=按贷款面值赠与成分所占百分比;r=年率;a=每年偿付次数;d=贷款期内的贴现率,一般按 10% 计算;G=宽限期,按发展援助委员会定义,即第一次贷款支付期至第一次还款期之间的周期;M=偿还期。按此公式计算,无息贷款的宽限期 10 年,偿还期 30 年,每半年还款一次,赠与成分是 82.65%。年利率 3% 的贷款,宽限期 5 年,偿还期 20 年,每半年还款一次,赠与成分是 46.25%。政府贷款的赠与成分均超过 25%,所以属于具有国际经济援助性质的优惠贷款。政府贷款主要有三类:

1. 发达国家向发展中国家提供的贷款。这是最主要的一类。1982 年 5 月设立的"经济合作与发展组织"下属的日本、英国、法国等,对发展中国家提供的官方发展援助就属于政府贷款。

发达国家愿意对发展中国家提供政府贷款的主要原因是:① 发达国家实行对外经

济扩张和渗透政策，不断对发展中国家进行资本输出和商品输出，发展中国家已成为发达国家攫取高额利润的原料产地、销售市场和投资场所。发展中国家经济的繁荣与萧条，对世界经济的兴衰有一定影响。因此，对发展中国家提供优惠贷款，帮助他们发展经济，是世界经济能较顺利地运行的必要条件，符合发达国家的根本利益。② 政府贷款往往附有限制性的采购条款，规定借款国必须购买贷款国的技术、设备、物资和咨询服务。有的政府贷款还配合出口信贷，向发展中国家提供混合贷款。因而政府贷款在一定程度上可以促进和扩大贷款国的对外贸易、技术转让和资本输出。③ 主要债务国的偿债率远远高于国际上公认的20%警戒线。在这种情况下发达国家不得不增加对发展中国家的援助，帮助其发展经济，以缓和债务危机带来的担心。④ 联合国从20世纪70年代初发起的"十年发展战略"要求发达国家向发展中国家每年提供占其国民生产总值的0.7%的发展援助贷款。尽管目前多数工业发达国家的对外援助大大低于这个百分比，但联合国的这一发展战略，无疑促进了政府贷款的增长。

2. 发展中国家向发展中国家提供政府贷款。一部分石油输出国如科威特、沙特阿伯等，在两次世界性的石油提价中积累了大量的石油收入，也对其他发展中国家提供低利贷款，这类贷款带有"南南合作"的性质。

近几年的统计数字表明，这类国家提供的发展援助贷款已占有相当比重，且有不断增长的势头。

1.3.2 政府贷款的特点

政府贷款不同于世界银行贷款和商业银行贷款，有其独特之处：

1. 利率低，附加费用少，带有很大的赠与成分。政府贷款年利率一般为2%~3%左右，有的甚至更低。

政府贷款的附加费用主要有两种：承诺费和手续费。承诺费是指借款人没有按协议如期定额使用贷款，造成贷款人资金闲置而向借款人收取的一种补偿性费用。承诺费率一般按未提款额的0.125%~0.25%年率计算。承诺费通常也是每6个月支付一次，一般和利息同时支付，交付日期在贷款协议中规定。手续费是指贷款人按贷款金额的一定比例向借款人收取的费用。手续费率一般为贷款金额的0.25%~0.5%，由借款人按协议规定的时间一次交付。交付时间通常规定在签订贷款合同时按实际支用额交付。总的来说，政府贷款收附加费用较少，有的国家只收取上述两者中的一种，有的政府贷款则不收附加费用。

2. 政府贷款为中长期贷款，包括贷款的使用期、还款期和宽限期。使用一般为1~5年。还款期是指根据贷款协议规定从开始提款之日起，到还清全部本息为止的整个时期。政府贷款的还款期可长达22~30年，每年分一次或二次偿还贷款人占用款和利息。宽限期是在还款期开始的若干年内允许偿还贷款的利息而不还本的限期。政府贷款的宽限期一般为5～7年,最长可达10年。

3. 政府贷款大多带有一定的附加条件。即对使用贷款附有限制性的规定:借款人必须将贷款的全部或一部分用于向贷款国购买设备、物资、专利技术和咨询服务,以此增加贷款国的商品和劳务输出。有些政府贷款协议允许借款人可以不在贷款国采购物资,但却规定贷款的用途和合格货源国。所谓合格货源国,就是允许借款人向规定的国家招标购买有关物资和劳务。也有一些政府贷款须连带使用一定比例贷款国的出口信贷,这样既可带动贷款国民间金融资本的输出和商品输出,又可以获得使用出口信贷时进口国应付的5%～15%的现汇收入。

4. 政府贷款的申请程序复杂。借款人先得编制可行性研究报告和项目实施计划书,向贷款国提出申请,经贷款国政府审查认可,并作出承诺,最后由两国政府就贷款条件进行双边会谈,达成协议。通过两国政府换文后,贷款协议签字生效。许多国家还设有专门负责对外贷款的机构,如美国国务院之下设有"国际开发署"、日本经济企划厅之下设有"海外经济协力基金(OECF)"等。由于申请程序复杂,所需时间较长,所以那些资金需求迫切、时间性强、急需上马的建设项目不宜使用政府贷款。

1.3.3 影响政府贷款的因素

政府贷款既然是利用国家财政资金向外国政府提供的优惠性贷款,它必然受到一些政治、经济因素的影响,具体包括:

1. 政局的稳定与外交关系的改善。提供贷款与借入贷款国家的政局基本上处于稳定或者趋于稳定的局面,是进行政府贷款的前提;同时,两国政府相互之间的外交关系和政治气氛良好与否,也是影响提供政府贷款的一个因素。

2. 贷款国政府的财政收支状况。国家财政收支状况良好时,该国政府可能会多提供一些政府贷款;反之,可能提供的贷款就会少一些。但是,实行赤字预算财政政策的国家,即使预算赤字很大,仍然对外提供一定数量的政府贷款。

3. 贷款国的国际收支状况。贷款国向外国提供优惠性的政府贷款,会影响本国的国际收支状况,表现为国际收支付方(借方)的增加;借款国接受贷款时,则表现为国际收支收方(贷方)的增加。因此,当一国国际收支状况良好,国际收支顺差并拥有相当的外汇储备时,可能提供的贷款就会多些;反之,提供的贷款就会少些。

1.3.4 政府贷款的一般程序

向外国政府申请贷款,从提出项目到取得贷款,必须经过一定的手续。比较英国、美国、日本、德国等主要发达资本主义国家政府贷款的具体程序,将会发现,各国提供政府贷款时,其程序繁简不一,不尽相同,但一般说来,主要包括以下几个步骤:

1. 贷款项目的选定。申请政府贷款,必须根据其特点首先选定利用政府贷款的建设项目。一般说来，申请借款国首先考虑在以下项目中运用政府贷款：① 国民经济建设中的大型骨干项目。② 发展国民经济薄弱环节的项目。③ 有利于加强农业发展和提高人民生活水平的项目。④ 能引进先进技术和设备、提高本国生产技术水平和管理水平、加速培养科技人才的项目。对选定的项目，借款国必须列入国家经济建设计划，以切实保证项目建设所需的场地、基础设施、原材料、动力、运输和配套资金等。

2. 贷款项目的前期准备。贷款项目初步选定后便进入项目的前期准备阶段。在这一阶段，首先要对选定的项目进行可行性研究，以帮助贷款国决定该项目是否值得投资和提供贷款。可行性研究必须按照国际上公认的各种标准进行广泛深入的调查研究，包括选定项目的经济、技术、组织、财务和社会影响各方面。可行性研究必须由具备一定经验和水平的项目计划人员担任，一般由借方自己进行，也可聘请合格的外国咨询顾问协助进行。

在完成可行性研究的基础上，由项目小组联合编写详细的可行性研究报告，把经济、技术、组织、财务和社会影响各方面的有关资料进行综合分析，作出全面估价。可行性研究报告是借款国为建设项目向贷款国申请贷款的最重要文件。

可行性研究报告主要内容必须包括下列各项：① 项目工程的背景情况。② 项目工程建设的目的和重要性，在国民经济发展规划中的地位和优先程度。③ 项目建设的范围。④ 总体工程配置和初步设计。⑤ 工程费用的估算以及物资和劳务的计算。⑥ 施工计划进度表。⑦ 项目实施部门的组织机构，现有专家、技术人员、行政管理人员和熟练工人的情况。⑧ 项目的资金计划和采购计划。⑨ 项目贷款的偿还计划。⑩ 对项目工程的技术完善性、经济效益、财务可行性以及对社会和环境影响的分析和评定。最后编出项目实施计划书。

3. 项目贷款的申请。借款国向贷款国提出贷款申请，可以通过本国驻贷款国的使馆向贷款国政府转达，也可以通过贷款国驻本国的使馆转达。

4. 贷款国对项目的评估。贷款国政府在收到借款国政府的贷款申请后，便着手对贷款文件从以下几个方面进行研究、审查和评估：审查项目确定的全过程、项目与借款国经济计划的关系、项目工程总体规划在技术上的可行性、项目实施计划的可行性、项目预算、项目的贷款计划和支付时间表、项目在财务上的可行性、项目的经济效益及对社会和环境的影响等。本国使馆在转达贷款申请时往往附加自己的意见，贷款国政府对此一般予以充分的重视。

5. 承诺与换文。贷款国政府对借款国的申请贷款文件研究评估后，认为建设项目切实可行，即研究决定是否提供贷款、贷款的金额及安排、利率、偿还期和采购条件等。最后通过外交部门把提供贷款的具体情况正式通知借款国，即"承诺"。"承诺"通常由贷款国大使以书面形式递交借款国。

若借款国同意接受贷款条件，双方政府便开始就换文进行谈判。所谓换文，就是说明贷款的基本条件,是贷款国政府在其权力范围内为使贷款能按规定提供的一种书面保证。其内容一般包括:借款人及项目名称、贷款金额、贷款条件、采购条件、贷款机构与借款人之间贷款协议的签署以及其他一些与贷款有关的规定等。

6. 贷款国政府对借款国政府的贷款申请作出"承诺"后,其贷款机构便开始与借款国政府就贷款的具体事宜进行谈判,然后签署贷款协议。贷款的实施按贷款协议的规定进行。贷款协议的主要内容一般包括下列条款和附件:

第一条:贷款。包括贷款金额、目的及其使用。

第二条:偿还和利息。包括资金的分配、分期偿还、利息率和付息方法。

第三条:特别条款。包括一般条款、贷款的担保、采购顺序,贷款、采购程序、支付程序及其他。

7. 物资采购。使用政府贷款购买贷款国商品和劳务,是政府贷款附加条件中比较常见的。物资采购的具体方式和条件,在双方签订的贷款协议中有明确规定,一般说来有以下几种形式:① 借款国必须用贷款的一部分或全部购买贷款国的商品和劳务。② 借款国要以通过国际公开招标的方式用贷款购买合格货源国的商品和劳务,至于哪些国家和地区属于合格货源国,由借款国和贷款国政府双方商定。③ 借款人可以使用贷款自由采购物资,这是一种不附带任何条件的贷款。

8. 贷款的支付。借款国支用贷款须根据贷款协议所规定的条件和期限进行,一般采用分期付款方式。每次支用贷款时,在贷款机构的代理银行开立的专门账户中提取款项,支付采购货款和劳务费用。

9. 项目的监督与管理。使贷款项目能够顺利实施并取得预期效果,贷款机构需对项目的实施过程进行监督管理,包括对项目的技术、组织、财务及社会影响等各方面进行监督管理,其中,又以检查贷款资金的使用、项目的执行和施工进度以及项目实际取得的经济效益为主。

1.3.5 我国利用外国政府贷款

我国自从实行对外开放政策、开展利用外资工作以来,外资引进工作总的说来进展比较顺利。截至 2004 年已有众多国家政府和金融机构向我国提供了低息优惠贷款,这些国家和金融机构分别是:比利时、日本、丹麦、瑞典、科威特、意大利、瑞士、澳大利亚、奥地利、德国、西班牙、英国、法国、挪威、芬兰、加拿大、荷兰、俄罗斯、韩国、卢森堡北欧发展银行和北欧发展基金会等。其中日本政府向我国提供的三批日元贷款总额就达 16 110 亿日元。①

---

① 其中有 1979~1983 年第一批日元贷款为 3 310 亿日元,1984~1989 年第二批日元贷款为 4 700 亿日元,20 世纪 90 年代初的第三批金额为 8 100 亿日元的贷款。

在这些国家提供的政府贷款中,按贷款的组合方式分类,有如下四种类型:

1. 政府贷款与出口信贷混合的方式。提供这种贷款的共有 6 个国家,即澳大利亚、奥地利、芬兰、法国、意大利和西班牙。这种混合形式的贷款具有两种不同的条文:

一种是"政府贷款和出口信贷混合使用,按以下比例提供给有关项目:××项目:政府贷款 40%,出口信贷 60%"。

另一种是"本协定提供政府贷款的总额(若干)瑞士法郎。该贷款协定第×条规定的中国银行同瑞士银行团所签订的(若干)瑞士法郎银行信贷是一个整体。以下称上述两笔信贷为混合贷款。本贷款项下的支付部分分别按瑞士银行团所提供的贷款额度以 1∶1 比例进行。"

2. 赠款与出口信贷款混合的方式。提供这种贷款的共有 3 个国家,它们是英国、挪威和瑞士。

3. 政府无息贷款与出口信贷混合方式。提供这种贷款共有 3 个国家,它们是比利时、加拿大和丹麦。

4. 全部政府软贷款。提供这种贷款共有 6 个国家,它们是德国(年利率 2%)、日本(年利率 2%)、科威特(年利率 1.5%～5%)、卢森堡(年利率 0.25%)、荷兰(年利率 2.5%)和瑞典(年利率 0.75%～1.5%)。

外国政府向我国提供政府贷款所使用的货币中,多数规定以贷款国的货币计算,如日本政府贷款以日元计算,科威特以科威特第纳尔计算,丹麦以克朗计算等;少数则规定以第三国货币计算。

我国利用外国政府贷款的窗口是商务部,其主要职责是:① 选定备选项目,代表政府对外谈判与签约。② 了解贷款国有关贷款的政策、制度、机构、程序。③ 研究利用政府贷款的方针政策。④ 组织外国政府转贷的贷款。⑤ 抓好招标采购工作。⑥ 做好贷款项目的规划、评估等工作。⑦ 协调实施过程中发生的对外事务。⑧ 加强与外国驻华机构的联络。⑨ 参与制定贷款工作有关的法规。⑩ 派人员驻贷款国处理具体事务。⑪ 争取开辟新的贷款来源。⑫ 组织交流利用外国政府贷款的经验。

1.4 国际商业银行贷款

国际商业银行贷款是指借款人为了本国经济建设的需要,支持某一个建设项目或因其他一般用途而在国际金融市场上向外国银行筹借的贷款。在国外,国际商业银行贷款的借款人一般是企业,而在我国由于企业一般不能直接对外筹资,而以银行或信托投资公司代为筹资。国际商业银行贷款的方式大致可分为三种:第一种是双边的,即由两国银行(或信托投资公司)之间签订协议;第二种称为俱乐部贷款,即由 3～5 家银行联合向一个借款人提供的一种贷款;第三种是由许多家银行组成的银团贷款(亦称辛迪加贷款)。

国际商业银行贷款是一种商业性资金,其利率以国际金融市场的利率为基础,一般是按伦敦银行间同业拆放利率(LIBOR)再加上加息率(Spread)计算的。由于商业银行贷款的条件随行就市,它比政府贷款和国际金融组织贷款容易获得,借款手续简便,且在资金使用上几乎没有什么限制或附带条件,这对效益好,又迫切需要资金的企业来说,是一个良好的资金来源;而且,如果借款人资信良好,还可在利率变化不定的国际借贷市场上获得筹资成本较低的贷款。

1.4.1 国际商业银行贷款的规定

国际商业银行贷款与国内银行在做法上有许多不同之处,在贷款条件上有种种规定。

1. 贷款本金的支用。贷款本金的支用一般有以下规定:

(1) 贷款本金总额。

(2) 贷款支用期(或称提款期),即规定贷款最后支取完毕的日期。

(3) 提款日。由于借款人与贷款行不在同一地方,故借款人要求提款时必须提前一定时间的工作日(以银行收到电报为准),以电报通知贷款行;每次提款日必须为中国香港、伦敦及纽约的工作日。

(4) 提款额。在约定分期款额内,每次提款不得少于一个最低额。

(5) 提款逾期。约定提款期届满,如双方没有另外安排,未用部分贷款自动失效,借款人不得要求继续贷款。

2. 贷款本金的归还。贷款本金的归还一般有以下规定:

(1) 宽限期。即在贷款首次使用后的一定时期内,借款人只付利息,不支付本金的规定。

(2) 还款期。每笔贷款规定最终还本的期限,在此期限内规定分批还本的日期;各期还本必须在各期付息日办理。

(3) 还款日。借款人必须于还款前几天以电报通知银行。

(4) 还款逾期。贷款逾期不还,借款人要按约定支付逾期加息,按日计收加息。若借款人到期不偿还贷款,即为逾期违约,银行将按贷款违约处理。

3. 贷款利息的计收。贷款利息的计收包括:

(1) 适用利种及利息率,即对贷款适用哪一种利率及按什么水平计息作出规定。一般说来,银行对1年以上的贷款多采用浮动利率,利率水平多数以6个月期伦敦银行同业拆放利率(LIBOR)为基础(减)一定利差来决定。

(2) 计息期。每6个月为一个计息期,并按计息期前两天LIBOR的水平作调整。

(3) 分批提款。在一个计息期内不论哪一天提款,每笔提款的第一个计息期均终止于第一次提款的计息期。例如,第一次在1月1日提款,第一个计息期为6月30日,则在

1月1日至6月30日之间任何一天提款,其第一个计息期均止于6月30日。

(4) 利息计付。利息按实际用款天数计算。一般说来,美元1年算作360天,港元一年算作365天,各期应付利息于每个计息期最后1天支付。

4. 贷款提前还本。一笔贷款的还款期一经确定,贷款行对资金的运用及收益已作了计划安排,因此,一般不欢迎借款人提前还款。正因为如此,银行借款是否可以提前还本必须事先约定,并规定:若提前还款,借款人必须在1个月前以不可撤销的书面形式通知银行;提前还款日期必须安排在一个规定的付息日;提前还款额必须为一个规定的最低额或其正倍数,或未回收的贷款本金全数;银行对提前还款部分本金可以依协议收取或不收1个月的利息;提前还款的资金应由贷款项目本身收益来提供,借新债来提前还旧债,银行一般不予接受,或采用加收一定费用作为补偿。

5. 承担费。银行对已承诺、但客户未支用的贷款,因为无利息收入,故往往要求客户支付一定费用,该费用称为承担费。承担费费率一般为每年0.25%。承担费可以根据双方协议少收或免收。

6. 贷款违约。为保障银行贷款的权益,银行对客户违约行为作了比较严格的规定,如发生下列情况之一,银行视借款人违约:借款人不能按贷款合同规定如期还本付息;借款人不履行贷款合同中规定的责任;借款人不按合同规定使用贷款;在贷款项目完工前,工程中途停顿超过约定天数;借款人宣告破产;借款人牵涉法庭诉讼;借款人停止或意图停止偿还其他债权人的债务;借款担保人死亡或破产;借款人未经银行同意,改变或出售其股本;由于国内法律或行政法规定的颁布、修改,而使借款人的此项借款行为成非法等。

当然,以上规定的选用程度,在发生时的如何处理,银行将视具体情况作相应处理。但若发生以上情况,借款人必须及时通报银行,要求协商处理;如协商不成,银行有权要求客户一次全部归还尚未偿清的本息,必要时将诉诸法律解决。

1.4.2 我国对国际商业银行贷款的管理

1. 短期国际商业银行贷款的管理。我国对短期的国际商业银行贷款采取余额管理的办法,即由国家主管部门向经批准的金融机构下达短期国际商业银行贷款的年度余额,由金融机构据此调整本单位的债务水平和资金运用。

2. 对中长期国际商业银行贷款的管理。对于中长期国际商业银行贷款的宏观管理采取指标控制的办法,主要内容如下:

(1) 规模控制。国家通过两类贷款计划实行规模控制:一类是中长期国际商业银行贷款计划,它按国家国民经济和社会发展五年计划、十年规划来确定全国的国际银行贷款的总规模和分地区、分部门规模以及主要建设项目。另一类是年度借用国外贷款计划,它主要确定全国年度借用国外贷款的总规模。

(2) 项目的审批管理。各地方计划委员会和部门计划管理部门将本地区、本部门准备使用国外贷款的项目初审后报国家发展计划委员会审批。各地方计委和部门及国家发展计划委员会对借用国际商业银行贷款的项目执行情况进行跟踪检查,并逐步实行项目后评价制度。

(3) 对外贷款的"窗口管理"。筹措国际银行贷款需要经过国家指定的或者经批准的国内金融机构进行。未经批准的企业或金融机构不得从境外取得贷款,擅自筹措国外贷款,国家将不允许对外偿付本息。

(4) 外债的统计、监测、监督制度。借用各类国际商业银行贷款的单位在贷款签约后,必须及时到国家主管部门进行外债登记。每交次偿付贷款本息前,借款人应提前向主管部门报送贷款偿还计划,并在主管部门同意后,及时对外偿还应付的本息。

3. 我国借用国际商业银行贷款的程序。贷款程序有如下几点:

(1) 取得利用贷款项目的批复。国际商业银行贷款项目应首先要根据项目的规模取得国家或者地方、部门计划管理部门的批准,在批复中明确项目建设的部分资金来源为国际商业银行贷款。

(2) 取得国际商业银行贷款指标。取得利用贷款项目的批复后,报国家发展计划委员会审批,如果符合国际商业银行贷款的条件,国家发展计划委员会将同意该项目使用一定数量的国际商业银行贷款,即取得国际商业银行贷款指标。

(3) 委托金融机构对外筹资。目前,国内筹措国际商业银行贷款的主要是通过中国银行、交通银行、中国建设银行、中国工商银行、中国农业银行、中信银行以及经国家批准的省市级国家信托投资公司等银行和非银行金融机构对外筹措。

(4) 金融条件核准。在筹资部门筹措国际商业银行贷款前,由国家主管部门对其贷款的期限、利息、筹资市场和方式等进行审核和协调。筹资部门在国家主管部门正式批准贷款条件后,才能与国际商业银行签订借款协议。

1.4.3 国际银团贷款

国际银团贷款(Syndicated Loans),又称辛迪加贷款。是一家银行牵头、多家银行参加,在一项贷款协议中按同一条件向同一借款人发放的贷款。该贷款的贷款银行经常来自世界不同地区,该贷款也很少设在借款人的国家。银团贷款是第二次世界大战以来最重要的一种国际融资手段。在1982年以前发展很快,1982～1986年以前由于拉美国家债务危机的影响,一度受挫。1988年起又有所恢复和发展,此后受国际融资证券化趋势及"巴塞尔协议"有关资本资产比例的影响,又开始停滞不前,近几年,由于国际银团贷款自身以及市场环境发生了一定的变化,又出现了大幅度上升的趋势。

银团贷款的主要特征可归纳为以下几点:

(1) 银团贷款可对借款人提供单个贷款人所不能提供的巨额资金。贷款资金主要用于弥补国际收支逆差以及重大开发项目。

（2）银团贷款允许信誉不高的新借款人获得大金融机构的贷款和其他借款形式。

（3）银团贷款允许借款人通过利用贷款银行间的竞争提供适合其特殊需要的贷款。

（4）银团贷款可以为贷款人提供丰厚的利润，特别是对牵头银行或贷款管理集团的一部分银行来说，贷款风险较少，因为风险已分散由辛迪加所有成员承受。贷款人参与贷款活动并不需要专门技术，而是由牵头银行负责贷款的技术问题。银团贷款由牵头银行对外进行宣传，而广告对今后银行的业务大有帮助。

（一）银团的组合和参与

最普遍的银团组合类型是：由一位经理（牵头银行）负责组织一个有多家银行参加的银团。这些银行根据同一份协定的条款同时对借款人提供几笔贷款。在正常情况下，它们作为同一借款人的债权人的地位是相同的，同时各自分别与借款人维持一种直接的契约关系。当借款人违约拒付时，银团成员中的任何一家，在同银团中其他成员行达成协议后，可向借款人提出起诉。

另外一种形式是贷款银行将贷款受险部分的一部分出售给另一家银行。贷款人将一笔贷款的全部或部分转让给购进贷款的一方，使后者和借款人之间与前者和借款人之间的关系相同。然而，前者更愿意对借款人维持直接的贷款关系。购买贷款的银行就成为分参与者，实际上是银行和参与者之间的一种分贷款。作为分参与者，它同借款人之间不存在任何直接的契约关系，不能获得赔偿保障或收益保障条款所带来的好处，而一切贷款本息的偿还全归初始贷款人。初始贷款人根据分参与者的安排，有责任将相应的款项转给分参与者的买方。如果初始贷款人进行清理，清理人就有权拥有这笔贷款的还款，购买方则仅是初始贷款人的债权人。

（二）银团贷款当事人的作用

国际银团贷款的贷款人由各国银行组成，它们在一笔贷款中扮演着各不相同的角色。银团贷款的当事人主要有以下五种：

1. 借款人。银团贷款的借方对资金有巨大的需求，它们的目标是以最经济的手段筹集资金。一般来说，借款人与贷款人之间有较深的联系，这种联系主要是建立在长期业务往来的基础上。当然，借款人在重点与一家或几家银行发展借贷关系时，也不放弃与其他银行发展关系的机会。这样，借款人在需要资金时，就会在数家银行中寻找条件最优惠的一家作为牵头行（Lead Manager）或银团经理行（Syndicate Manager）。

2. 牵头银行。这是指经营银团贷款活动的首要银行，称之为牵头银行或银团经理行。它执行着四个基本职能，称作 4S，即贷款的发起、构造、营销和管理服务。在一笔银团贷款中，牵头银行占有举足轻重的地位。从法律角度来看，它所承受的风险部分也最大，它有责任为借款人具体安排银团贷款，也有责任向其他贷款行阐述贷款的安排方式及有关细节问题。同时，牵头行也提供一部分贷款。牵头银行也可以由一家以上的银行共同担任，在这种情况下，贷款的发起、构造、营销和管理及相关事宜则需由牵头小组（Lead

team)共同商定。

除牵头银行外,还有经理银行和合作经理银行两类,它们形成一种三层管理水平。后两类银行执行的任务取决于其承销协议,管理费用的分配也按每一层水平决定。

3. 参与银行(Participating Banks)。这是指除牵头银行外参与银团贷款的银行,它无承销风险。参与行参与银团贷款是要从贷款中获利,分散其资产,从"墓碑"广告中获利,而且在参与程度上具有灵活性。每个成员行(参与行)都是借款人的直接贷款人,因此,各参与行都有必要分析贷款的安排情况。值得注意的是,比较小型的地区性银行参与银团贷款要谨慎从事。虽然可以分散其风险,但必须分析牵头银行的信誉和能力以及借款人的资信。

4. 代理行(Agents)。辛迪加指定一家银行作为代理人,代理人是具体执行贷款安排的银行,可作为辛迪加和借款人之间的中介(如在美国)。也可考察文件,执行簿记工作,发送公告,汇报贷款情况(如在英国)。在有些情况下,如果借款人拒付赖账,代理人可以决定并执行有关任务。其他任务还包括保证借款人符合贷款条件、利率规定,并重订贷款条款。代理人收取费用,一般占贷款总额的 0.1%,必须仔细负责地执行任务,因为在许多方面都存在潜在的债务,如代理人对借款人资信地位的变化,未能通知辛迪加成员。

5. 担保人。这是指担保借款人到期偿还本息的一方,作为担保人的主要是一国政府,或借款人之外的银行,或借款人的母公司。如果贷款安排有担保人一项,则应订立担保条款,使担保人对贷款负有主要责任,从而避免担保流于形式。

(三) 贷款的发起

贷款的发起一般由牵头银行和借款人共同进行。有时是借款人寻求愿意为其提供资金的银行,有时则是牵头行主动寻找贷款的需求者。牵头行在发起贷款的过程中,扮演着主要角色,它必须保证借款人信誉可靠,还要找到愿意提供贷款的银行,并在双方之间促成一笔贷款。第一,牵头行必须确定,借款人确实需要得到一笔欧洲货币的银团贷款,而不是希望获得一笔国内资金;或希望通过发行债券或商业票据的方式筹集资金。第二,它必须充分了解借款人的资信情况,因为银行的其他一些成员同样会分析借款人的资信情况,如果其资信情况未能达到可接受的标准,将会使牵头行的声誉遭到损害。第三,它必须向借款人建议并与之就借款条件达成一致意见,以便日后可将贷款转售给一个银团组合。对于贷款可能面临的各种风险,以及对在伦敦银行同业拆放利率基础上市场所容许的加息幅度,牵头行必须能透彻了解。如果牵头行收到借款人的委托书而在其后又不能组成银团时,那也会危及牵头行的声誉。

潜在的借款人可以是大公司、一国政府或政府机构。对于有可能成为牵头行的银行来说,要吸引这样的借款人需要有一定的市场经营技巧。有时,潜在的借款人是由在欧洲市场上设有经营活动的银行介绍给牵头行的,欧洲和日本的银行往往会在一些客户的公司中持有股份,从而就将这些公司介绍给它们自己在欧洲市场活动的分支机构或分行。

总的说来,要寻求借款人并促成第一笔交易比较困难,银行必须为之付出艰辛的努力,并注意不断提高自己的经营技巧。

(四)贷款的构造

一笔银团贷款发起成功之后,就面临着如何构造贷款的问题。构造贷款包括确定贷款的期限、加息率、费用和拟定贷款文件。

在开始计划组织银团时,未来的牵头行与借款人必须明确地认识贷款的结构及其目的;贷款目的应有明确的表述;贷款的额度必须与借款人按期偿债的能力相适应。如果借款人是私营部门,牵头行必须详细预测其现金流量,并充分考虑可能在拟定的贷款期间给借款人造成不利影响的外部因素;如借款人是国营部门(如一国政府),要通盘考虑的是主权豁免、有关国家未来政局的动向,该国政府对于其国际收支管制的可能以及债务规模等问题。所有这些有关信息通常都纳入一份信息备忘录,以便于银团成员行之间的交流。

1. 期限。银团贷款的期限可长可短,它取决于市场当时可以接受的期限,取决于对借款人所在国政治经济前景的看法,以及由牵头行评估并由未来银团成员行考察后的借款人所拥有的经济实力。实际上,可接受的贷款期限主要是一种客观上认为在财务上审慎的期限,同时也是一家银行认为其竞争对手大约可以接受的期限。

2. 加息率。银团贷款的利率一般等于伦敦银行同业拆放利率(或是另一个相应的市场如新加坡或巴林市场的拆放利率),加上一个差额或加息率,其幅度取决于贷款风险的大小和当时市场对有关国家信用的评估。如果市场对资金需求旺盛,加息幅度就会较大,借款人可能会坚决要求降低加息率的幅度。借款人要求降低加息率的幅度,部分原因是想借以提高其信用地位;部分原因是其认为只要降低加息率的幅度就可以节省借款成本。但借款人和银团成员行也都不可忽视伦敦银行同业拆放利率本身的变化,有时这种变化会比加息幅度高出许多。

3. 费用。如果一家银行计算其因维持贷款和银团组织所需的成本的话,则会发现在加息幅度低于1%的情况下很难获利。为了确保盈利率,在贷款签约或分批支款时,银行会精心规定征收费用的结构。

费用包括管理费、参与费、承诺费和代理费。借款人可能会向牵头行支付低于2%的管理费,牵头行又会提取该费用中的一部分作为参与费支付给银团的参与行。参与费的多少可以依据参与行贷款的多少而定。在任何情形下,费用的计算要保证牵头行为组织银团和管理贷款交易而得到的相适宜的报酬。承诺费通常等于贷款协定下未支取的款项乘以略低于贷款利率的加息率。如果没有必要,许多借款人一般不会愿意提取贷款协议规定他们可以提取的全部款项,有关银行由于对贷款额度部分作出承诺而会丧失利润。所以,绝大多数协议就会规定借款人必须支付一笔承诺费作为补偿。代理费则是付给代理行的特别款项。

4. 贷款文件。一份贷款协定通常包括以下十项内容:

(1) 有关期限、利率和支付的条款。

(2) 提前偿付条款,其中须指明在哪些情况下,可以要求或允许提前偿还。

(3) 陈述和保证。指借款人就其本身的具体情况作出说明(诸如业务经营能力、资产所有权、没有因其他债务安排而发生违约事件或被提起重要的诉讼)。

(4) 借款前提条件。在借款人取得分批支款之前,贷款人应查阅借款人的法定文件、外汇管制以及其他政府批准书的文件副本,检查注册记录,了解借款人执行协定的合法能力,协定的可执行性等。

(5) 契约保证。这是指借款人在贷款期限内所作出的一种保证(诸如关于遵守法律和管理条令,政府许可的继续有效和支付税款的保证等)。

(6) 预扣所得税条款。

(7) 政府法律和管辖权。

(8) 成本增加和资金的可获性。

(9) 违约事件。

(10) 代理行条款。

(五) 贷款的管理

所谓贷款的管理是指代理行如何执行借款安排。贷款协定一经签署,代理行就取代银团牵头行成为交易活动的主角。在大多数情况下,代理行和牵头行为同一机构兼任,但是两者执行的职能各不相同,代理行的职责包括在支款时间向有关银行收取贷款资金,在贷款到期时向有关银行分发利息和本金。另外,代理行的职责还有:采取步骤负责贷款的执行;向有关银行通报关于借款人的情况;同时按照在未清偿债务中占多数份额的银行的意愿行事。代理行的职责在贷款协定中都有表述,在任何时候,代理行都应恪守协定的规定,不得越雷池一步,忠实于受托人的职责,以尽到法律上应负的责任。

(六) 银团贷款的发展趋势

银团贷款作为第二次世界大战后国际资本市场上的一项重要金融创新,从 20 世纪 60 年代末开始发展经历了几个重要阶段。20 世纪 60 年代和 70 年代是银团贷款大发展的时期,银团贷款逐渐成为一项举足轻重的融资方式。20 世纪 80 年代由于受拉美债务危机的影响,以及各国管理部门对银团贷款管理的加强,银团贷款受到很大打击。20 世纪 80 年代末,不动产投资的失败更令西方银团贷款业务雪上加霜。20 世纪 90 年代,伴随着全球金融一体化的浪潮和银团贷款方法的日益成熟,国际银团贷款又渐渐恢复了元气,并重新崛起。目前看来,银团贷款的发展呈现出以下几个趋势:

1. 重要性日益突出,竞争日益加剧。20 世纪 90 年代以来,国际资本市场包括债券、股票、银团贷款及其他中长期融资工具在内的融资业务连年增长,国际银团贷款回升,在国际资本市场融资总额中的比重增加,随着银团贷款的突飞猛进,参与贷款的银行日益增多,彼此之间的竞争日趋激烈,贷款利率、费用下降,贷款条件有所放松。

20世纪80年代后期和90年代初,国际银团贷款主要是花旗、J·P·摩根、大通曼哈顿、巴克莱等欧美大银行的天下,现今一些新加入者如 ABN Amro、CS First Boston、Chemical Bank 等也开始跻身牵头行的前列,其中最引人注目的是,曾经撤出国际银团贷款市场的一些日本银行陆续返回,使得国际银团贷款的竞争进一步加剧。

竞争的激烈导致银团贷款利率大幅回落。欧洲甚至对重要客户实行所谓的"三无定价"(Triple Zero Pricing),即无期初费用(Zero front-end fees)、无代理费(Zero agency fees)、无杂费(Zero out-of-pocket expenses)。竞争加剧还使得国际银团贷款市场出现少有的超额认购热(Oversubscription),一家牵头行发起一个10亿美元的辛迪加贷款项目,在很短时间内便可收到来自其他银行10几亿美元或几十亿美元的投标,超额认购热本身也进一步使贷款银行之间的竞争白热化。

伴随着竞争加剧而出现的一个趋势是银团贷款的期限逐渐延长,在20世纪80年代银团贷款的鼎盛时期,10年以上的贷款期限极为普遍。在随后的衰退时期,银团贷款的期限缩短到3年左右,5年以上非常少见。可是20世纪90年代以来,5年期贷款又开始变得普遍,7年甚至更长期限的贷款也已不属什么新鲜事。随着竞争压力加大,国际银团贷款的期限可能还会进一步延长。

2. 银团贷款与证券融资融合。一般来讲,银团贷款同证券融资的区别主要有:① 银团贷款在贷款币种、贷款结构等方面比证券的灵活性更大。② 银团贷款一般期限较长。③ 银团贷款一般附加贷款保证条款。随着全球金融管制的放松及金融衍生工具的广泛应用,这些区别正在逐步缩小和消失,银团贷款和证券融资呈现相互融合的趋势。这表现在:

(1) 银团贷款的期限更长。以前,高杠杆率的银团贷款难与7~10年期的债券竞争,目前出现7~9.5年期的档次,以吸引以往购买私募债券的保险公司和投资基金进入贷款市场。

(2) 分期偿还计划正在消失。以往的银团贷款一般采取分期偿还本息的方式,这种做法目前正在消失,从而延长了贷款的平均期限,近年来,越来越多的长期贷款只有最低限度的分期偿还,或者一次性偿还,这有助于借款人将借款用于资本性支出,以及平安度过业务量随经济周期下降的困境,而无需为分期偿还本息的现金流量作准备。

(3) 放宽合约条款,允许借款人协商调整长期贷款。

(4) 放宽再融资条件。过去想商借更多银团贷款的公司一般需要与银行逐笔协商金额与条件,因此参与协商的成本较高,目前公司财务主管可以使用现有的协议在日后申请长期贷款,成本为一次性支付0.1%~0.25%的费用,允许现有的银团接纳新的投资者,包括可以使基金作为贷款的投资者。

(5) 提供提前还款保护。以往银行对大公司贷款的提前偿还并不收取溢价,目前银行在长期贷款中提供提前还款保护,使贷款更接近债券,这种做法的好处一是可吸引机构投资者参加;二是启动费(Front-end Fee)较低。

案 例

案例1 香港普豪投资有限公司及项目简介

概况(略)

(一) 规模及布局

按照上海市土地管理局招标文件的规定,香港普豪投资有限公司计划在已取得土地使用权的虹桥经济技术开发区28—3C土地地块上兴建一幢28层综合性公寓兼办公楼,总建筑面积为30 000平方米,地上建筑26 000平方米,地下二层辅助建筑计4 000平方米。地上建筑包括公寓32套,计3 200平方米。办公楼计21层,面积17 700平方米及综合性服务设施计5 100平方米。为了方便顾客,综合设施内设有中西餐厅、俱乐部、酒吧、咖啡厅及百货商场等。

所建综合性公寓、办公楼将向海内外政府、企业、个人出售或出租,一般以外汇计价收取租金或价款。

(二) 总投资及注册资本

项目计划投资总额3 600万美元,香港普豪投资有限公司注册资金1 200万美元,其中包括土地使用费现金828万美元,(已支付)和实物投资372万美元。除注册资本外,需向银行贷款2 400万美元,本项目贷款期限拟8~10年。

(三) 市场分析

虹桥开发区是上海为进一步对外开放,促进对外经济贸易和旅游事业的发展而开辟的一个区域。本项目可为外国领馆人员、外商、侨胞提供办公和居住及游乐场所,它将成为上海对外经济贸易中心的一个窗口。

中国××进出口(集团)公司与香港普豪投资有限公司有着极为密切的经济合作关系。普豪投资公司在上海租用土地以建造办公楼的计划与双方之间商定的推进抽纱品业务发展计划紧密联系在一起。中国××进出口(集团)公司上海××公司为扩大对外业务需要,将租用不少于10 000平方米的办公用房(租用期15年以上),并已出具承诺书。其上级公司——中国××公司的许多外商为其担保。

另外,香港普豪公司及中国进出口(集团)公司上海××公司的许多外商也提出将租用综合楼部分用房的意向。目前有把握的出租率已达80%左右。

(四) 担保

香港普豪投资有限公司,中国××进出口(集团)公司、中国××进出口公司担保。

投资者名称:香港普豪投资有限公司

英文名称：SIRWINA INVESTMENT LIMITED

法定代表：冯庆延先生

国籍：中国

地址：香港千诺道中15～18号大厦六楼。

（五）总结

本项贷款有以下特点：

借款人是一个香港公司在中国注册的独资子公司。

建造办公楼的土地一次性租用，租用期限50年，办公楼造好后，可以出租或出售。

本楼建造的计划与中国××进出口公司发展计划密切相关，而且××公司已经中国有权机关批准，将长期租用不少于10 000平方米的办公用房，租用费以外汇计付，楼房还未建，但大部分面积的出租已落实。

担保方式灵活，担保人经济实力强大，本项贷款可以根据贷款的要求，由香港普豪投资公司、中国××进出口总公司或中国××进出口（集团）公司作为担保人，以某种合适的组合方式进行担保。

建设银行上海市分行已初步同意帮助借款人安排这项贷款，但贷款的条件还未最后商定，凡有兴趣参加贷款的银行都可就期限、利率、费用等条件向建设银行提出，建设银行将在汇集各方意见后，统一与贷款人谈判，确定贷款最终条件。

附：有关预扣费分摊的条文

1. 预扣税贷款方负担规定：

ALL PAYMENTS TO BE MADE BY THE BORROWER SHALL BE MADE WITHOUT DEDUCTION FOR ANY PRESENT AND FUTURE TAXES, LEVIES,…OTHER THAN WITHHOLDING TAX OF（借入国）REQUIRED TO BE DEDUCTED OR WITHHELD FROM INTEREST PAYABLE…

2. 预扣税分摊费的规定：

THE BORROWER EACH TIME INTEREST IS PAYABLE SHALL PAY TO THE LENDERS A FEE AT THE RATE SET OUT BELOW IN RESPECT OF THE LOAN AMOUNT THEN OUTSTANDING.

INTEREST RATE%P.A.	RATE OF FEE%P.A.
0—7—1/16	1/16
7—1/8—10	1/8
10—1/16—12—3/16	3/16
⋮	⋮
27—7/16—28—1/4	/
28—5/16 upwards	by negotiation

在这里规定了浮动利率贷款时的分摊费。如果利率变化,预扣税的金额也变动,则分别按一定的利率水平确定相应的分摊费。

案例2 ××省高等级公路项目

××省交通厅利用亚洲开发银行贷款用于修建该省两个中心城市间的高速公路,亚洲开发银行项目官员是一位来自南亚某国曾经从事铁道建设工作十余年的资深工程师。

××省交通厅和中国××国际招标公司向亚洲开发银行项目评估团提交了项目分包打捆计划书。该计划书中列明从A市到B市拟建的高速公路的主要建设工程包括2座特大桥、3个特长隧洞、178公里的路基、路面及结构物的实施完成和缺陷修复。中国××国际招标公司提出的分包计划是把A市到B市的高速公路项目分为17个合同段(包括2个特大桥合同和3个特长隧洞合同)。

亚州开发银行项目官员否定了中国××国际招标公司提出的分包计划,提出了新的分包计划,即2座特大桥作为一个合同(该2座桥位置相邻),3个特长隧洞作为2个合同(其中相邻的2个隧洞为一个合同),其他路段的路基分为5个合同,所有路面分为2个合同,这样,从A市到B市的高速公路共分10个合同,如下表所示。

工程名称	特大桥	隧洞	路基	路面	合计
合同数	1	2	5	2	10

亚洲开发银行官员把路基与路面分包打捆的理由是可以让更多的专业化筑路队伍参加竞标,降低工程造价,把17个合同段压缩为10个合同段的目的是为了提高每个合同段的合同金额,以利于吸引大公司参加投标。

招标以及项目执行的结果与亚洲开发银行官员的愿望是不一致的。首先,许多中小企业被排除在合格的投标商之列,降低了招标的竞争性,参加投标的大公司中标后,因其无施工实体,而层层分包给其下属企业,导致施工管理难度加大。再者,路基、路面分开招标,路基质量很难保证,因为路基、路面分属不同的承包商实施完成,当路面质量出现问题时,路面建设的承包商与路基建设的承包商相互推诿,谁都不承担责任,使业主蒙受损失。另外,项目监理工程师为了应付各种扯皮的事伤透脑筋,而无法分身抓他的主要工作,即质量控制、成本控制和进度控制。

由于错误的分包打捆导致了许多工程质量问题,且项目无法在规定的工期内完成,不得不向亚行提出延长亚洲开发银行贷款的关账期。

本 章 小 结

1. 本章主要讲述了国际货币基金组织、世界银行贷款的原则和政策、新特点、贷款方向及贷款条件、项目周期以及提款和支付。外国政府贷款的概念、特点及影响因素、一般程序。国际商业银行贷款和银团贷款的概念及其操作实务方面的知识。

2. 国际贷款是国际经济联系的一个重要方面,利用国际贷款来发展本国经济,是世界各国包括一些发达国家在内的一个共同的历史经验。

3. 世界银行主要向发展中国家提供长期贷款,国际开发协会专门向低收入会员国提供长期免息优惠贷款,国际金融公司则负责向会员国的私人企业提供贷款或直接投资。

4. 外国政府贷款是一国政府用其预算资金向另一国政府提供的优惠性贷款。这种贷款利率低、期限长、具有双边经济援助的性质。

5. 商业银团贷款一般是指5家以上的商业银行(或其他金融机构)按照商定的条件,联合向借款人提供的数额较大的一种贷款,这是商业银行贷款中最典型、最有代表性的方式,包含了借贷关系中一切最基本的要素。

本 章 习 题

1. 什么是世界银行贷款?
2. 什么是外国政府贷款?
3. 什么是国际商业银行贷款?
4. 世界银行贷款得特点有哪些?
5. 国际货币基金组织贷款的种类有哪些?
6. 政府贷款的特点是什么?
7. 世界银行贷款方向及贷款条件是什么?
8. 银团贷款的当事人有哪些?
9. 简述银团贷款的具体操作。
10. 银团贷款的特点有哪些?

第二章 国际贸易融资

学 习 目 标

- 了解贸易融资的产生及理论背景；
- 掌握贸易融资的概念与类型；
- 理解贸易融资的优势与作用；
- 了解国际贸易融资风险预测与管理。

2.1 贸易融资的产生及理论背景

2.1.1 中世纪贸易融资的产生

在公元 7 世纪至 8 世纪，世界贸易的中心位于地中海东部，阿拉伯人贩运非洲的象牙、中国的丝绸、远东的香料和宝石，并以现金结算。11 世纪以后，随着意大利北部和波罗的海沿岸城市的兴起，对外贸易的范围扩大到了地中海、北海、波罗的海和黑海的沿岸。贸易范围的扩大，以运送现金作为结算手段已不能满足需要，长途运送不仅风险大，成本也高。于是人们开始使用"字据"代替现金。

公元 12 世纪，地中海沿岸的国家在交易中已经使用了"兑换证书"形式的票据。中世纪的地理大发现引起了西欧各国对外贸易的革命性变化。由于新航路的开辟和"新世界"的发现，海外市场的领域骤然扩大，海外贸易的商品种类和数量也急剧增加。金银铸币等现金结算给人们带来了更多的不便，于是票据汇兑开始流行。它与后来出现的以汇票为基础的"商人信用证"的广泛使用，进一步推动了欧洲各国对外贸易的发展。

兑换、保管、汇兑业务的发展，使得古老的银钱业主手中聚集了大量的货币。这为今后开展融资业务打下了基础。1580 年，在当时的世界商业中心意大利出现了最早的近代银行。从 16 世纪起，欧洲几个主要国家开始在海上相互袭击和抢劫对方的商船，进行连年不断的争夺贸易霸权的战争,这使得商人和制造商已无力负担对外贸易中的财务风险。大约自1825年起,英国伦敦崛起了一批承兑商号,专门承担出口业务中的财务风险,从事以承兑票据方式为贸易提供融资的业务。这些可以视作国际贸易融资的雏形。

2.1.2 自由资本主义时期国际贸易融资的发展

资本主义生产方式的建立,推动了社会生产力的迅速发展,在第一次科技革命的带动下,英、法、德、美等国先后完成了产业革命。生产的发展很快就受到了国内市场容量的限制,为了开拓工业品市场,占领农业和矿业原材料市场,各资本主义国家疯狂向外扩张,到处建立新的殖民地,彼此接二连三地进行争夺殖民地战争。在此基础上,形成了世界范围内的国际分工和国际贸易。

英国是最早进行和完成工业革命的。大机器的生产,社会生产力的提高,扩大了资本主义的生产规模,使其对外贸易得到了空前的发展。英国的商人、海外公司遍及全球。贸易的扩大激发了他们的融资需求,致使这一阶段贸易融资体现出了结算与融资结合的特征。

2.1.3 垄断资本主义时期国际贸易融资的成长

19世纪70年代,自由资本主义开始向垄断资本主义过渡。国际贸易进一步蓬勃发展,而在资本主义国家的竞争中,销售市场问题愈加尖锐。为解决这一问题,英国政府于1919年成立了"出口信贷担保局"(ECGD),承办出口货物的保险业务,便利出口商从银行获得资金融通,以扩大英国的对外贸易。它的成立,为英国争夺海外市场发挥了重要作用。

1929~1933年爆发了世界性最严重的经济危机,海外市场的扩大和发展对于经济发达国家来说更加重要。由于危机的影响,国际信用关系陷于混乱,许多私营银行和金融机构遭遇危机的打击面临倒闭的危险,它们没有能力且不敢冒险大规模经营外贸融资业务。因此,由国家利用财政资金扩充对贸易的资金投入,支持出口摆脱危机就成为必然的选择。随后,在欧洲这块最早开展对外贸易的大陆上,各国政府纷纷效仿英国,相继建立了不同性质和特点的官方出口信贷机构。具有政府背景的、以扩大本国出口为目的的出口信贷出现了。

第二次世界大战以后,无论是战胜国还是战败国,都面临恢复和重振经济的发展战略任务。而且,由于国际分工的深化发展,发达国家之间的水平分工成为国际分工的重要特点,产业内贸易日益扩大并对发达国家经济和国际贸易产生着越来越重要的影响。发达国家迫切需要扩大出口,尤其是船舶与重型机械等资本货物的出口。这样,可以实现国内经济的快速增长,并在国际贸易迅速发展、世界市场不断扩大的新形势下加强自己在世界市场的地位。在这种背景下,发达国家相继完善了本国贸易金融体系建设。

如果说在自由资本主义时期,资本主义国家的对外贸易本质上仅仅是对外商品交换和商品输出的表现形式,那么到了垄断资本主义时期,资本输出逐步成为带动商品输出继续扩展世界市场的推进力量。

由于世界生产力发展的不平衡,形成了国际资本从发达国家和地区流向发展中国家和地区的需求。而国际分工由"一般分工"、"特殊分工"向国际范围的专业化、协作化"个别分工"纵深发展。这不仅使国际经济联系从传统的商品交换范围更为广泛地渗入到生产领域,而且国际资本的流动也从生产资本和商品资本的国际化(以产业资本为主)进一步驱使货币资本的国际化。以借贷资本为主,在这样的经济环境趋势下,国际贸易融资和对外直接投资等各种方式被越来越多的国家用来发展资本输出和输入。出口买方信贷就是在这一时期逐渐发展起来的。

跨国公司的蓬勃兴起,使全球范围内的资源配置、生产组织形式、经营活动方式以及市场的规模都发生了巨大的变化。在它的推动下,一方面,国际贸易迅猛发展,国际贸易融资需求快速上升。20世纪60年代后期,由于受国际债务危机的影响,各大银行都不敢大胆放款,各国政府相继限制了本国银行的对外贷款规模。在这种情况下,国际银团贷款应运而生;另一方面,跨国公司在大规模的扩张过程中,其有限的自有资本不能满足自身的需求,它需要银行的融资。跨国公司的贸易融资策略是它跨国经营总体战略中的一个重要组成部分,它有两个微观目标:一是在全球范围内有效地降低融资成本;二是把融资风险控制在自身可以接受的水平。为此,跨国公司往往采取以下三个具体对策:一是建造全球最佳资本结构,以降低公司的平均筹资成本;二是进行积极有效的风险管理,即有效避免融资成本的直接风险,如汇率、利率的变动所带来的风险以及融资的间接风险,如国家风险;三是充分运用内部转移机制,即通过企业间贷款和调整子公司股息汇回政策等手段实现资金的内部转移,以降低跨国公司的融资成本,减少各种风险的影响。跨国公司对融资成本、风险的综合要求,对国际贸易融资方式提出了挑战,于是国际保付代理等多种新型的国际贸易融资方式与风险规避工具诞生了。

2.1.4 国际贸易融资发展的理论背景

(一) 国际资本流动的主要原因

所谓"国际资本流动"是指货币资金或生产要素使用权在国际间的有偿让渡或转移。国际资本流动起初是依附于国际商品和劳务的流动而流动的。随着国际贸易的发展,国际资本流动越来越成为促进国际商品与劳务的流动的主要推动力,即在国际贸易融资的推动下,带动出口的扩大。那么国际资本流动的动力何在? 主要原因表现在以下两个方面:① 追逐利益。资本总是从资本回报率低的国家流向回报率高的国家,如果各国的金融资产收益率有差别,资本就会迅速流动,从收益率低的国家流向收益率高的国家。②

逃避风险。现代资本就其性质来说是国际性的,资本总循环的意义和目的,就是要实现利润最大化。但近期实测研究表明,大多数资本移动的动机主要是基于对短期资本得失和风险程度的预期,而并非处于实际投资机会与对长期风险和收益的考虑。换言之,除了谋求增值以外,不同形式的国际资本流动的动机可能有所差别。例如,直接投资在很大程度上是跨国企业为了在本国市场之外更大程度地发挥自己的"无形资产"(专利权、专业技能、技术、商标、组织和管理经验)的盈利潜力,而中长期国际贸易融资则更多的是为了带动本国的产品出口。

(二)国际资本流动原因的理论分析

经典作家和后来多数作者传统的基本假设是,只要有较高的收益率吸引,资本就会流向国外(LERSEN,1935年,第2章)。从亚当·斯密开始,经济学家一般认为,资本流动未达到收益率的均衡点时,就会停止流动,因为对外投资的不利之处(涉及较大的风险和较弱的实际控制能力)要由较高的预期收益来补偿。但是,一项针对英国(莱费尔特,1913～1915年)和法国(哈里·德克斯特·怀特,1933年)的国外投资与国内投资相对可获利性的早期研究,这种假设似乎依据不足。该项研究表明,对投资者来说,对外投资在各个方面都比对内投资有利可图。

20世纪初,美国经济学家欧文·费雪以李嘉图的比较利益论为理论基础,对产生资本国际流动的动因进行了解释。费雪的分析主要以借贷资本的国际流动为考察对象。其基本内容是:利率的差异是导致资本国际流动的基本动因,而通过资本国际流动,会消除这种利率差异。费雪的这一理论被称为"利率论",它主要强调利率的国际差异对借贷资本和证券资本国际流动的导向作用和杠杆作用。同时,费雪也承认,由于各国对资本的限制以及国际投资风险、交易成本等因素的影响,国际投资并不能使各国的利率水平完全平均化。

费雪的理论重点考虑了影响资本国际流动的利率因素,是对资本国际流动动因分析的一个很大贡献。但其理论也有局限性。首先,该理论假定国际资本市场是完全竞争的,资本的流入国和流出国没有决定利率水平的能力,只是资本价格和利率的接受者,资本是从拥有生产现时商品优势的国家流向拥有生产未来商品优势的国家。实际上,在任何时候,完全竞争的国际资本市场都是不存在的;而由于各国之间(尤其是发达国家和发展中国家)政治经济地位的不平等,利率也往往受到西方国家的操纵;在未来商品生产方面拥有比较优势,并不足以成为资本流入国吸引外资的决定因素。其次,该理论没有考虑国际投资风险对国际资本流动的影响。最后,它也无法解释期限相同的金融资产在国际间流动的现象。1933年,纳克斯发表了一篇论文,题为《资本流动的原因和效应分析》,在这篇论文中,纳克斯实际上是在对资本国际流动进行整体分析,研究的是国际资本流动的一般理论,对国际直接投资和间接投资并未作出区别,即便是涉及与直接投资和间接投资直接相关的问题,使用的也完全是国际资本流动的分析范畴。

纳克斯的分析从国际资本流动的一般理论开始。他认为,资本国际流动主要是由国家之间利息率(或利润率)的差别引起的。假定利息率的差别决定于各国资本的不同供求关系,而资本的供求关系主要取决于资本的供给方面。资本供给较多的国家,其利息率较低,从而会引起资本由该国向利息率较高的国家流动。资本需求方面的变化对供求关系也有一定的影响。如果一国的生产效率提高,并且产品需求弹性较大,引起生产扩张,那么,随着产业利润的增长,资本需求就会增加,从而该国利息率也会升高,于是便引起利息率较低的他国资本向该国流动。该国的技术发明越快,资本需求就越大,流入该国的资本就越多。

在这篇论文中,纳克斯以资本收益率的差别来说明资本的国际流动,这是对资本国际间流动动因的一般意义上的概括性分析,其结论同样适合于直接投资和间接投资。另外,从纳克斯对资本流动的直接动因的阐述上看,他强调了产业资本流动的利润动机;他还注意到了引起国际资本供求关系变化的产业变动因素。从这里可以看出,纳克斯虽然对直接投资和间接投资未作明确区分,但已经隐约注意到了两者之间的区别。后来的学者们从他的著作中,对于直接投资和间接投资,都可以找到各自的理论源头。1960年,麦克道格尔发表文章,从理论上探讨了对外投资的收益和成本,从经济学的角度来研究国际资本运动的相关效果。该理论不久又由肯普加以发展。由于他们的理论采用了完美的几何分析,因此被称为麦—肯普图式。

麦—肯普图式有很多假定:世界由投资国和受益国共同组成;资本收益是递减的;投资国和受益国国内的资本市场都是完全竞争的;资本的价格等于资本的边际生产力;资本可在国际间自由流动。在以上理论假定下,就产生了一个有关国际资本流动的一般均衡理论和模型。

在关于资本国际间流动的原因上,麦克道格尔和肯普的理论逻辑是:各个国家由于资本量不同,从而利息率存在差别,如果资本所在国利率较低,则资本国所有者为了获得较高的利息或利润收益,就会将资本转移到较高的国家去,于是便产生了资本的国际流动。这和费雪和纳克斯等人的阐述基本是一致的。这实际上是强调,不同国家的资本边际生产力的差异以及相应的利率差异,是决定资本国际流动的主要因素。资本在国际上自由流动之后,将使资本的边际生产力在国际上平均化,从而可以提高总体资本的利用效率,增加全世界生产总量,并提高各国的经济效益。

麦克道格尔和肯普本来试图利用国际资本流动的一般理论框架来研究直接投资,但由于假定太多,反而未能将直接投资与间接投资明确区分开来,因此,只能分析直接投资与间接投资的共同性。由麦克道格尔的国际资本流动模型,西方学者提出了"最佳对外投资课税论"和"最佳资本流入量"的理论。这对致力于证券市场国际化的新兴市场国家,颇具启示意义。

2.2 国际贸易融资

2.2.1 国际贸易融资的概念与类型

国际贸易融资系指银行为外贸企业办理国际贸易业务而提供的资金融通便利。它是促进进出口贸易的一种金融支持手段。它的种类随着国际贸易和金融业的发展不断发展。国际贸易融资主要分为以下几种类型：

一、按照融资的期限划分

1. 短期国际贸易融资。即指1年以内（含1年）的进出口贸易融资。该融资主要适用于企业对资金流动和周转的需求，主要包括贸易资金融通、保值性资金流动、银行资本流动、投机性资本流动。

2. 中长期国际贸易融资。即指期限在1~5年或5年以上的进出口贸易融资，该融资主要适用于企业为改善其资本结构，弥补企业资金不足的需求，主要包括直接投资、证券投资、国际借贷。

二、按照融资的资金来源划分

1. 一般性贸易融资。它是指资金来自商业银行。通常情况下，这种融资多与国际贸易结算紧密结合。贷款期限有短期、中期、长期三种；利率采用市场上固定或浮动利率。

2. 政策性贸易融资。它是指由各国官方或半官方出口信贷机构利用政府财政预算资金向另一国银行、进口商、政府提供的贷款，或由各国官方或半官方出口信贷机构提供信贷担保，由商业银行利用其自有资金向另一国银行、进口商、政府提供的贷款。该贷款通常被限定用于购买贷款国的资本货物，以促进贷款国的出口。

三、按照融资的货币划分

1. 本币贸易融资。它是指使用贷款国的货币提供的融资。一般情况下，这种贷款的对象为本国外贸企业。

2. 外币贸易融资。它是指使用非贷款国的货币提供的融资。此处所言外币，可以是借款国的货币，也可以是第三国的货币，但必须是可自由兑换的货币。

四、按照融资有无抵押品划分

1. 无抵押品贷款，也称为信用贷款。它是指银行无需企业提供任何抵押品，而是凭借企业自身信用做担保向其发放的贷款。一般情况下，该贷款只适用于资信好、与该银行业务往来时间长、无不良记录的大中型外贸企业。

2. 抵押贷款。它是指需要抵押品而发放的贷款。该贷款通常适用于风险大、期限长的项目，或信用级别低的中、小外贸企业融资。

2.2.2 国际贸易融资的主体

国际贸易融资的主体是融资双方的当事人,即借款人(筹资人)和贷款人(供资人)。

一、国际贸易融资中的借款人

从国际贸易融资的定义可以看出,其融资对象是从事进出口贸易的交易双方。在我国,它包括了国有、三资、私人所有制下的外贸公司、工贸公司、有进出口经营权的自营生产企业和科研院所。这是短期和中期国际贸易融资项下的融资对象。但是对于长期贸易融资,即出口信贷而言,由于其具有鲜明的政府色彩,浓厚的政策性金融的特征,因此,更多的时候,它的借款人是借款国的银行、政府机构,或是信誉高、影响力大、经营状况好、还款能力强的大型企业。

二、国际贸易融资中的贷款人

国际贸易融资是一种传统的银行国际性业务,属于间接融资方式。这就决定了该项业务的供资人是银行。这里所言银行,不仅包括国际性商业银行,而且还包括各国组建的政策性银行,如美国进出口银行、日本输出入银行、中国进出口银行等。不同的银行由于其业务不同,职能不同,所追求的目标不同,因此它在贸易融资中所发挥的作用也各不相同。

1. 国际贸易融资中的商业银行。国际贸易融资对商业银行来讲,是一项传统的、盈利性强的国际业务。商业银行追求在确保其资金的安全性、流动性基础上,最大限度地获得利润。商业银行叙做贸易融资的动力在于可以凭借其广布的银行网络、雄厚的资金优势、快捷的信息渠道,准确地分析、判断并有效防范融资中的潜在风险,以较低的成本,换来收入不菲的融资利息收入和结算收入。这是由商业银行追逐利润的本质决定的。

2. 国际贸易融资中的政策性银行。同商业银行相比,国际贸易融资是政策性银行的核心业务。政策性银行经营该项业务的唯一动力就是用金融手段带动本国机电产品、成套设备和高新技术产品等资本性货物的出口。这是由该行的性质和经营原则决定的。

政策性银行的资金来源于国家财政。它是适应国家外贸融资的特殊需要而产生的。随着国际贸易的快速发展,贸易融资的需求日益旺盛,贸易规模逐渐扩大,交易金额不断提高,交易期限不断延长,交易风险逐渐加大。然而,一般商业银行由于受其自身的经营机制的局限性,不愿意、也无力承担如此巨额且高风险的融资,于是,各国政府出面成立政策性银行来担当此任。可见,政策性银行从产生起就确定了它在国际贸易融资中的特殊位置:① 具有补充职能,从资金数量上补充商业银行未能满足外贸融资需求的资金缺口,从地位上补充商业银行因回避风险而不能满足贸易融资的资金供应缺位。② 具有诱导职能,它以直接贷款方式提供满足出口商的贸易融资需求,或通过承保出口信用保险方式,强化出口商在国际市场上的竞争地位,使它能够抓住贸易机会,扩大出口;也可以通过提供出口信贷担保,引导商业银行发放贸易信贷。简言之,就是矫正商业银行单纯以盈利为目标追逐市场信息而造成的货币资金资源在外贸领域投入不足的偏差,调整货币资金流动方向和配置结构,提高货币资源配置的社会合理性。

上述原因决定了商业银行与政策性银行提供的国际贸易融资的差异,其主要差异在于,出于银行资金的"安全性"、"流动性"和"盈利性"考虑,商业银行主要提供短期和中期国际贸易融资。但是,在官方出口信贷机构提供出口信贷担保的情况下,它也会介入长期国际贸易融资。而政策性银行将从其"保本微利"的经营原则出发,重点承担风险高、期限长、效益微的长期国际贸易融资。

2.2.3 国际贸易融资的特点

国际贸易融资作为促进进出口贸易的一种金融支持,它是建立在信用基础上的借贷行为。借贷的实体是价值,借贷行为是价值运动的一种特殊形式。贷出时,价值(表现为货币资金或实物资金)作单方面转移,由贷款人让渡价值,保留所有权;归还时,价值也是作单方面转移,借款者除了归还本金外,还要支付利息。这概括了国际贸易融资所具有的国际信贷的两个基本特征:① 偿还性。借贷行为以偿还为条件,到期归还。② 生息性。偿还时带有一个增加额——利息。此外,它还有以下特点:

一、国际贸易融资主、客体的复杂性

国际贸易融资的主体,即融资当事人的居住地和构成比较复杂,有多种类型。由于国际贸易融资是跨国贸易项下的融资,这就决定了它的当事人,即借贷双方不在同一国内,因此,对当事人来说,有境内、境外之分。前面已经介绍了,国际贸易融资中的借款人在通常情况下是进出口商,但在出口信贷项下,借款人更多的是银行或政府,所以,当事人又有金融机构与非金融机构等之别。

国际贸易融资的客体,即融资所使用的货币多样化。它可以是借款人所在国货币,也可以是贷款人所在国货币,或是第三国货币。在国际贸易融资中通常选用一些关键性货币,如美元、欧元、日元等。融资货币的选择是一个很复杂的问题,要根据各种货币汇率变化和发展趋势,结合融资条件等因素加以综合考虑,作出决策。

二、国际贸易融资的高风险性

国际贸易融资与国内贸易融资相比,其风险较大。对贷款人而言,它不仅要承担通常信贷交易中的商业风险,如借款人经营管理不善、出现亏损、到期无力偿付贷款或延期偿付,也就是偿债能力风险等,还要面对国家风险、汇率风险、利率风险等国际贸易所特有的风险。此外,由于国际贸易融资同贸易结算紧密联系,因此,在结算过程中出现或潜在的风险,如交单风险、欺诈风险等也不可避免地给贸易融资带来诸多负面影响。

三、国际贸易融资的被管制性

国际贸易融资是不同国家的资金持有者之间跨国境的资金融通和转移,是国际资本流动的一个组成部分。国际贸易融资当事人所在的国家政府,从本国政治、经济利益出发,为了平衡本国的国际收支,贯彻执行本国的货币政策,以及审慎管理本国金融机构尤其是银行金融机构,对其从事融资行为施加种种干预和管制。主权国家对国际贸易融资的管制一般是授权本国中央银行,对国际贸易融资的主体、客体和融资信贷条件,实行法律的、行政性的各种限制性措施。

2.2.4 国际贸易融资的优势

一、短期和中期国际贸易融资的优势

同一般流动资金贷款相比,短期和中期国际贸易融资具有以下优势:

(一) 安全性好

短、中期贸易融资项下放款,在风险区间、还款来源、保证方式、有效监管等几个方面都优于流动资金贷款,是一种相对安全的信贷行为。

1. 通常情况下,流动资金贷款期限相对较长。它参与企业商品生产与销售的全过程,面临原材料采购风险、商品生产风险、存货管理风险、销售组织风险、货款回收风险。贸易项下融资则不同,它直接进入流通环节,与商品的价值实现密切相关,避开了原材料采购、商品生产、存货管理、销售组织的漫长过程,使银行所面对的市场风险压缩在商品货币循环中的狭小的空间里。而且,对出口商来说,它已基本实现销售,只有货款回收风险;对进口商而言,它已有内销合同,销售组织风险已大为降低,主要是内销货款回收风险。

2. 贸易项下放款专项用于该项贸易活动,其资金走向十分清楚。流动资金贷款则不然,一旦进入企业账户,银行很难监控。在这种极端的但时有发生的情况下,贷款资金可能无法实现预期经济效益,致使银行回收贷款的可能性大为降低。

3. 贸易融资与特定的商品销售相关联。商品销售收入所产生的现金流量在金额和时间上与贸易项下放款相吻合,从还款金额和还款时间上保证了贸易项下放款的回收,是一种"自偿性"放款。流动资金贷款则不同,通常期限少则半年,长达3年,与企业的全部生产与经营活动相关,其还款资金来源于企业经营活动所产生的现金流量净值。

4. 贸易融资与贸易结算相关联。结算中的商业单据或者融资单据为放款银行所控制,其中权利凭证为银行占有成为质押标的,构成对放款银行的一项额外担保。在出口项下,与信用证相关的融资,更有来自另一家银行的有条件或无条件的担保。一般流动资金的贷款银行则无法控制这些权利性凭证。即使银行经手这些权利凭证,因在流动资金贷款项下,银行与客户之间并不存在类似的质押协议,银行也不能对这些权利凭证主张质押权和所有权。同时,在流动资金贷款项下贷款行几乎得不到另一家银行提供的担保。

5. 贸易融资与贸易结算环环相扣。在出口项下,银行直接控制了结算项下资金的回收,并能依据与客户的协定,直接扣收放款本息。在进口项下,采用信托方式,银行甚至能向进口内销商品的购买者直接追索销货资金以收回放款本息。可在流动资金贷款情形下,企业可能在甲银行贷款,去乙银行结算,放款银行甚至连贷款资金去向都不清楚,更别说监控销售资金,督促客户还款了。

(二) 流动性强

贸易融资是信贷资产中流动性相对较强的资产。同流动资金贷款相比,它具有显著优势。

1. 贸易融资是在结算项下放款,它与特定的销售活动相联系,一旦销售实现,放款银行即从结算收回的资金中扣还放款本息,使资金从发放到收回的过程随着销售的实现而完成。其放款与回收时间通常低于180天,周期短、周转快。一般流动性贷款则不同,它有确定的贷款期限,很少有可能提前收回。相对而言,其周期长、周转慢。

2. 流动资金贷款发放后,按期清收,与特定的生产和销售均无关联。因此有可能贷款到期之日正是企业生产急需资金之时而非销售回收货款之日,企业正好没有现金和存款用以还贷。由此导致贷款被迫展期或借新还旧的情况时有出现。久而久之,流动资金贷款成为企业营运时不可缺少的铺底资金,变为真正长期的贷款。

(三) 盈利性高

贸易融资业务能在合理的存放款利差之外,为银行带来多方面的收益。

1. 贸易融资业务与国际结算业务不可分离,使银行在收取正常存贷款利差的同时,能通过提供信用便利,处理结算中的单证,赚取各种手续费。流动资金贷款与企业结算没有必然的联系,企业不一定去贷款银行办理结算业务。银行并不见得能通过贷款留住结算业务,获得结算和资金沉淀的好处。

2. 与贸易融资业务相联系的除了结算外,还有本、外币间的结、售汇差价让银行收益颇丰。有时,甚至涉及本币与美元、美元与其他货币的套汇交易,涉及外汇的保值交易,使银行在外汇买卖中获得丰厚的收益。一般流动资金贷款与结算没有关联,借款企业所需进行的外汇交易并非与该笔贷款挂钩。因此,贸易融资除获得利差外,相比其他贷款业务,能为银行带来更多的相关收益。银行可以贸易融资业务为纽带,和企业建立更密切的关系,向企业出售自己的专业技能和服务,从银行对企业的全方位服务中获得价值补偿。在资产业务之外,扩大银行中间业务的收益,提高银行的整体效益。

(四) 垫款与透支

在贸易项下的融资,因涉及结算中商业单据所代表的货物和金融单据所代表的票据权利,其放款行为以垫款处理比以贷款操作更能保障放款银行的利益。

1. 在出口项下,银行以垫款方式还是以贷款方式承做打包放款、出口押汇、出口托收押汇、票据买入和票据贴现业务,会有不同的法律后果。若以垫款方式对出口商融资,则银行因对融资项下票据给付了对价,而成为票据的善意持票人。若以贷款方式借款给出口商,那么,银行出借的资金是银行与出口商之间债权债务关系的标的,而不是银行购买单据所付出的对价。结算中的单据对贷款银行而言,充其量不过是银行拥有处分权的质物。票据持有人与票据质押权人的法律地位是不同的。质押权人的票据权利受制于质押人的权利,票据善意持有人的权利却不受其前手权利缺陷的制约。在有些情况下,票据付款人或票据承兑人,可以对抗出票人,却不能对抗善意持票人。

假若,某银行在出口押汇项下对出口商垫款融资,该银行就成为对押汇项下单据付出对价的持票人。它能以自己的名义主张票据权利。即使在该项贸易活动中出口商行为涉嫌诈骗,出票人本身的权利有缺陷,但若持票银行并不知晓出口商的诈骗行为,它就不受出票人权利缺陷的影响,仍然能以善意持票人的身份,向票据的承兑银行主张票据权利。若开证行已承兑汇票,则必须对持票人付款。

假若,某银行是以贷款的方式承做出口押汇,那么,押汇项下的单据只是贷款的质押品。贷款银行是票据的质押权人而不是票据持有人。如果出口商作为出质人亦即出票人,其本身权利有缺陷,则其可能丧失票据权利。贷款银行作为质押权人无法从出质人已丧失票据权利的票据上获得保障。

2. 在进口项下,银行承做进口押汇、进口托收押汇时,若以银行垫款方式对外支付,而不是以贷款方式借款给进口商对外支付,其法律后果亦有很大差别。在银行垫款支付时,是银行对进口项下的单据支付了对价。因此,银行取得了进口融资项下商业单证及其所代表货物的所有权,并成为进口项下金融单据的持有人,享有金融单据所代表的票据权利。银行一方面可以凭金融单据向付款人亦即进口商主张票据权利;另一方面可以拥有货物所有权,以信托方式,委托进口商办理货物提取、报关、存仓和销售。万一进口商清盘或破产,银行凭信托收据,可以对进口项下货物及其销售人主张权利。清盘人不能将该信托资产列入出口商的债务清算之中。如果进口商在商品内销时,与内销商品购买者发生纠纷,银行凭信托收据有权直接向商品购买者追索贷款。

在银行以贷款方式借款给进口商对外支付时,是进口商而不是银行对进口项下单证付出对价。因此,银行对进口项下单证没有所有权,只有质押权。银行对没有所有权的财产无法做出信托行为。假若,银行释放单据,那么,由于失去了对权利凭证或动产的占有,银行的质押权也失去效力。

(五)逾期率

进出口贸易融资业务涉及国内、国际两个市场,任何一个市场的变化都给企业带来无法回避的经营风险。此外,涉外企业还要面对国家外汇管理政策变化的风险。这些都会给在进出口贸易项下放款的银行带来收款的风险。但应该看到,这并不是贸易融资业务所特有的风险。若对进出口企业发放流动资金贷款,同样也会面对这些风险。因此,以上关于贸易融资与流动资金贷款的比较,是基于企业面对同样的市场环境经营同类商品为出发点的,不能将进出口贸易项下放款的风险与对生产和销售内销商品的企业发放流动资金贷款的风险作简单的比较。

我国外向型经济在全部经济中所占的比重还有限,我国银行的大多数流动资金贷款投向了以生产内销商品为主的内贸企业。同时,我国的流动资金贷款在很大程度上演变为企业的铺底资金贷款,一再展期或借新还旧、还旧借新,使贷款的重要监控指标——贷款逾期率大为失真。相反,贸易融资与特定贸易相联系,无法展期或采取类似借新还旧、还旧借新等手段作技术处理,能比较真实客观地反映该项融资的逾期情况。

二、长期国际贸易融资的优势

同一般商业贷款相比,长期国际贸易融资的优势表现在:

(一)实现还款的双保险

通常情况下,银行在发放长期国际贸易融资,即出口买方信贷和出口卖方信贷时均可以实现还款的双保险。在出口买方信贷项下,贷款银行不仅要求借款人提供国家主权级担保,还必须要其投保出口信用险。在出口卖方信贷项下外贸企业一般需要在提供第三方还款担保,或进行财产抵押外投保出口信用险。然而在一般商业贷款中,借款人是不需要就贷款的偿还进行投保的。从这个意义上说,贸易融资可能更安全。

(二)信贷条件优惠

由于长期国际贸易融资具有鲜明的政府支持色彩,因此它在信贷条件上会体现出贷款期限长、利率低的优势。而对于一般商业贷款来说,商业银行出于"三性"(盈利性、流动性、安全性)的考虑,是无法满足企业的这一要求的。

2.2.5 国际贸易融资的作用

一、利用国际贸易融资调整进出口结构,促进国际收支平衡

国际收支是衡量一国经济发展状况的重要经济指标。国际收支失衡,不管是逆差性还是顺差性失衡,对一国经济的发展都不利。进出口贸易尤其是出口对于一国平衡国际收支,带动经济增长具有重要的作用。贸易与经济的关系在工业发达国家中表现得更加明显。阿瑟·刘易斯(美国经济学家)曾提出:"经济增长和对贸易是紧密联系在一起的,如果出口增长快于进口,贸易就能刺激经济增长;相反,如果进口增长常高于出口的话,贸易也可能成为经济增长的一大障碍。"因此,"出口是经济增长第一阶段的发动机。一个国家不可能从自给自足的水平上,依靠仅仅以为国内市场生产来启动发展的进程"(《发展计划:经济政策的本质》,北京经济学院出版社 1988 年版)。从这一点上讲,贸易的确具有增长引擎的作用。工业发达国家凭借经济技术上的优势,在国际贸易领域占据着主动地位。经济的调整,特别是进出口结构的调整,有利于改善生产资源的合理配置,改变进出口数量,促进国际收支的平衡。国际贸易融资在这一方面能发挥重要作用,它对产品的金融资助,能有效地扩大出口,从而促进国际收支的平衡。

二、利用国际贸易融资，大力发展对外出口

工业发达国家对外贸出口和国际市场的严重依赖格局，会迫使这些国家运用政府的干预职能，促进出口，尤其是出口附加值高、技术含量大的工业制成品和设备。发展中国家在加速工业化和发展民族工业的过程中，也十分倚重出口贸易。但发展中国家又面临着资金和技术的双缺口压力，一方面出口的产品结构多为劳动资源密集型产品，同时进口的又多为工业制成品和大中型技术设备，很容易引起贸易进出口失衡，导致逆差。因此，以出口导向带动工业发展，推行"奖出限入"的外贸政策是多数发展中国家采取的发展战略。而要贯彻这一外贸战略，往往需要外贸的金融支持，特别是政策性金融支持。

三、利用国际贸易融资有利于增强外贸企业的竞争力，帮助其开拓国际市场，从而推动国际贸易的发展

资金是生产要素之一。就一个企业而言，企业的发展离不开必要的资金投入；就一个国家来说，经济建设需要资金。如果一个企业资金短缺，就无法扩大生产，改进技术，开发新产品，增强竞争力；一个国家如果财力有限，很多经济项目由于本国资金不足而无法上马，这势必会减缓一国经济建设的速度。国际贸易融资作为企业、金融机构、各国政府筹措资金的手段和途径，其在调剂资金、合理配置资源要素以及对各国经济和世界经济的发展起着积极作用。当今世界，发展中国家资金短缺是一个普遍现象。特别是非洲国家，它们在急需引进设备、技术的同时，还需要出口国的资金支持。因此，对一国的外贸企业来说，如果仅仅向这些国家提供满足其市场需要的产品是不够的，而必须提供多样化的货款支付方面的优惠。然而在货款支付方面的灵活性意味着外贸企业要面临很大的风险，同时也会占压资金。在这种进退两难的情况下，外贸企业往往会因畏惧风险而退出竞争，从而失去市场。国际贸易融资正是这样一种可以满足进出口双方需要的金融手段，它可以消除出口商的后顾之忧，帮助企业进入国际市场。

四、利用国际贸易融资，通过向出口商及其客户提供融资保险、担保等金融服务，提高国际上的竞争能力，促进一国有效地参与国际经济

由于国际贸易在规模、数量、贸易伙伴的范围的不断扩大，使得贸易的复杂性和不确定性加大，贸易双方既希望做成交易，但又畏惧且无力承担风险。在这种情况下，银行为进出口商提供贸易融资、信用担保，为企业免去了后顾之忧，从而促进了国际贸易的发展。

五、利用国际贸易融资，满足当今世界市场竞争需要

利用国际贸易融资，满足当今世界市场竞争的需要以多种方式向出口商及其客户提供金融服务，使企业在获得资金融通的同时，能凭借优惠的信贷条件和有竞争力的支付条件，接受更多的订货，从而提高国际竞争能力，打开和占领新的市场在世界经济中扮演更重要的角色。企业产品顺利出口有利于企业改善管理,不断发展,也有利于企业稳定和扩大就业,在实现微观经济繁荣的同时,提高一国的就业水平。

2.3 国际贸易融资风险管理

2.3.1 防范和控制风险的原则

防范和控制国际贸易融资中存在的各种风险应遵循以下原则:

(一)风险回避原则

风险回避是对预测的可能产生风险损失的领域采取不参与的方式。虽然根据高风险、高收益理论,这种回避可能使银行、企业丧失获得收益的机会,但涉及国内外各种约束、规则、禁令等时,则必须采用此政策。

(二)风险分散原则

风险分散就是以资产结构、融资方式等的多样化来分散发生风险损失的可能性,以达到资产保值或减少损失、增加盈利的目的。这一原则的理论基础是资产选择理论,即"不要将鸡蛋放在一个篮子里"理论,也就是说要将资金投资于不同的对象。同时,马尔维茨的资产组合模型告诉我们,应选取不相关或者负相关的资产形成的资产组合,才能有效地分散风险,也就是说要注意合理搭配,如融资短、中、长期限的搭配,币种的搭配,融资地区的搭配,融资方式的搭配等。

(三)风险抑制和转移原则

风险抑制就是要加强对风险因素的监控,及时发现不利倾向的信号,在风险形成之前采取措施防止风险的发生,以及尽量减少发生的风险可能造成的损失。抑制风险关键在于及时掌握风险发生的前兆。该原则不适用于对汇率、利率风险的防范。因为市场变化很快,若等得到预警信号出现再采取措施,风险可能已经转变为损失的事实了。

风险转移是指对将来可能产生的风险通过担保和其他金融交易的方式转移给第三者。就国际贸易融资中所面临的汇率和利率风险而言,转移风险的最佳方式是通过衍生工具进行保值处理。

(四)风险保险与补偿原则

风险保险是指以银行和外贸企业的资产向保险公司投保,以确保其资产在发生风险后所受损失可以从保险公司得到补偿。

风险补偿是指贸易融资中的贷款方以保证金或拍卖抵押品等获得的资金,补偿其在某项资产上的损失。

2.3.2 国际贸易融资风险管理的措施

一、国家风险的管理措施

（一）预防性措施

所谓预防性措施就是在对一国进行系统的国家风险评估后，根据它的风险级别，为该国限定一个最高贷款额度。一般情况下，国家的风险级别与贷款额度的大小、期限的长短成反比例关系，与利率高低成正比例关系。另外，融资的贷款方还需要建立专门的调研机构，加强国别分析与信息交流。

（二）补救性措施

补救性措施是指利用一些适当的方法，在发生国家风险时以减轻风险损失。

1. 投保出口信用险。在国际贸易融资，特别是中长的贸易融资过程中，贷款银行和出口商面临的首要风险就是国家风险。因为融资期限长、金额大，一旦出险，损失巨大。然而具有官方背景的出口信贷保险机构承保的出口信用险，将进口国的国家风险转嫁给了政府，解除了银行与企业的后顾之忧，确保其免受损失。

2. 寻求主权级担保或第三国保证。贷款方在向借款人提供中长期国际贸易融资时，为减少风险损失，一般要求借款国的政府或中央银行提供主权级信用担保。在短期贸易融资方式中，为规避风险，融资银行通常会要求第三国银行进行保兑或提供担保等。

3. 采用国际银团贷款方式。在提供巨额国际贸易融资时，为分散风险，通常采用国际银团贷款方式，由多国参与行共同承担风险。

4. 贷款力求多元化。对防范国家风险来说，贷款的多元化主要是指贷款地区的多元化。

二、外汇风险的管理措施

在国际贸易融资中规避外汇风险的有效措施之一是使用货币互换。货币互换是一种产生于20世纪70年代的金融衍生工具，它是指两个独立的借款人按固定汇率在期初交换两种不同货币的本金，然后按预先规定的日期，进行利息和本金的分期互换，以达到降低筹资成本和避免汇率风险的一种方法。在很多情况下融资债务人由于预期未来汇率会变化，为避免汇率变化风险而采取货币互换措施。例如，甲公司有美元债务，乙公司有日元债务，由于双方对汇率变化有不同看法，甲公司预测日元下跌美元升值，乙公司正好相反，所以双方通过银行达成协议，由甲公司在将来支付日元给乙公司，偿还日元本息，而乙公司则在将来支付美元给甲公司，偿还美元本息。

在融资债务风险管理中货币互换是一项重要的手段，它既可以规避汇率风险又具有保值的功能。此外，在国际贸易融资准备阶段，选择有利的融资货币至关重要。首先，要坚持借款与还款货币相一致的原则，以避免汇率风险。其次，还应注意选择可自由兑换货币，这样既有利于外汇资金的调拨与运用，又可以在汇率变化时将它兑换成其他货币。

三、利率风险的管理措施

国际贸易融资中利率互换是规避利率风险的有效措施之一。它同货币互换一样，是一种产生于 20 世纪 70 年代的金融衍生工具。利率互换是指两笔债务以利率方式互相调换，一般期初或到期日都没有实际本金的交换，交换的只是双方不同特征的利息。它主要有三种形式：同种货币的固定利率对浮动利率互换；以某种利率为参考的浮动利率对以另一种利率为参考的浮动利率的互换；某种货币的固定利率对另一种货币的浮动利率的互换。通过利率互换，客户能够获得低于从市场上得到的固定利率贷款或浮动利率贷款，降低筹资成本，或者可以重新改善和组合债务结构，使债务结构具有更大的灵活性，以利于债务管理。

除了降低融资成本外，进行利率互换的主要动机是抵补利率风险。例如，持有浮动利率债务的借款人面临利率上升带来的风险。借款人也许希望把浮动利率债务换成固定利率债务，从而锁住融资成本，避免利率上升造成的风险，而利率互换交易恰好能满足这一要求。同样，持有固定利率债务的借款人也可以通过互换，将债务换成浮动利率债务，以享受利率可能下降而带来的好处。

四、信用风险的管理措施

（一）银行对信用风险的管理措施

1. 加强对融资对象的资信调查，实行客户授信管理制度，即对每一客户进行信用风险评估，并根据其信用级别规定对该客户的信贷额度。客户的信用级别与信贷额度大小、期限长短成正比例关系，与利率高低成反比例关系。

2. 降低信用贷款比例，提高抵押贷款比例；在中长期国际贸易融资中要求借款国的政府或中央银行提供主权级信用担保；在短期国际贸易融资中，要求第三国银行进行保兑或担保。

3. 当融资金额大时，采用国际银团贷款方式，由参与行共同承担风险。

（二）外贸企业对信用风险的管理措施

1. 充分了解各种国际贸易结算方式的特点及风险所在，结合国际市场的行情、贸易伙伴的资信等具体情况，在正确认识自己在该项交易中的地位的基础上选择有利的结算方式。即使在急于促成交易的情况下被迫接受了对自己风险较大的结算方式，外贸企业也应相应采取其他防范措施，运用其他金融工具，转嫁潜在的结算风险。在不同的结算方式下，外贸企业可以采取下列不同措施以防范结算风险。

（1）在双方以预收货款这一汇款方式成交的情况下，进口商为保证自身的权益，应从以下两方面规定解付汇款的条件：第一，要求收款人领取汇款时，提供书面担保；第二，要求提供银行保证书，保证收款人如期履行它在贸易合同下的义务，否则负责退还已收货款，并加付利息。

（2）在双方以托收方式成交的情况下，出口商应采取以下措施防范可能出现的风险：

第一,了解进口商的资信情况,确保该成交金额未超过其经营能力和信用程度;第二,选择市场价格平稳、品质稳定的商品进行交易,交易金额不宜太大;第三,了解进口国贸易及外汇管理规定,贸易商品必须是不受限制的,防止货到后不能进口或收汇落空造成的风险;第四,了解有关国家的银行对托收的规定和习惯做法,如拉丁美洲的一些国家对远期付款交单(D/P 远期)视同承兑交单(D/A)处理,而 D/P 远期与 D/A 对出口商而言,信用风险有明显的差异;第五,选择 CIF 价格条件成交,出口商自行办理保险,以免货扣而对方漏保,使出口商遭受损失;第六,争取以即期付款交单条件办理托收,避免以承兑交单条件办理托收;第七,在付款交单方式下,应向银行提交全套正本提单办理托收,确保进口商在付款之前,货权仍控制在出口商手里,以免钱货两空。

2. 了解贸易伙伴的资信。在国际贸易业务中,无论采取何种结算方式,有关当事人的资信状况都是至关重要的。选择一个资信良好的贸易伙伴,安全收汇至少具有一半的保证。因此在签约之前必须对对方的资信进行周密的调查。

(1) 进出口双方相互间的资信调查。进出口双方为了防止因对方违约而造成的信用风险,确保国际贸易业务顺利进行,都应在合同签订之前,采取适当途径调查对方的资信状况,慎重选择贸易伙伴。调查国外客户资信情况的渠道主要有两个:

一是委托专门的咨询公司对贸易伙伴的资信调查。大型国际咨询公司通过其庞大的信息网络,不仅可以取得第一手资料,并且能够提供有价值的资信材料。

二是借助银行的代理行调查国外客户的资信情况。进出口商可以请求本国银行,通过其代理行取得贸易对手的财务报表,以了解其财务、经营和资信状况。

(2) 银行间的资信调查。一笔国际贸易业务的结算往往要通过出口方银行与进口方银行共同办理,有时还会使第三家银行介入到结算过程中。因此,银行要利用其广泛的代理行关系,使得同世界各国、各地之间的结算业务能够顺利地进行。由于国际金融领域信用危机四伏,银行破产倒闭风潮迭起,对代理行进行资信调查,选择适当的银行办理结算业务,其重要性并不亚于对进出口商之间的资信调查。

3. 推广福费廷和国际保理业务,进行风险转移。各国实践证明,福费廷和国际保理业务集融资、结算、服务于一身,对出口商防范信用风险发挥了重要的作用。

4. 遵守国际惯例。长期以来,国际贸易融资与结算已逐渐形成了为各国共同接受的统一惯例和规则。只有对国际惯例有充分的理解,才能在实践中找到共同的行为准则,并在出现纠纷时提供有效的法律依据,这对保护受益人的权益,防止风险的发生具有重要意义。

五、欺诈风险的管理措施

(一) 加强业务培训

加强银行业务与外贸公司业务的岗位培训,提高鉴别诈骗的能力和警惕性,这对防止和减少国际贸易融资和结算风险具有积极意义。

（二）严格遵守国际惯例及有关法规

如前所述，国际惯例和法规是经办国际贸易融资业务必须遵守的基本原则。认真学习并严格遵守，不仅是有效防范信用风险的手段，也是防范欺诈风险的根本保证。

（三）加强银行与外贸企业的沟通与合作

一方面银行要为企业提供必要的信息服务，介绍在有关业务可能遇到的风险以及可以采取的防范措施；另一方面企业应主动与银行加强联系，在交易成交前争取银行的协助，对客户的资信进行调查，并经常将业务进展情况通报银行，若发现异常情况及时与银行沟通，与其共同采取防范和补救措施。

随着国际贸易的迅猛发展，国际贸易融资与结算风险损失呈扩大趋势。这一趋势已引起世界各国的高度重视。国际贸易融资风险的控制与管理，不仅关系到外贸企业、银行的切身利益，而且关系到国家资源的合理利用、经济的稳定与发展。

案 例

福费廷交易的费用计算

下面举例说明出口商如何计算其使用福费廷业务的成本。

2002年春，英国某制造公司（简称A公司）与捷克某饮料公司（简称B公司）就供应制瓶设备进行磋商，合同金额为100万英镑，但B公司没有足够的现款支付，也不想通过银行贷款来融资支付。但是B公司能够首付合同金额的10%，余额可以分2年的时间付完，并且愿意支付7%的年息，还可由其当地银行对其分期付款进行担保。A公司由于有自己的投资计划，因此也不愿意占用自己的资金，因此与福费廷W公司协商融资事宜。2002年3月1日，A公司通知福费廷W公司将于4月1日与B公司签署合同，4个月后向B公司交货。福费廷W公司根据以往的经验认为出口商货物装运完毕后一般需要2个星期才能完成单据进行贴现。于是福费廷W公司向A公司提交如下建议书：

福费廷建议书

计算基础	
货币	英镑
合同金额	1 000 000.00
首付比例	10%
票据份数	4
进口商支付的年利率	7%
委托日期	1/4/2002

第二章 国际贸易融资

装运日期	31/7/2002
贴现日期	14/8/2002
年手续费	0.75%
宽限天数	3
贴现方法直线法	直线法
贴现率	6.875924%

计 算 结 果

	英镑
合同金额	1 000 000.00
首付金额	100 000.00
本金	900 000.00
利息	78 750.00
总面值	978 750.00
贴现值	897 778.02
出口商总收益	997 778.02
委托手续费(135 天)	2 715.03
最后收益	995 062.99

交易费用的计算表
（票据明细） 单位：英镑

序号	到期日	本　金	利　息	面　值	净　值
1	31/1/03	225 000.00	31 500.00	256 500.00	248 140.67
2	31/7/03	225 000.00	23 625.00	248 625.00	232 044.93
3	31/1/04	225 000.00	15 750.00	240 750.00	216 259.47
4	31/7/04	225 000.00	7 875.00	232 875.00	201 332.95
		900 000.00	78 750.00	978 750.00	897 778.02

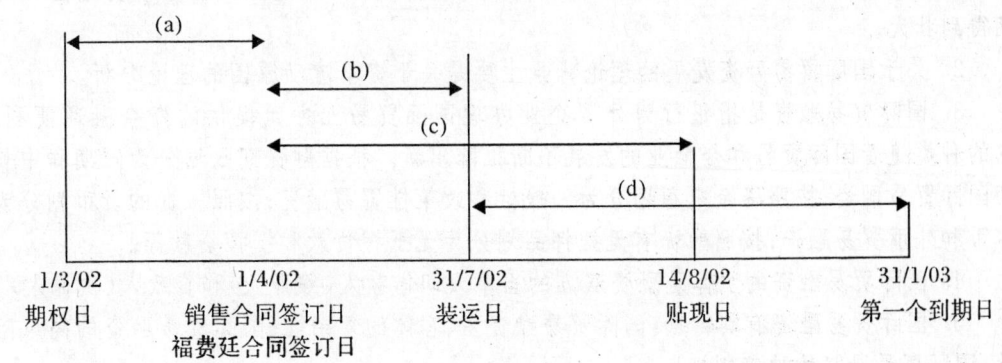

从上面的表中我们可以看出,出口商的最后收益为 995 062.99 英镑。另外在福费廷业务中出口商应注意以下几个日期,它们将直接影响出口商所支付的费用。

(a) 期权选择期——应出口商要求,福费廷公司在销售合同签订之前向出口商确认同意对其进行融资。在本例中为 31 天(从 1/3/02 至 1/4/02)。

(b) 装运期——从合同签订日到货物装运日。在本例中 4 个月(从 1/4/02 至 31/7/02)。

(c) 委托期——从福费廷公司与出口商达成协议开始到福费廷公司购买该合同项下的交易的日期。在本例中为 135 天(从 1/4/02 至 14/8/02)。

(d) 信贷期——出口商向进口商提供信贷的期限以及出口商向进口商收取利息的期限。

期权选择费——福费廷公司将征收从确定期权日开始至出口合同签订之日止(如果没有达成销售合同的情况下到期权终止日止)的期权选择费。在本例中对总面值 978 500 英镑按照委托费标准 0.75%。从 1/3/02 至 1/4/02 共 31 天,收费 623.45 英镑。

委托手续费用——福费廷公司要向出口商收取从委托日(即福费廷合同签订日)到贴现日的委托手续费。在本例中为 2 715.03 英镑(计算方法为对从 1/4/02 至 14/8/02 共 135 天的总面值 978 500 英镑按 0.75%收费)。

贴现息的计算——从贴现日 14/8/02 至第一个到期日 31/1/03 再加上 3 天宽限期,第一笔贴现息为 256 500 英镑(面值)×6.875924%(年贴息率)×173÷365=8 359.33 英镑。

净值的计算——净值=面值-贴现息。因此出口商的第一笔净值为 256 500 英镑-8 359.33=248 140.67 英镑。

本 章 小 结

1. 国际贸易融资产生于中世纪,在自由资本主义时期得到发展,在垄断资本主义时期得到壮大。

2. 关于国际贸易融资发展的理论背景主要是关于资本流动原因的理论分析。

3. 国际贸易融资是指银行为外贸企业办理国际贸易业务而提供的资金融通便利。它的种类随着国际贸易和金融业的发展不断推陈出新。根据融资期限划分为短期和中长期国际贸易融资;按照资金来源划分为一般性和政策性贸易融资;按照融资的货币划分为本币和外币贸易融资;按照融资有无抵押品划分为无抵押贷款和抵押贷款等。

4. 国际贸易融资的主体是融资双方的当事人即借款人(筹资人)和贷款人(供资人)。

5. 国际贸易融资有其特点:国际贸易融资主、客体的复杂性;国际贸易融资的高风险性;国际贸易融资的被管制性。

6. 国际贸易融资有其特有风险,应按以下原则规避风险:风险回避原则;风险分散原则;风险抑制和转移原则;风险保险与补偿原则。在以上原则前提下对国家风险、外汇风险、利率风险、信用风险、欺诈风险采取措施进行管理。

本章习题

1. 简述国际贸易融资的发展历程。
2. 试述国际贸易融资的概念与分类。
3. 国际贸易融资的筹资人和贷款人各有什么特点?
4. 试分析国际贸易融资的优势何在?试想国际贸易融资有何劣势?
5. 举例分析国际贸易融资的特点。
6. 试对短期和中期国际贸易融资进行比较分析。
7. 试用实例阐述如何控制国际贸易风险。
8. 结合国际贸易融资发展的新形势,试举出几种新的国际贸易融资方式。

第三章 项目融资

学习目标

- 了解项目融资的含义和类型;
- 了解项目融资的适用范围和基本特征;
- 掌握项目融资的主要融资优势;
- 熟悉项目融资的参与者及其合同关系;
- 掌握项目融资的选择及其评估;
- 掌握项目融资的风险及其管理方法。

3.1 项目融资概述

3.1.1 项目融资的基本内涵

项目融资(project financing)是指以项目的资产和所产生的现金流量为基础,筹集该项目建设所需资金的融资方式。项目融资实际上与我国传统筹集资金方式有很大的区别,它是一种首先在美国发展起来,继而延续到欧洲金融市场,最近几十年又在发展中国家被采用的特殊的筹集资金的方式。从本质上来讲,项目融资是一种无追索权(或有限追索权)的融资贷款。贷款方在对经济实体提供贷款时,只是查看该经济实体的现金流和收益,将此作为偿还债务的资金来源,同时将该经济实体的资产视为这笔贷款的担保物,如果对这两点都感到满意,则贷款方同意贷款。

从以特定项目为融资对象来看,项目融资和传统的企业长期融资是不同的。传统的企业融资,借款企业承担项目的风险,并用其财产提供担保,因此,借款企业要有一定的资信。在项目融资中,贷款人也要承担项目风险,风险担保则限于该项目,还款来源是该项目未来的收益,项目的成败对贷款人能否收回贷款具有决定性意义。

3.1.2 项目融资的产生与发展

19世纪末20世纪初,法国和世界其他地区出现的"特许"(Concession)投资方式是项目融资的雏形，著名的苏伊士运河就是采用私人投资的特许方式修建的，但这并不是真正意义上的项目融资方式，真正意义上的项目融资最早出现在美国等西方发达国家。

20世纪70年代，在美国等一些发达国家，其基础设施建设领域开始采用BOT投资方式融资，这种方式是项目融资的最主要形式。因为项目融资方式在发达国家的成功运用，到了20世纪70年代末80年代初，一些发展中国家也开始采用BOT投资方式进行基础设施的建设。目前，项目融资方式已被发达国家和发展中国家广发运用到本国基础设施的建设中，并积累了相当的成功经验。在很多发展中国家都有采用BOT融资的项目，如土耳其、新加坡、马来西亚等，中国也正在以一种积极的方式运用项目融资这一有利的融资方式。

从全球范围来看，项目融资正处于一个应用范围逐渐扩大的阶段。同时由于规模、地域范围的扩大，风险分析日益成为项目融资的重要方面。在不远的将来，随着更多金融工具的出现，项目融资必然不断向大型化、国际化和技术化方向发展，其应用重点也必然是在发展中国家。

3.1.3 项目融资的适用范围

适用于项目融资的资产必须是能够被明确界定的，也就是说，它们必须能够被从公司或项目发起人的其他资产中合法地分离开，这样项目的现金流就能够被估算出来，从而让贷款银行确定相应的担保形式。

因此，项目融资主要适用于三大类项目。一是资源开发项目，如石油、天然气、煤炭、铀等能源资源，铜、铁、铝、钒土等金属矿资源以及金刚石开采业等均可成为项目融资的对象。二是基础设施项目。基础设施项目必须要实行商业化经营，才可能产生收益。这方面，我国也开始对基础设施项目实行商业化经营，因此具备了项目融资的先决条件。三是制造业项目，如大型轮船、飞机的制造都可以采用项目融资的方式筹集资金。

在上述项目中，项目的资产均可被非常明确地界定，并从法律角度加以区分，确定出项目存在的风险，以及如何采取相应的措施回避风险。项目担保也可以在项目出现问题时根据项目的现金流和与第三方签署的合约来严格执行。

3.1.4 项目融资的特征

一、项目融资基本特征

项目融资作为一种特殊的融资方式具有以下基本特征：
1. 参与项目融资的至少有三方：项目发起人、项目公司和贷款方。
2. 项目发起方以股东的身份组建项目公司。
3. 贷款银行作为贷款人向项目公司提供贷款。

4. 有限追索权。所谓追索,是指在借款人未按期偿还债务时,贷款人要求借款人用除抵押资产以外的其他资产偿还债务的权力。在传统融资方式下,贷款人对借款人提供的是完全追索形式的贷款,借款人偿债能力的主要依据是自身的资信状况,而非项目的经济强度。而作为有限追索权的项目融资,贷款人可以在贷款的某个特定阶段或规定的范围内对项目借款人实行追索。除此之外,不能对该项目除资产、现金流量以及所承担的义务之外的任何形式的财产实行追索。项目融资中项目发起人以项目本身的资产和未来现金流量作为贷款偿还保证,对项目发起人项目以外的资产没有追索权。如果项目公司最终无力偿还贷款,贷款银行只能从项目本身获得资产和收益的补偿。

二、项目融资派生特征

项目融资无追索权(或有限追索权)的特点给贷款银行资金回报带来更大的风险,贷款银行未来还款保证只能取决于项目本身的业绩,所以银行会更多地关注项目的可行性以及潜在的任何不利影响因素,从而派生出以下特点:

1. 发起项目需要通过技术测试和经济测试,并附有详尽的可行性报告和全面的专家评审。同时,贷款方对项目的后期管理会进行直接或间接的监督。

2. 项目融资风险较大。项目融资作为一种新的融资方式,贷款双方在融资过程中会提出复杂的贷款和抵押文件。

3. 成本较高。在项目融资中,贷款银行因为承担了较高的风险,而将贷款利率提高到普通贷款利率之上。其利息成本一般要高出同等条件公司贷款的 0.3%~1.5%。同时,项目融资要求繁琐的担保与抵押,每一次担保和抵押均要收取较高的手续费。另外,项目融资的筹资文件比一般公司融资要多出几倍,通常需要几十个甚至上百个法律文件才能解决问题。其结果不仅导致组织项目的时间较长,而且包括融资顾问费、成功费、承诺费、法律费等融资的前期费用也较高,通常占贷款金额的 0.5%~2% 左右。此外,作为贷款方的银行也要求比较高的资金回报率,如果不能得到项目发起方的任何承诺,贷款银行不会轻易对该项目进行融资。

4. 贷款方在决定是否发放贷款时,通常不把项目发起方的信用能力作为重要因素来考虑。如果该项目本身具有很大潜力,即使项目发起方现在资产比较少,收益情况不理想,项目融资也完全能成功;相反,如果项目前景不看好,即使项目发起方资产再多,项目融资也不一定会成功。

3.1.5 项目融资方式优势

项目融资较一般的融资方式的成本高①,但这种方式也具有一定优势。对项目的发

---

① 其原因一般为长时间的项目评估、对政治风险的附加风险以及大量的监控费用。

起人和营运方来说,项目所带来的利益应足以弥补上述额外成本。对于借款人,项目融资的吸引力在于风险分担、政治风险低、财务待遇和税收减免方面的规定。具体而言,项目融资的融资优点主要表现为以下几方面:

(1) 由于贷款银行一般不具有追索权(或有限追索权),项目发起方可以实现不损害其资信状况和不给其资产负债表带来不利影响的目标。

(2) 多数项目融资中项目发起方在发起项目时,都确定了收益率目标。投资后如果不能达到预定的收益率,就可以视为投资效果不佳。这时,项目融资具有一定的杠杆作用。通过寻找对该项目感兴趣的其他组织,运用直接或间接保证书的方式可以将某些债务责任转移到这些组织身上。

(3) 项目融资不受项目规模限制,适用于各种规模的项目。各种基础设施建设项目、资源开发以及制造业项目都可以采取项目融资的方式进行融资。

(4) 项目融资不仅将项目发起方在投资项目上的风险同其原有业务活动和资产割断开来,对贷款人也有同样的作用,可以减少贷款风险。为了不使项目建成后的收益被项目发起方挪作他用,贷款方通常要求项目发起人采取切实可行的先进管理措施,并对其进行监督,保证能够及时收回贷款本息。只要新项目能够赚钱,贷款方就可以向该项目提供贷款,而不必担心借款人现在的财务会影响其将来还款能力。

(5) 项目融资是一种资产负债表外融资方式。虽然项目债务可以不在项目发起方的资产负债表上列出,但必须出现在该项目的资产负债表附注上。通过这种方式,项目融资把项目的信贷风险单独划出,以便按项目发起各方的各自情况,清楚而公平的评价贷款项目本身以及参与各方的风险,而不是为了隐瞒项目发起人对债权人、资信评价机构或项目股东的责任。

(6) 税收待遇。对资本性投资和新成立的公司的税收减让政策使项目发起人愿意采用项目融资方式。

3.2 项目融资的参与者结构及相互关系

3.2.1 项目融资参与者

项目融资的参与者比较多,而且各个参与者之间有着比较复杂的合同关系(参见图1-1)。

项目融资的主要参与者包括以下几方:

1. 项目发起方。项目发起方可以是政府或公司企业,也可以是许多与项目有关的公司组成的企业集团组织。发起方既可以是东道国境内的企业,也可以是境外的企业或投资者。一般情况下,项目发起方企业都会吸引一家外国公司参加,以便利用国外公司的投

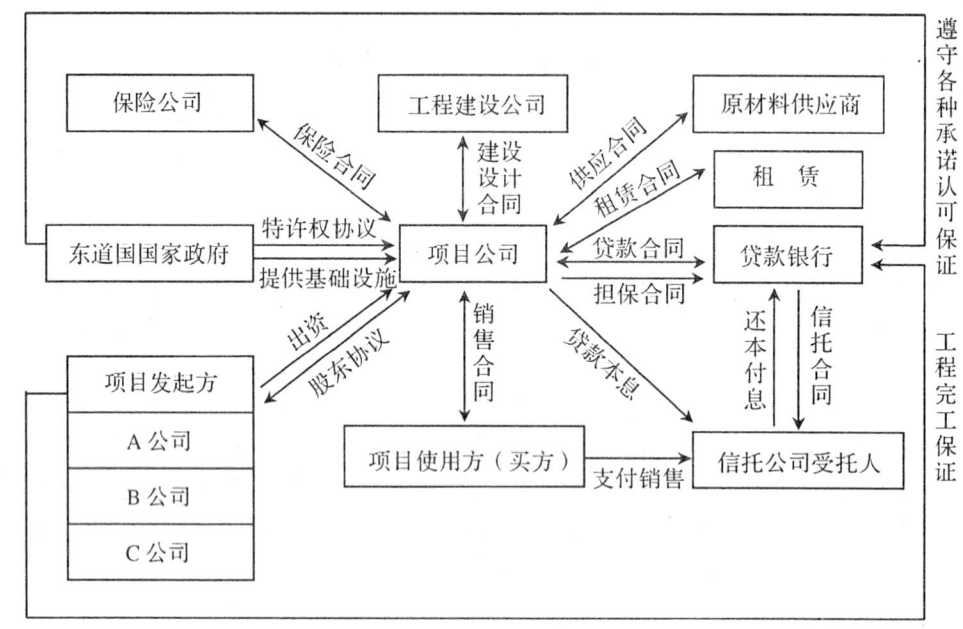

图 1-1 项目参与者合同关系结构图

资和专业技能,以及外国公司的信誉,吸引外国银行贷款。

2. 项目公司。项目公司也就是借款方,这是由项目主办人专为某项目筹资成立的一家独立运作的公司。项目公司是一个确定的法律实体,它的法律属性、法律形式和所在地区取决于很多因素。东道国的法律体制会对项目公司的结构产生直接的影响,有时法律界定的有限责任、合伙制、股份制等概念可能与发起方熟悉和理解的概念有所不同,这将会影响本已在合作协议和股东协议中确定了的所有制结构以及影响项目发起方之间的关系。另外,项目公司的结构还要受到东道国的税法和外汇管理条例的限制,也可能受到项目发起方所属国的法律制约。

3. 贷款银行。贷款银行可以是政府机构、出口信贷、国际金融组织,也可以是商业银行、保险公司等。项目融资的基建项目一般都十分庞大,在进行融资时必须寻找银团贷款,也称辛迪加贷款。辛迪加的成员来自尽可能多的国家,以防止东道国政府采取行动没收其贷款或干预项目的进程。银团最好能包括东道国的一些银行,特别是在外国银行受到限制,无法接受项目资产担保时。贷款银团可以签订一个按比例分配的协议,以便由东道国银行接受的项目资产担保可以由所有的贷款方共同承担。

4. 项目使用方。项目产品的买主或项目的用户是项目的使用方。使用方通过签订长期购买或使用合同,为该项目的贷款提供重要的信用支持,所以他们也是项目贷款的参与者。使用方可以是主办人,也可以是其他第三者。

5. 供应商。供应商包括设备供应商和原材料供应商,他们有一些短期的目标,希望设备、原材料的出售合同以及项目经营合同能够得以执行,他们真正的利润来自于供应合同,因此他们对那些宏观经济指标并不十分敏感。供应商通过延迟付款安排,可以为项目提供一个重要的资金来源。

6. 承包商。承包商是指项目的设计和承包公司。承包商负责工程项目的设计和建设,通常是通过固定价格的一揽子承包合同。一般情况下,承包商要为延误工程所造成的损失负责赔偿,但如果提前完工的话可以得到相应的奖励。另外,如果项目未能达到预期的各项性能指标,承包商也应赔偿相应损失。承包商拿到一个项目后,通常会就设备购买、设计和施工等事项与其他公司另外签订合同,并把自己的工作分包给次级承包商。

7. 担保受托方。在大多数辛迪加贷款里,担保受托方由代理银行出任,但有些项目需要牵涉很多贷款银行,这些贷款银行都对担保非常关注并有严格要求,这时代理银行可能难以独立胜任担保受托业务。为了协调它们之间的利益,应该指定一家独立的信托公司充当担保受托方。

8. 官方保险机构。在项目融资过程中,许多国家的政府设立官方或半官方的保险机构,如美国的海外私人投资公司、法国的法国保险公司、英国的出口信贷担保署等,对本国的对外投资或贷款等提供保险,承保一般商业保险公司所不承保的商业、政治和外汇风险。有些私营公司往往把取得这种保险作为向外投资或贷款的先决条件。

9. 按差额支付协议的付款人。按差额支付的协议是由贷款人与项目公司以外的第三人订立的协议,按照这种协议,当项目的收益不足以清偿债务时,应该由第三人补足其差额。这个第三人通常就是项目的主办人,但也可以是其他人。

10. 租赁公司。租赁公司获得项目公司的部分或全部资产,并将其出租给项目公司来换取租金收入,以抵销因工厂和设备的残值由资本减税而造成的资产成本。

11. 评级。项目融资的项目是通过银行支持的债券来筹集资金的,如果发行债券需要资信评级的话,那么在项目筹建的初期就应该向有关的评级机构进行咨询和申请。

3.2.2 项目融资参与方相互关系

项目融资作为一种无追索权或是有限追索权的融资方式,融资各方有着比较复杂的内部合同关系,明确其相互关系有助于我们理解与项目有关的合同及各方的职责与义务。

1. 项目发起方与项目公司。项目公司为项目投入足够的资本金或次等贷款是吸引贷款人或投资者进一步为项目投资的必要条件,一般其投入的资金至少为15%~20%。存在多个发起人时,有多种合作的形式,如合伙制的项目公司,股份制或契约经营制的项目公司。项目公司的组建涉及一系列的发起人之间及其与项目公司之间的若干合同。另外,发起人还可以作为出租人,将设备租赁给项目公司(承租人),由此涉及关于租赁的若干合同,签订相关的租赁协议。

2. 项目发起方与贷款银行。一般来说,项目融资过程中为了避免项目未能如期完工的风险,贷款人要求项目发起人与其签订项目完工担保协议,同时签订相关购买协议。如果项目发起方是比较著名的大公司,它可以发"安慰函"给贷款银行,保证它将密切注视项目公司的经营管理,使其有效管理、科学经营,从而以其声誉作担保,支持项目公司取得贷款。

3. 项目公司或发起方与项目所在国政府。在很多项目,特别是一些基础性建设项目,如铁路、石油、天然气、电力、煤矿的建设等,都会促进一国经济的发展,因此多数国家政府对项目融资给予积极支持。政府的支持,成为项目融资成功的必要条件。

政府支持项目融资主要体现在两个方面:① 特许权协议。② 提供土地、电力等基础设施方面的便利。

4. 贷款银行与项目所在国政府。为了降低、回避项目融资中的政治风险,贷款方一般要求项目所在国政府作出各种承诺,如税收优惠不得取消、不得实行价格管制、不得将项目设施收为国有等。

5. 原材料供应商与项目公司。为了回避由于原材料价格飞涨或供应紧张而致使项目成本巨增或开工不足,贷款人一般要求项目公司与原材料供应商签订原材料供应合同。

6. 工程建设公司与项目公司。融资项目能否高质量如期完工,很大程度上取决于工程建设公司的技术水准及管理水平,因此项目建设风险一般应由工程建设公司承担,而且有经验、高水平的工程建设公司具有管理这类风险的能力,因此工程建设公司与项目公司签订工程设计、建设合同。

7. 保险公司与项目公司。为了回避某些风险,项目公司一般会参加保险,从而涉及与保险公司签订的各种协议。

8. 项目公司与大型设备制造商。项目融资中大型设备的取得,经常采用租赁的形式,从而涉及租赁合约。

9. 银行与受托担保方。当存在多个贷款人时,一般会成立代理机构,委托其代收本息,因此需要签订信托方面的相关协议。

3.2.3 项目融资的合约安排

一、贷款期限

从贷款人的立场看,贷款期限越长,风险就越高。贷款人一般将贷款期限定为7~10年。当然,贷款期限是因国际金融市场的供求状况、预期项目的未来经济效益及对特定领域的贷款人的风险理解的差异等而变动的,且定下的期限也不是一成不变的。

二、利率

利率是反映风险和收益的标志。在金融交易中,利率是在综合贷款期限、交易风险、资金供求状况等的基础上决定的。贷款期限越长,风险越大,资金供求越紧张,利率越高。一般来说,项目融资的贷款方往往以筹资成本加1%~1.5%为利率标准。具体从以下四个方面来定利率：① 风险分析的结果。② 一揽子担保内容。③ 同类型项目融资利率水平。④ 对项目所在国政府和企业贷款融资的利率水平。

三、还款方式

项目贷款的还款资金来源只限于项目所产生的现金收入，一般采用"每一次还款金额以本金余额的百分之几作为最低额，并可用其他渠道产生的资金作为还款用途"，或"到期不能偿还时，以一定的条件允许延期到某年"的做法等。一种办法是将项目所产生的现金收入全部用于还款，剩余收入才用于偿还投资。这样，作为出资者的主办企业投入的资金就要推迟回收。这不仅会降低投资收益率，而且会增大回收资金的风险。因此，在决定还款方式时，贷款人和出资者需就比率分配问题进行谈判。

四、一揽子担保

分析项目风险后，贷款人要采取各种措施减少贷款风险，此即编制一揽子担保的过程。

所谓一揽子担保是指在提供项目融资时，贷款方所必须取得的各种担保的总称。当项目不能提供充分的担保时，要求主办企业及其他当事者承担一定的风险。

下面列举一些具有代表性的担保内容。

1. 完工担保。为防止工程项目建设期推迟而引起的还款困难，贷款人都要求订立完工担保。如果到期不能完成，贷款方即以不履约为理由向保证人提出偿还要求。

2. 一次性付款和交钥匙统包。一次性付款方式的建设费用在合同上被固定下来，建设期间的成本增加风险由承包人负担。在交钥匙统包方式中，承包人除完成工程外，还要进行开工前的试行操作，保证工程质量。

3. 超支。为防备工程建设费用超支，贷款方往往设立预备的资金额度，在一定程度上也可追加贷款，对主办企业也有一定的以保证形式的增资和从属贷款的要求。

4. 原材料和产品销售合同。为保证原材料的长期稳定供应和产品有稳定的销售渠道，一定要签订原材料供应和产品销售的长期合同，其期限须长于贷款期。

5. 转让销售合同担保。卖方①可以转让销售合同上的权利及赊卖货款债权。前一种方式使贷款人在借款人丧失还款能力的情况下也可从产品的货款支付中得到补偿；后一种方式则使贷款方在销售货物时责任落在买方身上，可直接对买方提出支付要求。但无论以何种形式签订转让合同书，都必须得到买方的允诺。

6. 有条件转让账户。当项目所在国对外汇实行控制时，设立有条件转让账户，把出口项目收入划到国外是减少风险的对策之一。被转让的销售货款缴纳到开设在国际金融中心第三者的信托账户，即有条件转让账户上，受托人按协议对账户进行管理，首先用其还本付息，剩余金额归还给借款人（卖方）。

---

① 这里指项目借款人。

7. 销售条件。销售合同的内容必须得到贷款方认可,主要检查:① 保证销售合同期长于贷款期。② 买方是否有单方面减少交易量的权力。③ 有没有设定保底销售价格。④ 是否有容易对合同进行更改和放弃的内容。⑤ 发生不可抗力时,如何确定货款的支付责任。

8. "接受或付款"合同。它是指不管卖方是否交货或提交货物是否被接受,买方都要按照约定的数额,无条件地保证购买劳务或产品的合约。它将市场风险基本上完全转嫁给买方,起到了保护卖方权益的作用。

9. 主办企业的信用。大型项目的主办企业往往采用合资形式。如果一部分合伙人脱离合资企业,势必会对项目的完成造成很大的障碍,所以,贷款方要重视主办企业的能力、信誉及合资企业成员间有关权利义务的合同内容。

10. 主办企业的出资比率。主办企业的出资比率大小与其所起的担保作用成正比:比率越大,承担的风险也越大,主办企业会努力确保项目的完工。另外,贷款人可用削减对主办企业分红的形式来偿还贷款,这意味着贷款资金的回收更安全。

11. 债务清偿比率①。如果该比率未达到1,当年度的现金流量则不能作当年的债务偿还之用。贷款方为了保全债权常会对主办企业采取一些惩罚措施,如限制分红、追加投入资金、停止贷款和作不履约拖欠处理等。

12. 财务限制条款。作为债权保全的手段之一,财务限制条款在国际融资中被广泛运用,往往在多种财务比率和投资、融资及资产处理上设立一定的限制。特别在项目融资中要进行专款专用的管理,项目融资以外的借款原则上是不允许的。

13. 投保。在大型项目中,投保多种险别的大额保险费的支付是必要的,风险都必须进行相应的投保。

14. 当地政府的承诺。为防止项目所在国政府对已给予的各种认可和特权被中途取消、变更或强制施行国有化等,应取得当地政府的承诺书,以使项目得到保障。

15. 资产的总担保化。贷款人不仅要求以销售合同作为担保,还要求项目公司拥有的所有资产作为贷款的担保,目的是为了防止其他债权人设置担保权,也排除了被第三者没收的情况发生。这使贷款人在项目发生障碍和借款人不履约时,能控制对项目的各种权利。

3.3 项目融资结构安排与财务分析

3.3.1 项目融资组织形式安排

项目融资的组织形式安排,我们以 BOT 融资方式为例说明。BOT 是项目融资的主

---

① 是一个年度内的指标,公式是:清偿比率＝可能作为还本付息的现金流量÷还本为付息支付额。

要典型方式,在 BOT 投资方式中,政府与私营部门的"项目公司"签订合同,由"项目公司"进行项目的施工和经营。"项目公司"由一个或多个承建人组成(或是合营公司,或是独资公司)。承建人包括一家工程承包公司和设备供应商。项目公司以股本投资的方式建立,也可以通过发行股票以及吸收少量政府资金入股的方式筹资。

3.3.2 项目融资资金来源

项目融资所需的资金大部分要通过项目公司从商业金融渠道获得,如双边或多边金融机构,以及出口信贷担保机构的支持。项目融资的资金来源主要有以下几方面:

一、商业银行贷款

商业银行是项目融资资金的最大来源,这主要是因为商业银行具备评估项目贷款的信贷风险能力。许多大的国际商业银行拥有各种各样的工程师及金融专家,他们擅长于构建项目融资的结构,分析项目的风险。银行贷款可以是有担保的,也可以是无担保的。可以仅由一个银行为项目提供贷款,或者由多家商业银行联合提供贷款,也可以采用辛迪加贷款的形式。银行贷款的主要类型有:

1. 定期贷款(term loan)。这是指商业银行、保险公司或商业财务公司提供给实业公司的中、长期有担保贷款,通常用以购买资本设备或用作营运资金。这种贷款在固定期限内分期偿还,有时采用气球形还款方式①。定期贷款协议中还规定借款人必须保持营运资金的最低限额以及负债对资本净值的标准,限制红利的发放及维持管理的连续性。

2. 工程贷款(construction loan)。对建筑工程发放的短期不动产贷款就是工程贷款。该贷款资金按实际需要或事先拟定的计划分期支付。工程完工后,通常用抵押贷款的进款偿还这种贷款。该贷款的贷款利率一般比优惠利率高,通常还有附加费用,这种贷款的实际收益一般较高。

3. 抵押贷款(mortgage loan)。这是指以某项财产的滞留权作为偿还贷款保证,抵押给贷款人获得的贷款。

4. 营运资金贷款(working capital loan)。这是指为补充项目公司营运资金而进行的贷款。这种贷款主要出现在公司运营资金不足的时候,贷款数额较小。

从传统意义上来看,项目融资的银行贷款主要是从商业银行中得到的,这是因为商业银行一般具有无追索权的实践经验。但是商业银行间的并购热潮以及全球的银根紧缩使得市场上的商业银行参与者逐渐减少,而同时由保险公司和一些跨国公司分离出来的金融机构已经逐渐具备了提供长期贷款的能力,并已经进入市场。因此能够提供贷款的银

---

① 所谓气球形还款方式是指,期中任意偿还本利,到期末全部还清。

行种类大大增加,竞争也因而更加激烈。

二、资本市场

在项目融资的资金来源中,一些项目寻求通过发行由商业银行或其他机构提供担保的债券或商业票据融通资金。在标准普尔公司和穆迪公司都表示使愿意为项目发行的票据提供评级之后,有效地鼓励了一些养老基金、共同基金、甚至个人,使其都踊跃投资于那些业已建成或即将建成的项目。一般来讲,评级机构为项目评级所采用的评定标准有七个:① 产品购买合同。② 能源动力供应风险。③ 购买者信用。④ 原材料供应风险。⑤ 结构性风险。⑥ 技术风险;⑦ 预期的现金流量。

三、进出口信贷

很多国家为了鼓励本国的出口,都成立了进出口银行,为购买本国产品的外国客户提供出口信贷。出口信贷的期限较一般商业银行贷款期限要长,而且利率也要稍低一些。当多个国家争相为某一国的项目提供设备时,该项目在取得进出口信贷方面就存在很大的优势,可以取得成本较低的贷款,降低融资成本。

四、杠杆租赁或金融租赁

在采用杠杆租赁融资过程中,名义上对项目厂房设备拥有法定所有权并承担相应纳税义务的权益投资者把项目资产租赁给项目公司,这种形式把项目的所有权和项目的控制权分开,项目公司虽然经营项目但并不拥有项目,税收好处就转让给权益投资者,这会降低项目的融资成本。作为项目承租方的项目公司在项目租赁期内要把项目运营产生的收入首先用来支付租金,然后截留剩余的现金流量。租赁期满后,承租方往往可以选择购买整个项目,以彻底拥有项目的全部产权。

五、票据融资

项目融资也可以通过票据融资来实现。商业票据是一种附有固定到期日的无担保的本票,其原意是指随商品劳务交易而签发的一种债权凭证,由买方作为出票人,承诺在一定时期内付给卖方一定金额,卖方可以据此在到期日向买方索现或在未到期时向金融机构申请贴现。现在一般意义上的商业票据则包括美国商业票据、欧洲商业票据、浮动利率票据等。商业票据作为利率低的无担保票据,是一种公开性的短期筹资工具。票据期限短至若干天,长至9个月,一般为30天。欧洲商业票据是一种由政府、政府机构或大型企业凭信用发行的无抵押借款凭证。该票据期限最短仅1天,期限较长的可达1年;其发行金额很大,通常在几千美元以上;欧洲票据多以私募方式发行,融资成本较低,而且发行金额、基础利率等都由发行人决定,利率也可以依据市场条件和借款者的信用等级进行调整。美国商业票据的利率以银行贴现率为计算基础,多数情况下,票据的最小单位为10万美元。票据的发行人包括美国的金融机构、外国的金融机构、美国和外国的工业公司、石油公司、矿业公司等;而票据的持有人通常为投资基金、保险公司、银行、养老基金等金融机构或少量的工业公司。在同等条件下,从美国商业票据市场上获得的资金要比

LIBOR或以美国银行优惠利率为基础的银团贷款要便宜。借款人为了避免过分依赖少数商业银行和投资银行,通过商业票据市场获得了广泛的资金来源,从而达到了分散风险的目的。

六、世界银行及地区性开发银行贷款

世界银行及地区性开发银行为了促进发展中国家经济的发展及环境等各方面的改善,可能为某些项目投入股本或提供贷款。这种类型的贷款一般期限较长,利率较低,而且世界银行及地区性开发银行的参与有利于鼓励其他金融机构为项目提供贷款,有时可能会采取一般性商业银行与世界银行或地区性开发银行联合为项目提供贷款的形式。这类贷款的不足之处在于,贷款审批时间长,货币风险较大,世界银行向发展中国家贷款往往附加十分苛刻的条件,不利于贷款顺利进行。

3.3.3 项目融资的融资结构

在通常情况下,一个有实力和经验的项目公司当然希望能够百分之百的拥有项目的股权,完全地控制项目的生产、原材料供应和最终产品的销售。但是,一方面,大型项目的开发有可能超出了一个公司的财务、管理或风险承受能力,尤其对于那些投资回收期长、资金需求量大的基础设施类项目来说,任何单个投资者都很难独立承担项目的风险。另一方面,由具有不同背景的投资者相结合进行投资,则可以利用各自的优势实现互补,从市场、资源、技术和管理技能、融资成本以及贷款的可获得性方面得到强有力的支撑,提高项目融资成功的机会。因此,许多大型项目都需要几家公司共同投入财力和专门技能才能建成和经营,除本国公司以外,一般还吸收外国公司参加。如果主办人是两家以上的公司,则它们必须通过谈判,采取适当的法律形式来实现拟议中的项目。项目投资者需要根据项目的特点和合资各方的发展战略、利益追求、融资方式选择最佳的组织形式。

一、公司型合资结构

公司型合资结构的基础是有限责任公司,即由合作各方共同经营、共负盈亏、共担风险,并按股权份额分配利润。公司作为独立的法人,拥有资产所有权和处置权,其权利和义务受到国家法律保护。在公司型合资结构中,投资者的责任是有限的,仅限于其认缴的权益资本。在以项目融资方式筹措项目资金时,项目公司作为借款人,将合资企业的资产作为贷款的物权担保,以企业的收益作为偿还贷款的主要来源。项目发起人除了向贷款人作出有限担保外,不承担为项目公司偿还债务的责任。同时,公司型合资结构易被资本市场所接受,公司可以直接进入资本市场通过发行股票或债券的方式筹集资金,从而引入新的投资者并促进股权的合理流动。

二、有限合伙制结构

合伙制结构是指至少两个以上合伙人之间以获取利润为目的、共同从事某项商业活动而建立起来的一种法律关系。它不是一个独立的法律实体,其合伙人可以是自然人也可以是公司法人。有限合伙制结构是在普通合伙制基础上发展起来的一种合伙制结构,它包括至少一个普通合伙人和至少一个有限合伙人。其中前者负责合伙制项目的组织、经营、管理工作,并承担合伙制结构债务的无限责任;而后者无权参与项目的日常经营管理,同时仅以其投入到项目中的资本数量对债务承担有限责任。

三、契约型合资结构

契约型合资结构是最常见的组织方式。合作各方不组成具有法人资格的合营实体,各方都是独立的法人,各自以自身的法人资格按合同规定的比例在法律上承担责任。合作各方可以组成一个联合管理机构来处理日常事务,也可以委托一方或聘请第三方进行管理。投资者在契约型合资结构中的关系是一种合作性质的关系,而不是合伙性质的关系。契约型合资结构与合伙制结构的最大区别表现在:契约型合资结构不是以获取利润为目的而建立起来的,合资协议规定每一个投资者从合资项目中获得的是相应份额的产品,而不是利润;每一个投资者都有权作出按其相应投资比例作出项目投资、原材料供应、产品处置等重大商业决策。

四、信托基金结构

信托基金在英、美、法国家应用得较为普遍,通常表现为单位信托基金。它是将信托基金划分为类似于股票的信托单位,通过发行信托单位筹集资金,利用信托契约约束和规范信托单位持有人、信托基金受托管理人和基金经理的法律关系。信托基金不是一个独立的法人,而由信托管理人承担信托基金的起诉和被起诉的责任。因此,受托管理人作为信托基金的法定代表,其所代表的责任与其个人责任是不能够分割的。信托单位持有人对信托基金资产按比例享有获取收益的权利。信托基金同样比较易于被资本市场所接受,通过信托单位上市方式筹集资金。

在项目融资中,项目公司是最常见、最普遍的项目经营方式。成立项目公司对项目发起人来说,其主要优势表现在:① 把项目资产的所有权集中在项目公司,便于进行管理。② 实现表外融资。③ 把项目的风险与项目发起方分离开来,防止因项目失败而受太大牵连。④ 项目公司作为东道国的法人,可以享受东道国政府赋予其法人的税收减免待遇。⑤ 便于吸收其他各方参加项目。

3.3.4 项目融资财务分析

财务分析是指根据项目的各项生产指标及其所面临的市场环境和财税制度,采用建立在现实基础上的合理假设指标,对项目未来的经济效益及有关指标进行预测,从而判断项目未来的盈利水平和偿债能力。

项目融资财务分析的主要假设分析指标有:销售增长利润、利率、税率、折旧、通货膨胀率、运营资金的变化量、资本支出等。有关评价指标及分析如下所述:

(一) 项目盈利能力分析

评价项目融资未来盈利能力的主要指标是：① 净现值和投资回收期。② 内部收益率。③ 回报率指标，如资产回报率、权益回报率、投资回报率、市盈率等。

(二) 项目偿还贷款能力分析

评价这一能力的主要财务指标是：① 利息偿付率。② 投资回报率。③ 流动比率。④ 速动比率。

(三) 项目融资财务杠杆作用分析

财务杠杆作用即核算借贷给企业带来的经济效益。美国麻省理工大学著名教授、诺贝尔经济学奖获得者穆蒂格利尼认为，借贷带给企业的唯一好处是合理避税，而且支出借贷带给企业的经济效益是该企业面临的税率同它应缴纳的利息费用的乘积。

(四) 外汇换算问题分析

外汇换算问题存在于境外项目发起方或贷款方以外币投入本国的一个项目，而项目的主要收入又是以本国货币表示的。这时存在两个问题要考虑：一是将来的本国货币收入能否转换为所投入的外币；二是将来把本国货币转换为外币时是否会因为汇率的变化而受到损失。第一个问题实际上是政策性问题，第二个问题是市场性问题。关于第二个问题实际上是汇率风险规避问题，可能对汇率产生影响的因素主要有东道国利率、通货膨胀率、外汇储备、外贸收支等，在具体预测未来汇率时，投资者一般要依据官方汇率及通货膨胀率进行估算，计算方法如下：

未来汇率＝现实官方汇率×(1＋东道国通货膨胀率－资金来源国通货膨胀率)

项目投入涉及汇率的变化将对项目每年外汇现金流量的计算产生很大影响，从而影响到项目的内部收益率。一般来讲，如果预计项目收益货币相对于投入货币将要贬值时，那么使用投入货币计算出的内部收益率要比使用项目收益货币计算出的内部收益率低一些；反之，则高一些。

(五) 敏感性分析

敏感性分析是用于评价未来的不确定性程度，由于基础项目建设期长，影响因素多变，因此在项目财务分析的最后进行敏感分析是十分重要的。

在对项目进行敏感性分析时，项目发起方要考虑可以规避或减少哪些风险。例如，资本投入超支的风险可以通过和经验丰富的承建商签署总额固定的项目建设合同加以避免，也可以通过在外汇和商品交易市场安排适当的套期保值减少收入的波动性。但是有些影响项目现金流波动较大的因素可能难以避免，这就需要项目贷款的总量不宜过高。

3.4 项目融资可行性评估

项目融资贷款对项目资产和现金流的依赖性及有限追索权，以及项目本身的风险影响,促使贷款人对项目技术和经济可行性论证给予高度重视。只有通过严格的技术和经济检验,证明项目确实可行,并能将风险控制在可以接受的范围内,贷款银行才会参与项目融资。

3.4.1 投资项目可行性研究的含义

可行性研究是近几十年发展起来的一门运用多种学科成果,保证实现工程建设最佳经济效果的综合性科学。

可行性研究是在项目建设前期对工程项目的一种考察和鉴定,对拟建项目进行全面地、系统地调查研究和综合论证,其目的是要判断项目"可行"或"不可行",项目投资是否有利可图,为投资决策提供可靠的依据。可行性研究是一项政策性、系统性很强的工作,需要以一定的经济理论为依据,采取一套行之有效的科学分析论证方法,对项目建设的一些主要问题,如市场需求、原材料、能源、动力的供应等,从技术和经济两方面进行全面系统的调查研究和分析计算,对各种方案进行选择比较,并对投资后的经济效果进行预测。当项目通过可行性研究之后,证实项目建设条件可靠,采用的技术先进、适用,生产的产品具有竞争能力,经济上能够获得较大利润时,国家才允许投资,银行才会发放贷款。

3.4.2 项目可行性研究的范围

为获得项目融资贷款,项目主办人必须通盘考虑有关项目可行性的所有方面,并提交一份具有说服力和权威性的可行性研究报告。报告内容主要包括以下几个方面:

一、政策法律因素。

许多项目尤其是基础项目的"客户"往往是政府,而且其往往对经济发展影响巨大,政府对此施加压力是必然的,如果政府规定的盈利上限不能满足投资者的利益要求,项目融资就不能成功。另外,政策法律的改变也可能使项目公司对盈利预测不能乐观,这在一些政治欠稳定的国家更容易出现。而当融资涉及国际银团贷款时,情况更加复杂,该项目及贷款方更易受到各国政治风险的影响。由于政治风险的影响难以计算,借款方倾向于缩短投资年限和要求相应较高的风险回报。

二、行业竞争因素。

行业竞争因素对项目盈利的影响是直接的,包括业内竞争、新加入竞争者竞争、替代品的竞争。影响行业内竞争的是该行业的发展主要趋势,景气的循环及拓展的速度大于竞争者的拓展速度,则竞争者的生存空间在扩大,直接面对的竞争需求压力则减少,而敌意竞争的效果有限。相反地,行业竞争扩充过快,竞争者彼此生存空间受到威胁,敌意竞争可能性就相应提高了。这时需要考虑竞争者的反应情况,若同行之间敌意浓,或某竞争者急于扩展市场,则很可能爆发价格战,忽略这一可能性会使盈利预测变得更盲目乐观。

如果一个市场充满机会,就会有许多竞争者想加入,分一杯羹,新竞争者的加入会占领部分市场,由于盲目乐观,可能会造成供应过剩,促发价格战,降低项目盈利能力。除了同业竞争者给消费者提供服务产品外,不同的替代品也可在一定程度上给予消费者替代选择,随着替代品的增多,消费者对价格的敏感度也相应提高,如提高高速公路路费,部分消费者就会转向搭乘飞机、火车或轮船,或使用普通公路,则高速公路路费收入也就减少了,若火车和轮船展开价格战,则情况会更加糟糕。

三、外部投资环境

外部投资环境包括政策性环境、金融性环境和工业性环境。其中政策性环境是指东道国国家法律制度、税收政策;项目对环境的影响及为达到环境保护标准所采取的措施和所消耗的费用;项目的生产经营许可或政府其他政策限制,获得这些许可的可能性以及许可的可转让性;项目获得政治风险担保的可能性。金融性环境是指一国的利率、汇率政策、国家外汇管理政策、货币风险及可兑换性,还包括通货膨胀因素。工业性环境是指项目选定地点的基础设施和服务设施的状况,如能源、水电供应,交通运输和通讯等设施是否快捷、畅通,以及取得这些设施和服务的成本。

四、项目生产要素

项目生产要素。包括技术、原材料供应、项目市场、项目管理。技术是指生产技术的可靠性和成熟度,对矿业和石油开采等能源项目来说,技术是指资源的储量、范围和可靠性及可能的产量;原材料供应包括原材料的取得和供应地以及供应商的情况和可靠性,原材料的价格及供应数量和质量、进口关税和外汇限制;项目市场包括项目提供的产品或服务的市场需求、价格、竞争性,国内和国际市场需求量及占有率分析;项目管理则是指生产、技术、设备管理和劳动力分析。

五、投资收益分析

项目投资收益评估包括项目投资成本分析、经营性收益分析、资本性收益分析。投资成本分析包括项目建设费用、征购土地、购买设备费用及不可预见费用;经营性收益分析包括对项目产品或服务市场价格的分析和预测,对生产成本的分析和预测,经营性资本支出的预测,项目现金流量分析;资本性收益分析是指对项目资产增值的分析和预测。

3.4.3 融资项目的选择

项目融资对项目可行与否的要求主要体现在技术测试和经济测试两个方面。

一、技术测试

对于项目的贷款方或投资方来说,项目的技术可行性是至关重要的。一般采用项目融资的都是大型基础项目,所涉及的技术都比较复杂,如果没有技术上的保证,贷款方是不会轻易介入的。

项目测试包括两方面：① 首先明确项目采用的技术是否适宜。一般来说，贷款银行希望项目将要采用的技术最好已经被别人采用过并被证明效果可靠。如果是新技术，贷款方一定会更加慎重，提高贷款保证条件。② 一旦认定技术是可行的，接着就要考察项目在建设施工和日后经营过程中能否满足采用该技术所需要的各种条件，保证项目得以顺利完工。

二、经济测试

一般认为，项目发起方和贷款方关心项目的技术可行性是因为他们关心项目的经济效果，因此在经过严格的技术测试之后，还要对项目进行各种假设条件下的经济测试。其通常包括以下内容：按照预测，项目能否赚回足够的资金以支付所有的经营费用、债务、税赋、使用费用及其他费用；能否有足够的利润对付汇率、利率、产品价格和市场需求的变化；能否为项目公司赚回足够的剩余利润以实现其股东的投资回报目标等。

3.4.4　项目评估分析方案内容

项目可行性研究的方案内容将根据所设项目行业的不同而有所差别，尽管不同行业各自有不同的侧重点，但其内容大同小异。通常一个投资项目的可行性分析方案包括以下各方面的内容：

一、总论

1. 项目提出的行业背景和未来发展趋势，投资的必要性和经济意义。
2. 研究项目融资的依据和范围，资金来源。

项目选择是可行性研究的首要内容，项目的确定必须以符合国家经济发展需要为前提。

二、市场需求预测和拟投资项目的规模分析

1. 国内外市场供需情况的预测。这是确定项目建设规模和产品方案的先决条件和依据。
2. 国内现有的相应项目的生产能力。这一分析要考虑现有技术能力以及技术挖掘创新的潜力，同时分析项目行业内竞争的具体情况。
3. 销售预测、价格分析、产品竞争能力及进入国际市场的前景。这一分析要求销售预测可靠，调查的数字准确，对预测和调查的结果要进行分析和判断，明确项目产品的发展前景。
4. 拟建项目的投资规模、产品方案和发展方向的技术经济分析。

三、资源、原材料、燃料及公用设施的情况分析

1. 经过储量委员会正式批准的资源储量、品位、成分，以及开采、利用条约的评述分析。
2. 原料、材料、燃料的种类、数量、来源和供应的可能性。原料、材料、燃料供应的可能性、可靠性、经济性是确定项目技术线路和发挥经济效益的重要因素。

3. 项目建设所需公用设施的数量、供应方式和供应条件。公用设施包括供电、供水、供气和交通运输通讯等设施，其协作、配套条件是项目建设基本条件，是非常重要的部分。

四、项目选址条件分析

1. 项目建设地区的地理位置、气象、水文、地质、地形条件，离原材料产地、市场距离远近及社会经济状况等。

2. 交通、运输及水电气等供应状况和发展趋势。

3. 项目占地面积、征地范围、移民的搬迁与安置规划及其他建设条件选择方案的论述。

五、设计方案

1. 项目的构成范围、技术来源和生产方法、主要工艺和设备选型方案的比较，引进技术、设备的来源、国别，设备的国内外交换或与外商合作制造的设想。

2. 项目建设方案的初步选择和土建工程量估算。

3. 公用辅助设施和项目交通运输方式的比较和初步选择。

设计方案的制定、技术选择、设备选型、项目规模等都是可行性研究的重要内容，直接影响项目的技术水平、基建投资、经营成本，对项目的综合技术经济指标起决定的作用。

六、环境保护

应调查环境状况，预测项目对环境的影响，提出环境保护和"三废"治理的初步方案，具体包括：

1. 分析拟建项目"三废"的种类、成分、数量及对环境的影响程度。

2. 治理方案的选择和综合利用情况分析。

3. 对环境影响的评价。

七、项目实施进度建议

项目的建设进度直接影响资金周转和投资收益，因此，应当采用现代化管理技术、网络计划技术，合理组织施工。

1. 勘测设计、设备制造、工程设施、安装、试生产所需的时间和进度要求。

2. 整个工程项目的实施方案和进度的选择方案。

3. 对最佳设施计划的选择，并用一般图表和网络图表示。

八、投资、生产成本估算和资金筹措

1. 主体工程和辅助配套工程所需投资的估算。

2. 生产流动资金的估算。

3. 生产成本、销售收入、税金和利润的分析和估算。

4. 资金的来源、筹措方式及贷款偿还方式。

九、结论

1. 运用各种指标数据,从技术、经济和财务各方面论述拟建项目的可行性。
2. 项目经营存在的问题。
3. 解决问题的相关建议。

从对以上项目可行性研究方案内容的分析,我们发现,项目可行性研究的内容主要可以概括为三个方面:第一个方面是市场研究。这是建设项目能否存在的基础。如果产品没有市场,项目融资也就没有存在的必要了,而且项目的生产能力、建设规模都是根据市场的供需情况和销售预测来决定的,所以市场研究是项目可行性研究的前提和基础,其主要作用是解决项目投资的必要性问题。第二个方面是技术研究和资金筹措,这包括投入物品、项目选址、技术、设备、生产组织、资金来源等。这些问题主要是解决项目投资的可能性问题。第三个方面是研究项目的经济效益,这是可行性研究的重点和核心,是解决项目投资的合理性问题,是项目投入利润来源的保证。综上所述,项目可行性研究的主要任务是解决项目的必要性、可能性和合理性问题,为项目如何进行建设提供必要的思路和科学依据。

3.5 项目融资的风险及承担

项目融资由于时间跨度长,涉及方面多,所以带来的风险也是巨大的。传统的方法是将项目分为建设阶段、试运营阶段和最后运营阶段,不同的阶段有不同的风险。在进行项目融资之前,就应该认真分析项目工程可能遇到的风险,以便在谈判时分清责任和义务,划分所应承担的相应风险;在利益分配的基础上设计风险承担结构,并投入保险,确保项目融资的成功。

3.5.1 项目融资风险分类

我们把国际项目融资中的风险分为两大类:商业风险和国家风险。商业风险主要包括自然风险、汇率风险、利率风险、经营管理风险以及包括通货膨胀在内的其他风险;国家风险主要包括主权风险和政治风险。在项目融资中主要涉及项目竣工和营运风险、信用风险、外汇交易风险、买卖风险的折算风险等。

1. 国家风险。国家风险一般是指由于主权、政治状况发生变化而给项目带来的风险,其主要内容包括因政变、政权更迭、领导人变更、暴乱及其政策多变等而给项目造成的不利影响或经费超支等风险。这是国际项目融资中最重要的风险,因为它会对所有其他项目风险产生重要的影响。在一些发达国家,政治风险还包括其劳动力不稳定以及建设设备被禁止进口及没收,而造成工程在紧要阶段被迫停工等方面的风险。例如,在"两伊"

战争开始后的几年里,开战两国的许多项目不得不被取消或废弃,贷款银行为这些项目所支付的几百万美元开支费只有白白浪费了。对国家风险进行识别,首先必须收集和处理大量的国家风险资料,由专业人士进行详细分析,但这样做的成本十分昂贵,只有少数大银行或跨国公司才有能力来从事这项分析工作,而多数中小型企业和机构只能依靠间接情报来源或根据别人的分析结果来作出自己的判断。

2. 商业风险。商业风险主要表现为利率风险和汇率风险两个主要方面。利率风险是指项目在经营过程中,由于利率的变动而造成的项目价值的降低或收益受到的影响。如果投资方采用浮动利率融资,若利率上升,项目成本会增加;如果投资方采用固定利率融资,利率下降又会造成机会成本的提高。汇率风险主要是指东道国货币的自由兑换、经营收益的自由汇出和汇率波动造成的货币贬值问题。例如,境外的项目发起方希望将项目的利润以本国货币或硬通货汇回国内,避免因东道国货币贬值而遭受损失,贷款方也希望项目能以同样货币偿还。

3. 项目竣工和运营风险。项目竣工风险是指项目的承包商不能在原计划内完成项目的建设的风险。实践中,项目延期建成的时间短的有1个月,长的有20个月,有时甚至达到业主因此而不得不放弃该项目的地步,从而影响投资者的积极性。项目达不到预期的性能也是一种风险,通常是由施工合同商和设备供应商以出具担保书及运行和维护合同中的性能保证条款来担保的。在每个项目中,这些风险实质上都处于承担风险各方的控制范围之内。与竣工风险一样,运营风险也是由项目公司来承担第二级风险。在项目建成后,业主或项目公司一般都要求承包商对该项目提供一个保证期限,通常是在设施建成移交后的12个月内,以便使承包商对其材料和工艺的缺憾进行修补。承包商必须对维修工作提供资金方面的担保。项目运营风险是指项目设施投入运营以后,出现生产无效率或停机等现象而危及整个生产流程的风险。此外,为了克服原材料短缺、价格变动而对项目进行造成影响,减少运营风险,一般要求项目东道国保证以市场竞争性价格按时、按质地提供原料。

4. 信用风险。主要指各项目融资参与主体(主要为借款人和发起人)违约的可能性,即参与主体在取得合约的相关权益时,并没有履行其相应的责任。

3.5.2 项目融资风险管理

由于项目融资具有以上种种风险,贷款银行也只是拥有有限追索权。为了保证投资者能够及时收回本息,确保获得相应投资收益,必须尽可能地采取各种风险防范措施降低风险水平,加强各种风险管理,减少损失可能性。

一、政治风险管理

在通常情况下,东道国政府最有能力承担政治风险,因此政治风险一般都由东道国政府来承担。例如,通过东道国政府与项目公司签订"项目全面收购"协议的形式,在政治风险发生时,由政府用现金收购项目,从而保障在政治事件发生时由国家负责所有债务的偿还责任。另外,比较可行的办法还有:为政治风险投保或引入多边机构来减少损失,同时,东道国的项目参加者也是降低政治风险的关键,这主要是由于他们跟东道国政府的关系比较密切。

二、市场风险管理

市场风险管理的关键在于防范,在项目融资初期应进行充分的市场调研和市场预测,在可行性研究论证的基础上,减少项目融资的盲目性。在项目的建设和运营过程中,签订建立在固定价格基础上的长期原材料及能源供应协议和"无货也付款"的产品销售协议,可以减少市场价格波动等不确定因素对项目收入的影响。项目公司还可以通过获得当地政府或产业部门的某种信用支持的方式来降低风险。

三、利率与汇率风险管理

在项目融资中,项目公司根据项目现金流量的特点安排利息偿还,通过浮动利率与固定利率之间的掉期、不同基础的浮动利率之间的掉期,或者不同项目阶段的利率掉期,可减少因利率变化造成项目融资风险的增加,起到减少风险的作用。而另一方面,货币掉期有助于降低项目的利率风险和汇率风险,改变那些有几种不同的货币和利率的项目的资产负债结构;同时,利率期权可帮助投资者避免利率上涨的风险,在合适的价格条件下获得利率下降的好处;在对汇率变化趋势掌握不准的情况下,采用货币期权将会为项目公司提供较大的风险管理灵活性。

四、完工风险管理

项目完工风险管理主要通过由项目公司与项目建设承包公司签订"项目建设承包合同"和贷款银行通过"完工担保合同"或"商业完工标准"来实现的,保证项目能够保质保量地完成。其中,在固定价格、固定工期的"交钥匙"合同中,项目的建设控制权和建设期风险完全由建设承包公司承担。由于贷款银行是项目完工风险的主要受害者之一,银行一般通过项目的"商业完工标准"来检验项目是否达到完工的条件,同时要求项目投资者或项目建设承包公司等其他参与方提供相应的"完工担保"作为保证。

五、生产经营风险管理

在项目融资中,生产经营风险主要包括生产风险、技术风险、能源原材料供应风险和经营管理风险等。这些风险主要是通过项目公司对经营者的约束来完成的,主要体现在一系列融资文件与协议中,如"无论提货与否均付款"的产品购买协议、原材料供应协议等。如果项目的经营协议建立在固定价格的合同基础上,经营者就会承担经营超过预算的风险。同时,选择经过市场检验的成熟技术、选择具有良好资信与管理经验的项目投资者都有助于降低或者减轻项目的生产经营风险。

六、信用风险管理

在项目融资中,贷款人除对主要为借款人和发起人约定一定的追索权外,还对参与方的信用、业绩和管理进行评估,以减少信用风险。

项目融资中的各种风险管理主要是通过各种合同文件和信用担保协议来实现的,这些文件和协议将项目风险在项目参与者之间进行分配,达到分散风险的目的,降低各方风险损失实现风险的最优配置分配。

案 例

中海壳牌项目融资

由于国内对乙烯的巨大需求,而且进口依存度达55%,早在1989年,壳牌公司和包括中海油、中石化在内的5家公司就签订了合作意向。但由于种种原因,直到2003年8月才达成总值43亿美元的合作协议,其中60%的融资为项目融资。2001年,总值26.77亿美元的项目融资进行了招标,结果国内的工商银行、国家开发银行、中国银行组成牵头行小组,分担了其中的19.77亿美元,8家国外银行获得其余的项目融资额度。由于大型设备需要从日本购买,日本银行的加入将对项目有利,故其中有3家日本银行中标。

由于数额巨大,为体现风险共担的原则,此次项目融资采取了不同于股东完全担保和完工担保(建设期间担保)的过渡形式——担保递减形式,就是指在项目建设时期,无法产生现金流时,由发起人全额担保,项目建成后,担保比例逐步下降。融资安排及利率安排如下表所示(建设周期为2年)。

融资安排

	种 类	金 额	期 限	方 式	利 率
A类贷款	人民币基本贷款	95.45亿元	17.5年	分期付款	5.184%
	人民币备用贷款	18.84亿元	17.5年	分期付款	5.184%
B类贷款	美元在岸贷款	3亿美元	15.5年	分期付款	分阶段
C类贷款	美元在岸双币无担保贷款	3亿美元	15.5年	分期付款	分阶段
D类贷款	离岸美元无担保贷款	3亿美元	11.5年	分期付款	分阶段
E类贷款	出口信贷机构贷款	4亿美元	15.5年	分期付款	单独规定

贷款利率安排①(LIBOR+)

	第一阶段	第二阶段	第三阶段	第四阶段	第五阶段
国 内	0.550%	0.900%	1.150%	1.150%	1.400%
国 外	0.700%	1.300%	1.425%	1.550%	1.750%

① 由于担保递减,利率分阶段递加。

这个项目给我们最大的启示是担保形式的灵活,我们可以结合以上的相关知识和资料进一步分析这样做的益处。

本 章 小 结

1. 项目融资是指以项目的资产和所产生的现金流量为基础,筹集该项目建设所需资金的融资方式。从本质上来讲,项目融资是一种无追索权(或有限追索权)的融资贷款。

2. 贷款方在对经济实体提供贷款时,只是查看该经济实体的现金流和收益,将此作为偿还债务的资金来源,同时将该经济实体的资产视为这笔贷款的担保物,如果对这两点都感到满意,则贷款方同意贷款。

3. 项目融资的组织形式以BOT融资方式为例说明。BOT是项目融资的主要典型方式,在BOT投资方式中,政府与私营部门的"项目公司"签订合同,由"项目公司"进行项目的施工和经营。"项目公司"由一个或多个承建人组成(或是合营公司,或是独资公司)。承建人包括一家工程承包公司和设备供应商。项目公司以股本投资的方式建立,也可以通过发行股票以及吸收少量政府资金入股的方式筹资。

4. 项目融资贷款对项目资产和现金流的依赖性及有限追索权,以及项目本身的风险影响,促使贷款人对项目技术和经济可行性论证给予高度重视。只有通过严格的技术和经济检验,证明项目确实可行,并能将风险控制在可以接受的范围内,贷款银行才会参与项目融资。

5. 项目融资由于时间跨度长,涉及方面多,其带来的风险也是巨大的。传统的方法是将项目分为建设阶段、试运营阶段和最后运营阶段,不同的阶段有不同的风险。在项目融资进行之前,就应该认真分析项目工程可能遇到的风险,划分谁承担相应的风险,在利益分配的基础上设计风险承担结构,并投入保险以确保项目融资的成功。

本 章 习 题

1. 什么是项目融资?其基本特征是什么?
2. 什么是项目融资的BOT方式?
3. 项目融资的优越性表现在哪些方面?结合我国的实际,说明我国利用项目融资的必要性和优势。
4. 项目融资的杠杆作用体现在何处?
5. 为什么说项目融资是一种表外融资方式?
6. 试分析项目融资的参与主体和当事人的构成及其职责。并在权责平衡的原则下,分析参与主体之间的关系。

7. 项目融资的资金来源有哪些？分析不同资金来源的特点及其对融资结构的影响。

8. 项目融资的财务分析有哪些主要内容？分析不同财务指标的侧重点，并对这些财务指标进行综合分析。

9. 项目融资的可行性分析包括哪些内容？

10. 项目融资中项目评估的范围有哪几方面？

11. 项目融资的风险主要有哪几种？如何防范？结合我国国情，分析在我国进行项目融资的主要风险及其防范。

第四章　国际证券融资

> **学习目标**
> - 掌握国际证券融资的基本特征；
> - 了解主要的国际股票市场，掌握国际债券的主要种类；
> - 掌握我国国际债券融资和国际股票融资的主要类型；
> - 了解证券融资国际化趋势对我国利用外资的影响；
> - 了解国际债券的发展、融资特点、发行人及信用评级；
> - 了解外国债券的概念、分类和发行；
> - 了解欧洲债券的特点、种类、外国债券与欧洲债券的区别，了解主要的欧洲债券市场。

资金需求的满足，离不开资金供应。在国际范围内的筹资具有数量大、在资金来源与方式上多样化的特性。国际融资可以分为国际直接融资和国际间接融资。国际间接融资包括了国际贷款。国际直接融资即国际证券融资，它是指外国投资者为东道国企业提供金融资本的各类投资形式，如债券、股票和各类金融衍生产品。近年来，国际资本市场上出现了日益明显的"融资证券化"趋势，以国际债券和跨国股票发行为主的直接融资逐步取代了以银团贷款为主的中长期间接融资，国际证券融资也逐渐成为国际直接融资的主流。

4.1　国际证券融资的基本特征

一、收益性特征

证券最基本的特征是收益性，这也是证券投资者进行证券投资的唯一目的。这种收益具有三种不同的表现形态。

1. 固定收益。证券投资的收益在证券发行时已有规定，不受发行者经营成果好坏的影响。债券和优先股都是这种证券，因此，风险性较小。

2. 半固定收益。证券收益的一部分在发行时已有规定,而另一部分则由经营状况决定。优先股的收益就是指前一种原则分配的。

3. 不确定收益

投资者的效益完全与经营成果挂钩。这种证券的收益波动性大、风险性大,但在企业经营状况良好时具有较高收益,如普通股就是不确定收益债券。

二、流通性

股票是一种永不偿付证券,债券有一个期限问题。证券持有人希望持有现金时,需要在证券流通市场上将证券脱手转让或作为抵押品。因此,为了保证证券随时可变现,以刺激人们对证券的购买。我国在大力发展证券市场的同时,必须完善证券的流通市场,有利于促进社会资金的有效配置和有效利用。

三、风险性

证券的种类不同,其风险的大小也不相同。一般来说,风险性和收益性成正比,风险越大,可能取得的收益也越大。国际证券的风险主要有以下几个方面:

1. 市场风险。即整个证券市场长期行情变动引起的风险。

2. 利率风险。即市场利率的变化会引起证券收益或证券价格波动,从而使投资者有遭受损失的可能。

3. 通货膨胀风险。该风险又称购买力风险。较高的通货膨胀会使投资者的实际收益下降,因为在相同的名义收益下货币的实际购买力下降了。

4. 汇率风险。即由于汇率波动引起证券价格波动,从而带来不利影响的可能性。

5. 信用风险。即由于证券发行人无法按期还本付息而使投资者有遭受损失的可能性。

6. 经营风险。即由于企业经营管理能力不同而造成的风险。

四、价格波动性

这一点尤其体现在股票上。股票具有多种价格,票面价值即票面额,发行价格是指发行股票时在招股说明书中载明的股票发售价格,这两者有很大不同。证券发行完毕进入交易场所后,由于证券本身收益率高低、证券供需关系及其他因素影响,还会形成上下不断波动的交易价格,即我们通常所说的证券行市。股票的票面金额只是代表投资人入股的货币金额是固定的,而股票的价格则随时变动,股票价格形成取决于预期股息和股票投资价值。

股价指数是反映股市波动的综合指标,其中最著名的,也是被广泛采用的指标,就是道·琼斯公司编制的 30 种工业股价平均数。在编制方法上该平均数采用未加权的算数平均数。此外,该公司公布的股价指数还有 15 种公用事业股价平均数,20 种运输股价平均数和 65 种综合股价平均数。

国际证券融资主要包括国际股票融资、国际债券融资。

4.2 国际股票融资

4.2.1 国际股票融资概述

一、股票及国际股票市场

（一）股票概述

股票是股份有限公司签发的、用以证明股东所持股份的凭证。股票的持有人称为股东。股票具有明显的特征，如流通性、风险性、非远近性、市场价格和票面价值不一致性等。

股票可按不同的标准进行分类；主要有：

1. 普通股和优先股。这是按股东享有的权利和承担义务的大小划分的。普通股是股票最普遍的形式，其股息随股份公司盈利的变动而变动。目前我国企业发行的股票（包括A股、B股、H股和N股等）都是指普通股。我国《公司法》详细规定了普通股股东应享有的权利和承担的义务，主要包括：① 经营管理权。普通股股东在股东大会上有表决权，可对公司的经营管理等提出建议或质询。② 盈利分配权。依其所持的股份份额取得相应的利益。③ 财产分配权。公司终止后依法取得公司的剩余财产。④ 优先认股权。公司增发新股时有优先购买的权利，以保持对公司的持股比例不变。同时，普通股股东必须履行相应的义务：遵守公司章程；依其所认购股份和入股方式缴纳股金；以其所持股份为限，对公司的债务承担责任；不得退股等等。优先股是相对于普通股而言的，是指相对于普通股具有某些优先权的股票。与普通股不同，优先股股东一般不能参与公司的经营管理，股息率固定，不随公司经营状况的变动而变化，并在公司破产、解散、清理剩余财产和债权债务时，在普通股股东之前分配财产。其实还有许多拥有其他优先权的优先股，而不论何种优先股，其具体的优先条件必须由(出)公司章程明确规定。

2. 记名股票和不记名股票。这是按股票票面记名与否划分的。记名股票是指在股东名单上登记持有人的姓名和住址，并在股票上注明持有人只有原主或其正式的委托代理人、合法继承人、受赠人时才可行使股东权益，记名股票转让时必须办理转让过户手续。国际上绝大多数国家，公司发行的股票都采取记名股票形式，我国也不例外。不记名股票在票面上不记载持有人的姓名和住址，其持有人可以任意转让，一旦持有不记名股票，即取得股东资格，享有相应的权利。

3. 有票面金额股票和无票面金额股票。这是按有无票面金额划分的。有票面金额股票，又称"金额股票"或"面额股票"，是指在股票票面上载明一定金额股权的股票。有票面金额股票的发行方式以采用票面发行、市价发行和中间价发行等方法。票面发行指按股票票面金额发行，市价发行指按公司股票在市场上的实际价格发售新股；中间价发行是指公司董事会根据该股票的市场价格,在票面金额和市价中间确定一个中间价。目前,我国公司发行的各种股票都是有票面金额的股票,面额一般为 1 元人民币。我国《公司法》规定,股票的发行价不能低于票面金额。无票面金额的股票,又称"比例股票"、"份额股票"或"无面额股票",是指股票不注明票面金额,只注明股数,仅表明每股占资本总额的比例。

(二) 国际股票市场

世界发达国家的股票市场经过 200 多年的发展,各个方面都日趋完善。目前,美国市场和日本市场成为国际股票市场的两大部分。纽约、东京、伦敦、法兰克福、悉尼、新加坡、中国香港等地为国际股票市场发行和交易最活跃地区,为各国公司股票发行上市的首选之地。我国证券市场的筹资规模容量远远不能满足我国企业发展的资金需求,国际股票市场的巨大容量为我国企业筹集资金奠定了坚实的基础。1991 年 12 月,上海真空电子器件股份有限公司发行 100 万股 B 股,为我国第一家利用股票形式在国际资本市场直接筹资的国内企业。至 1995 年底,我国共有 69 家企业相继发行 B 股,并分别在上海证券交易所或深圳证券交易所上市,筹集海外资金超过 31.6 亿美元。1993 年起相继有几十家企业在中国香港、美国等地发行股票,并在上述两地证券交易所上市,筹集资金。

国际股票市场的投资者大部分是机构投资者,公司发行股票总额的 70%~80%由其认购,个人投资者所起的作用相对小些。那么,机构投资者喜欢哪一类公司发行的股票呢?

第一,规模经营,主营业务突出。规模经营常常表现为:参与量大的存户,保持高额的销售合同;有稳定的经营收入;资本充足。公司达到规模经营,意味着公司基本摆脱早期的发展困难,能够避免商业周期和其他不利的影响,能产生较为稳定的规模效益。规模经营亦表明公司股票上市后,有足够的股份以保证二级市场交易的活跃性。主营业务突出表明公司能够集中力量在自身较为熟悉的行业发展中,并积累一定的经营经验,在本行业具有一定的竞争优势,不会轻易被竞争对手击败。

第二,拥有有利的竞争地位。有利的竞争地位表现为多方面,如市场份额高、产品质量高且富有特色、市场形象良好、可靠的供应商和分散化的顾客基础等等。这些因素决定公司市场情况的好坏,好的市场情况为公司利润的获取提供可靠的源泉。

第三,合理的资本结构。合理的资本结构表现为:① 合理的资产负债率。企业能适当借助外债谋求发展,又能免与陷入过重的债务负担,出现债务困境。② 适当的偿债率。企业可用内部现金流偿还到期债务,维持市场信誉,以利用新的融资工具或通过国际金融市场以较低的成本取得资本。这往往是公司成功的关键。

第四,财务状况良好。公司有较强的盈利能力,每股收益高,这一方面说明公司运用资本投资的能力强;另一方面可给股东较高投资回报,使公司在证券市场树立良好的形象,利于公司股票在市场的表现,为公司成功进入国际资本市场筹集资金增添基础。

第五,高级管理人员具备科学管理公司的素质和经验。公司管理层能够把握市场信息,对公司面临的新情况能够及时有效地作出反应,并能积极开发人力资源,不断优化公司内部各项生产要素的组合。境外机构投资者特别看重公司总经理在该行业中有过成功管理公司的经验。

第六,先进的技术和雄厚的研究开发新产品的能力。当今世界先进技术发展非常迅速,今天的先进技术可能在很短时间内就成为被淘汰的技术,公司不但要一直保持国际先进技术水平,同时还必须拥有雄厚的研究、开发新产品的能力,以应付愈演愈烈的市场竞争,长期巩固加强公司的竞争优势。

第七,由于我国过去相当长时间里发展的是计划经济,不少企业特别是国营大中型企业对政府形成多种依赖,如税收优惠、财政补贴、原材料计划供应、产品价格限制、产品销售统一分配等。境外投资者担心一旦公司失去政府的上述"关照",会对其经营造成很大影响。随着国有企业改革的不断进行和深入,政府不再直接干预企业的决策及生产经营活动,使企业将目标真正集中到追求经济效益上来。

二、我国公司国际股票融资的主要形式

(一)发行B股

B股是境内上市外资股的简称,是以人民币为面值,以外币(目前为美元和港元)认购、买卖,采取记名股票形式,在中国境内证券交易所上市交易的股票。与A股相比,除了投资者、计价货币、交易清算机制不同外,B股股东与A股股东享有同等权利并承担同等义务。

B股发行后,公司可申请在上海证券交易所和深圳证券交易所两地上市。上交所上市的B股以美元计价,进行发行和交易,深交所上市的B股以港元计价,进行发行和交易。在1995年12月30日国务院《关于股份有限公司境内上市外资股的规定》颁布以前,上海、深圳B股发行和交易遵守不同的法规,上海为《上海市人民币特种股票管理办法》,深圳为《深圳市人民币特种股票管理暂行办法》。1996年开始实施的全国性统一的法规,对上市公司和B股投资者带来积极影响,同时也使我国证券市场朝规范化发展迈出重要的一步。

(二)境外直接上市

境外直接上市是指股份有限公司向境外投资人发行股票、并将该股票直接在境外公开的证券交易所挂牌上市,这种股票称为境外上市外资股。境外上市外资股采取记名股票形式,以人民币标明面值,以外币认购。目前我国公司发行的境外上市外资股主要有H股和N股两种,H股是一种只供香港及海外投资者以港元认购及买卖,在香港联合证券交易所上市的人民币特种股票;N股以美元认购及买卖,投资者为美国及海外自然人、法人和其他组织,发行后在美国公开的证券交易所上市。

(三)境外借壳上市

境外借壳上市方式下,国内企业股票不直接上市,而是通过某个特定的"壳",达到间接上市,获取国际资本市场资金的目的。这里所说的"壳"是指已在境外证券交易所上市或能够比较容易取得境外证券交易所上市资格的公司,而该公司又与国内企业有着密切联系,那么,我国企业就可以借助这个"壳"轻松取得间接上市。国内企业境外借壳上市有两种形式:境外造壳上市和境外买壳上市。

造壳上市指我国企业在境外证券交易所所在地或其允许的国家或地区设立一家控股公司,然后以该控股公司的名义申请境外上市,筹集的资金投资到中国的企业,从而达到国内企业到境外间接上市筹资的目的。例如,在美国市场上,华晨中国汽车控股股份有限公司在纽约证券交易所上市的是沈阳金杯客车制造有限公司,这境外造壳上市的成功例子。香港市场上,广州汽车集团通过其香港的控股公司骏威投资公司于1993年2月在香港公开招股筹资4.02亿港元,成为首家在香港造壳上市的国内企业。

买壳上市指国内企业购买一家已在境外上市的公司部分或全部股权,以取得对该公司的控股地位,并利用上市公司的优势在国际资本市场上筹集资金,注入国内企业的资产,不断扩展上市公司规模,以达到国内企业境外间接上市的目的。最典型的例子是中信泰富。1990年1月,中国国际信托投资公司香港子公司中国国际信托投资(香港集团)有限公司委托香港百富勤集团,收购已在香港上市的泰富发展股份有限公司,取得泰富公司控股权,并将原上市公司更名为中信泰富。其后,在短短的4年多时间里,中信香港不断向中信泰富注入资产,中信泰富由1家小公司迅速发展成为市值超过400亿港元的大公司,且在两年内跻身香港恒生指数成份股之列。我国内地已有数10家国有企业以买壳方式在香港间接上市,筹资达几十亿港元。

4.2.2 境内上市外资股(B股)的融资

一、公司发行B股需具备的条件

(一)国家利用外资和设立股份有限公司的限制

公司通过发行B股筹集资金,实际上是利用外资,因此申请发行B股的公司首先必须符合国家利用外资的规定。《中华人民共和国外资企业法实施细则》明确规定,下列行业禁止外资介入:① 新闻、出版、广播、电视、电影。② 国内商业、对外贸易、保险。③ 邮电通信。④ 中国政府规定禁止设立外资企业的其他行业。

除了外资进入行业的限制外,国务院有关部门明确规定下列领域不能设立股份有B股公司:涉及国家安全、国家秘密的领域;军工生产;空中交通管制系统;邮电部系统邮电通讯业务经营企业;冶金矿山开采、化学矿开采;涉及具有战略意义的稀有贵金属开采、黄金开采及冶炼;我国特有的珍贵畜禽品种和牧草品种繁育及兽用生物制品制造;重点保护的动植物资源的开发利用;森林资源及野生动物类型等自然保护区建设;从事基础性、公益性的地质矿产单位;会计师事务所;律师事务所;证券交易所;国家规定的其他领域。

(二)证券法规规定的条件

公司发行B股有两种情况:一是以募集方式设立股份有限公司并出面发行B股;另一种是股份有限公司增加股本申请发行B股。

对于第一种情况,申请发行B股的公司应符合下列条件:① 所筹资金用途符合国家产业政策。② 符合国家有关固定资产投资立项的规定。③ 符合国家利用外资的规定。④ 发起人认购的股本总额不少于公司拟发行股本总额的35%。⑤ 发起人出资总额不少于15亿元人民币。⑥ 拟向社会发行的股份达公司股份总额的25%以上;拟发行的股本总额超过4亿元人民币的,其拟向社会发行股份的比例达15%以上。⑦ 改组设立公司的原有企业或者作为公司主要发起人的国有企业,在最近3年内没有重大违法行为。⑧ 改组设立公司的原有企业或者作为公司主要发起人的国有企业,最近3年连续盈利。⑨ 中国证监会规定的其他条件。

对于第二种情况,公司增加股本发行B股的情况下,除了要符合上述①、②、③条规定外,还必须符合下列条件:① 公司前一次发行的股份已经募足,所得资金的用途与募股时确定的用途相符,且资金使用效益良好。② 公司净资产总值不低于1.5亿元人民币。③ 公司从前一次发行股票到本次申请期间没有重大违法行为。④ 公司最近3年连续盈利,原有企业改组或者国有企业作为主要发起人设立的公司,可以连续计算。⑤ 中国证监会规定的其他条件。

所以,公司在利用股权形式进入国际资本市场筹集资金时,首先应考虑自身所处的行业和行业特点,了解国家吸引外资的产业政策导向,并结合公司内部的发展情况和有关法律规定,确定筹集资金的最佳途径。B股股份占公司总股本的25%以上的上市公司,可视为外商投资股份有限公司,享受中外合资企业的税收优惠及其他优惠政策。如果公司B股股东所持有的股份占公司总股本比例低于25%的,上市公司则按国内股份有限公司有关管理规定处理。

二、B股的发行程序

(一)发行前准备阶段

1. 明确公司的发行目标和竞争地位。对公司而言,首次在国际股票市场上公开发行的成功与否决定其将来能否再顺利利用国际资本市场筹资,因此公司首次公开发行应争取达到以下三个目标:① 股票发行价格接近最大值。② 公司在国际市场获得尽可能大的声誉和影响。③ 尽可能扩大股东基础,即股票的发行范围尽可能广。首次公开发行的成功能为公司走进国际资本市场开辟一条有效的通道,公司在今后的经营可以视需要采取增资配股、发行境外可转换债券和认股权证等与股权有关的方式进行国际筹资,为上市公司获取低成本融资提供多种途径。

公司作出进军国际资本市场的决定往往不是突发性的想法，需要综合考虑公司内部的多方面因素。竞争地位是衡量公司实力的综合性指标。公司竞争地位决定公司获取利润的能力；税后利润、折旧及其他非现金支出构成公司的内部现金流；现金流和获利能力又是公司证券在资本市场价值的基础，证券市值决定公司以何种方式在资本市场上筹资（外部融资）；内部留存资金和外部融资构成公司再投资的总额，再投资的目的是巩固和增强公司现有竞争地位，从而构成公司的价值周期，价值周期是围绕公司竞争地位展开的。

公司在发展过程中往往不止一次利用资本市场进行融资，上一个价值周期结束时，下一个价值周期可能开始酝酿。对一家成功的公司而言，每一个价值周期结束时，其竞争地位必须得到加强，以形成一种上升的正循环效应。

当然，公司的价值周期并不一定在任何时候都朝着正循环方向前进，有时也可能朝着相反的方向发展。成功公司与失败公司的最大区别是：成功公司能在价值周期出现错误或倒退时及时纠正，使公司的价值周期朝正循环的方向发展，这是每个上市公司都希望看到的发展前景。

2. 选择中介服务机构。B股的发行和上市是一项专业化程度很高的操作，其中涉及法律、股票承销、公关、会计审计和资产评估等多项专业性内容，企业应聘请有经验的中介机构完成上述操作，任何方面的大意都可能导致发行失败或耽误发行有利时机，给发行人造成重大损失。那么发行人应如何选择有关的中介服务机构呢？

（1）主承销商和国际协调人。一般而言，一家公司发行B股必须聘请主承销商和国际协调人。主承销商为国内的证券公司，而国际协调人往往为境外商业银行、投资银行或财务顾问公司；有时主承销商与国际协调人也可由一家机构担任，但这种情况不多见。主承销商一般兼作发行人。主承销商和国际协调人在B股发行上市的整个过程中的职责有：

第一，监管和协调任务。包括向发行人提供有关股份制重组、有关证券法规及相关政策和实务的咨询；与有关中介机构编制股票发行上市的正式时间表，该时间表列明有关会议、最后期限及各方必须履行的职责等事项；帮助发行人与各方取得联系，协调各方之间良好合作，督促各方按时按质完成分内工作；编制招股说明书、招股说明书概要和上市公告书等发行和上市文件。

第二，市场推广任务。包括聘请公关公司为上市事宜制定及实行特定的公关计划；选择适当时机，如组织境外基金经理、研究员、财力雄厚的个别人士、新闻媒介参观发行；为发行人发表所需的研究及辅助材料，有选择地研究发行人所属行业及股市总体情况。

第三，包销、分配及跟进服务。组织承销团，对所发行的股票实行包销；当发行的股票在市场上引起广泛的需求时，要在各投资者之间均匀分配股份。强的分配能力可为发行人提供更广泛的最终股东基础，这将有助于提高发行的股份需求及二级市场的流通量；督促发行人公布财务会计报表、公司重大经营活动、高级主管人员的变动等，及时向发行人提供股票在二级市场的表现情况,定期发表研究报告供公司和投资者参考。

发行人选择主承销商应考虑的因素:① 必须具备由中国人民银行及国家外汇管理局批准的 H 股经营资格和外汇经营许可证。② 符合中国证监会规定的证券承销资格。③ 具备一定的 H 股承销经验,业务人员素质高。④ 拥有先进和完善的通信设备;⑤ 与证券主管部门关系紧密。

发行人选择国际协调人应考虑的因素:① 必须具有经中国人民银行批准的 B 股分销商资格;② 具有经营国际证券业务和发行 B 股的成功经验。在国际市场上享有一定声誉、知名度高且公司具备相当的经营规模和综合实力,有较强的股票分配能力。③ 了解中国国情,与发行人、主承销商保持良好的合作关系。④ 具备从事市场调查的研究力量。研究的范围包括中国宏观经济的发展现状及前景、发行人所属行业的发展情况、国内外市场及未来发展趋势,以及公司本身的经营情况。

(2) 有资格的会计师事务所。发行 B 股的公司必须同时聘请有资格的中、外会计师事务所进行审计。国内会计师事务所根据中国的会计准则和财务制度要求对公司前 3 年经营业绩进行审计和后 1 年的盈利预测、债权债务清理和资产验资工作;而国际会计师事务所则根据国际会计准则要求提供发行人最近 1 年的全年审计报告,并对过去年度的账目进行有限度审阅,供海外投资者了解公司的经营情况以便作出投资决定。发行人选择会计师事务所时应考虑:① 必须具有财政部、中国证监会认定的从事证券业务的资产评估、财务审计、盈利预测资格。② 具有成功的业绩记录。有丰富的经验和良好的形象。③ 项目工作人员素质高。④ 能与资产评估师良好合作。

(3) 评估机构和物业估值机构。资产评估机构对公司资产进行全面评估,这既可以避免由于国有资产的不合理估价造成的流失,界定国有资产占股份有限公司总资本的比重,又为发行人及有关各方制定发行价格提供了依据。我国有关法规规定,股票的发行价不能低于发行人的每股净资产。评估机构包括国内的资产评估机构和土地评估机构。资产评估机构对发行人的国有资产进行评估,土地评估机构则对国有土地使用权进行评估。发行人选择评估机构时除了要具备上述会计师事务所应有的条件外,资产评估机构还必须具备用有资产管理局要求的国有资产评估资格;土地评估机构则必须具备土地评估的 A 级证书。物业估值机构一般指境外的专业机构。其职责是对发行人的土地、楼宇等物业进行评估。

(4) 公司律师。B 股发行上市时至少需要 2 名律师协同工作,一名为发行人律师,通常称公司律师,由发行人聘任国内的律师事务所派出;另 1 名为承销团律师,由承销人聘任律师为发行人提供服务,对发行人改建行为、重组方案、资产剥离及处置方式、重大合约及合同的变更、资产及债权、债务的清理划分、产权界定等出具法律意见和有关文件的起草;起草公司章程;等等。发行人选择律师事务所时应考虑:① 律师事务所必须具有司法部、中国证监委认定的从事证券业务律师事务的资格。② 具有 3 名以上的证券从业资格的律师。③ 有一定的经营业绩和丰富的经验。

(5) 其他中介服务机构包括收款银行、公关公司及印刷商等。收款银行的主要工作是在股票认购申请期间提供场所以摆放招股说明书及向投资者免费提供购买申请表格。在截止接受申请当天，收款银行需计算申请表格，并将所收款项存到有关银行户头。收款银行一般为境外银行在中国的分支机构。发行人在选择收款银行时需要综合考虑收款银行的收费、存款利率、处理申请表及支票过户的能力。聘任专业的和经验丰富的公关公司，可帮助发行人在上市前于适当的时机通过报纸、杂志、电视或其他传播媒介向公众介绍发行人的历史及一般业务资料，加深公众对上市公司的印象，引起更多投资者的兴趣。印刷商的任务是刊印招股说明书，它是公司股票上市不可缺少的环节，印刷商印刷招股说明书效率的高低及质量好坏对股票能否顺利上市也有一定影响。

选择合适的中介服务机构是公司成功上市的关键步骤，在这个过程中，发行人除了自身要充分考虑上述各种因素外，地方政府部门对中介机构的选择提出的各种意见，在一定程度上影响公司的最终决策。关于各中介服务机构的收费问题，相对上面的各种因素而言，较为简单。国内有关部门对主承销商、律师、会计师以及承销团等中介机构的费用范围作了规定，如股票承销佣金为股票筹集资金的 1.5%～3%。一般而言，B股的发行费用占募集资金总额的 6%～7%。

3. 发行人内部成立上市工作班子。B股发行上市对公司来说是一项重大决定且工作量非常繁重，没有发行人的协助及提供一切所需的材料，各中介机构是无法开展各自工作的。况且，第一，招股说明书是发行的核心文件，发行人各董事对招股说明书的内容及声明的真实完整性直接负责；第二，上市时间表通常被安排得相当紧凑，发行人内部专门的工作班子可以帮助上市工作如期顺利进行。上市工作班子成员包括发行人的最高领导层、财务部主管或高级职员、董事会办公室的高级职员等。

4. 重组发行公司。一般而言，发行B股或境外直接上市设立股份有限公司前，都必须对原有的企业进行重组，重组的原因主要有：① 国有企业（特别是大中型国有企业）组织机构比较复杂，"企业办社会"的现象非常普遍，如果将企业内部非盈利部分业务纳入上市公司，必然挫伤境外投资人的兴趣，不利于企业筹资。② 原有企业规模庞大，经营多元化，有多种经营产品，而目前我国企业申请发行B股和其他境外上市股都有一定的规模限制，为了符合有关股票发行的规定并争取到有限的发行规模，企业必须对现有业务重组。③ 适应国家有关政策的规定。如上文所提及的，设立股份有限公司和利用外资要遵守国家有关法规政策规定，不符合同家规定的企业在上市前必须进行重组。

公司重组是一个复杂的过程，重组内涵和重组模式关系到公司股票的定价乃至发行成功与否。进行重组的整个过程，公司可聘请有经验的证券公司（同时也是本次发行的主承销商或国际协调人）、会计师及其他中介机构提供咨询服务，以便重组后的公司既符合国内现有法规规定又适合境外投资者的口味。重组的第一步是确定公司发行上市的主体，明确公司的竞争优势，逐个分析公司的各项业务，选择公司最富竞争力的业务为股份有限公司的主营业务，从而组成一个未来销售收入和利润增长都很快的公司。第二步，确定进入发行公司的资产和负债范围。应将高质量的、与发行主体业务密切相关的资产放进发行公司。高质量的资产包括享有尖端技术的资产或在国内市场上享有比较利益的资产；低质量的资产是指已大幅贬值的资产或者盈利少、不盈利甚至亏损的资产。在高质量资产纳入发行公司的同时，相应的负债也应进入发行公司。第三步，确定发行公司的组织结构。这部分内容包括原有企业与发行公司的关系，原有企业与发行公司各子公司、控股公司间的关系，发行公司内部的组织结构以及原有企业内部的组织结构，等等。

结合我国国有企业海外上市的重组实例和国际上的一些通常做法，这里介绍五种典型的重组模式：整体进入型、整体分立型、合并整体型、主体包装型和新建立型。

整体进入型，是指对企业较小比例的非经营性资产不进行剥离，而将其全部资产投入到股份有限公司，然后在此基础上发行新股，原企业随即解散。该模式的优点是：重组过程较简单，所需时间短；重组前后企业资产负债以及管理层不会有太大的变动，保证公司上市后业务连续稳定发展；关联交易少，减少上市后的信息披露。该模式的缺点是适用范围小；不利于企业重组时剥离不产生效益的资产，可能造成国有资产的潜在流失；不利于企业裁减冗余人员。整体进入型适用于社会功能负担少的企业、新建企业、企业在上市前已进行一系列改革使其资产负债基本符合市场经济要求的经济体以及本身已是股份有限公司的企业。

整体分立型，是指将原企业的经营性资产与非经营性资产分离，分别成立两个或两个以上的独立法人，原企业中经营性资产进入股份有限公司并在此基础上进行增资扩股。该模式的优点是：经营性资产和非经营性资产相分离。这样，一方面能够优化上市公司的资产，规范上市公司的市场行为，突出公司的竞争实力；另一方面能避免国有资产流失。该模式的缺点是：与资产剥离的难度大，牵涉面广；原企业员工在上市公司与非上市公司间分配协调难度大；由于多种原因公司上市部分与非上市部分必然存在或多或少的关联交易，这些关联交易的处理和上市后的信息披露可能会出现一些问题。整体分立型适用于社会功能负担多的企业，以及原企业的非经营性资产数量多、辅助性生产系统数量大且效率低的企业类型。

合并整体型，是指以原企业全部资产并吸收与其相关的其他企业作为设立股份有限公司的共同发起人，并在此基础上进行增资扩股。利用合并整体型模式重组上市的典型例子是青岛啤酒厂。该模式具有整体进入型的优点，同时由于扩大了原企业的经营规模，既增强了上市公司的竞争力，又扩大了股本，增加了筹集资金的数量。该模式的不足之处在于难以选择合适的合并对象，若这些合并对象不在同一个地区，则要进行跨省市的收购兼并活动，工作量大且重组时间长。合并整体型适用于原企业和被合并的企业都不需要进行资产剥离,有合适的合并对象和合并基础等的企业。

主体包装型,是指将原企业主营业务的资产剥离出来组成股份有限公司,而其非主营方面的资产组成原企业的全资子公司,原企业为上市公司的控股公司。目前我国已经上市的一批国有大中型企业大多数采用这种重组模式,如安徽马钢、洛阳玻璃、北京北人、昆明机床、上海海欣、仪征化纤企业,等等。该模式的优点是上市公司主营业务明确,资产效率高,原企业作为国有企业法人地位继续存在;其拥有的某些权利和利益仍然存在,上市公司可以借助控股公司的有利地位协调日常事务;便于企业裁减冗余人员,提高上市公司的劳动生产率。该模式的缺点主要是:关联交易的处理和信息披露较为麻烦,关联交易可能发生在上市公司与控股公司、上市公司与非上市公司之间;控股公司、上市公司和非上市公司之间领导兼任的问题可能使上市公司的管理缺乏规范性。

新建立型,是指两个或两个以上企业以其部分资产为股本,并作为设立股份有限公司的共同发起人,在此基础上发行新股。华能国际是利用这种重组模式的典型。该模式具有合并整体型的优点,但由于新建立型的发起企业只以部分资产进入股份有限公司,原企业将不盈利或效率低下的资产剥离出来,这样可以进一步提高上市公司的资产效率和竞争力。该模式的不足之处与合并整体型相近,同时该模型也具有主体包装型的一些缺点,即要进行资产剥离,重组所需时间长,且难度大。

(二) 文件编制阶段

各中介服务机构进场后,根据上市时间表要求各自开展工作,发行人内部的上市工作班子向各中介机构提供公司材料,协助各方完成文件编制工作。在文件编制阶段,发行人还应与主承销商或国际协调人一起担任协调工作,既要与各中介服务机构的高层领导协商,又要对各方的现场工作人员进行协调,确保文件编制工作如期完成。以募集方式设立公司申请发行B股的,各中介服务机构和发行人编制的文件有:申请报告;发起人姓名或名称、发起人认购的股份数、出资种类及验资证明;发起人会议同意公开发行B股的决议;公司章程草案、招股说明书;资金运用可行性报告;3年财务审计报告、资产评估报告、法律意见书以及中国证监会规定的其他文件。增加资本发行B股的,发行人和各中介服务机构应编制的文件有:申请报告,股东大会同意公布发行B股的决议;公司章程草案;招股说明书;资金运用可行性报告;3年财务审计报告、法律意见书;股票发行承销方案和承销协议以及中国证监会规定的其他文件。

(三) 文件上报及审批阶段

1. 向国家体改委提交公司资产重组报告。地方企业通过地方政府部门、中央企业通过中央主管部门向国家体改委,提交资产重组报告。重组报告的主要内容包括资产重组方案、发行人的组织机构、发行人与原企业的资产及负债的划分与处理、产权界定、股权结构及募股方案和资产重组实施计划等。

2. 向地方有关政府部门或中央主管部门上报辅导报告。

3. 向国家体改委提出设立股份有限公司的申请。在资产评估、财务审计、公司资产重组和辅导报告评审合格后,地方企业通过地方政府部门、中央企业通过中央主管部门向国家体改委申报设立股份有限公司,由公司审批部门进行批复。

4. 向中国证监会上报股票发行的整套材料。这些材料经中国证监会审核通过后,发行人方可发行 B 股。

发起人上报的文件并非一次性获得全部通过,往往需要发起人和各中介机构反复多次修改,文件上报和审批阶段是一项比较费时的工作,这中间的进展有时非发行人和各中介服务机构所能决定的。

(四)股票发行和上市阶段

1. 巡回推介。巡回推介又称路演。通常由发行人、主承销商、国际协调人和公关公司共同完成。

2. 确定发行方式。国际股票的发行方式按发行对象的范围划分为公募和私募。目前,我国已发行的 B 股基本上都采取私募形式发行,B 股股权集中在少数大基金机构手里。公募形式发售的方法很多,如认购申请表方式和招标竞投方式等。在认购申请表方式下,发行价格事先已确定,投资者填写认购表格并连同认购股款交付收款银行。申请结束后,如果申请购买数量超过股票发行总量,则由主承销商和国际协调人等承销团成员按比例配售并退还未足额认购的款项。在招标竞投方式下,承销团制定一个最低价,由公众投资者投标,出价最高者优先给予配售,直至股票全部配售出去。

3. 确定发行价格。根据国际巡回推介结果,结合国内有关法规对投票发行价格的规定,如发行价格不得低于公司净资产,确定公司本次股票发行价格。

4. 分发招股说明书和刊登招股说明书概要。向境外有兴趣的投资者提供招股说明书,在国内指定的报刊刊登招股说明书概要。

5. 正式发行。投资者按确定的发行方式和发行价格在规定期限内认购新股,收款银行负责收款并将款项划入主承销商指定外汇账户,主承销商于股票承销结束后 7 天内将发行 B 股的全部款项划入发行人账户。

6. 股份登记。股份登记由股份登记机构负责,具体任务有:与收款银行联系,并编制所有有效申请的名单;协助承销团及公司将股份分配给获接纳的申请人;编制最后的股东名单、不被接纳的申请人名单;处理、寄发股票及退款支票。

7. 刊登上市公告书和安排股票上市。由上市推荐人编制上市公告书等文件,与证券交易所联系安排股票尽早上市。

4.2.3 境外直接上市融资

一、我国企业境外直接上市的利弊分析

随着我国企业国际化经营的发展,国际间经济联系越来越密切,我国企业利用发行国际股票形式在国际资本市场上吸引外资将成为必然的趋势。截至目前为止,我国企业境外上市集中在我国香港和美国两地。香港是亚洲的金融中心,特别是 1997 年香港回归祖国后,为我国企业到香港上市提供了独特的优势和便利。美国股票市场作为全球最大的股票市场,具有规模大、市盈率高(纽约证券交易所股票的市盈率在 18 倍以上)、价格较为稳定、上市公司行业齐全和知名度高等特点,成为我国企业境外上市的重要选择场所。1994 年 4 月我国证监会和美国证券交易管理委员会签订《中美证券合作、磋商及技术援助的谅解备忘录》。随后,我国相继有数家企业到美国上市。随着股份制改造的深入进行和我国证券市场的不断发展,国家有关部门将逐步推荐国内企业到世界其他主要证券市场上市。中国证监会积极与国外的同行建立联系,并与澳大利亚证监会等其他一些国家和地区的证券监管机构建立了良好的关系,为我国与国际同行的交流和合作提供了更多的便利,也为我国企业境外上市开辟了道路。此外,上交所和深交所也加强与境外著名证券交易所的往来和合作,为国内企业境外上市作铺垫,如上交所、深交所与伦敦证券交易所签订谅解备忘录。

(一)企业境外上市的优点分析

1. 为企业提供一条源源不断的融资渠道。国际股票市场为那些处于成熟发展阶段的公司提供重要资金来源。1993 年马鞍山钢铁股份有限公司利用美国和我国香港两地市场共募集 40 亿港元资金,成为当年国内企业境外发行上市募集资金最多的公司,为马钢公司的生产发展提供大量资金。公司上市后,可不时通过向老股东配股、发行可转换债券和认股权证等其他与股权相关或股权的派生形式从国际资本市场上直接筹资。

2. 有利于上市公司在海外树立形象。境外上市为公司提供许多宣传的机会,如新股发行时的推荐宣传、交易所的挂牌、每年年度的业绩报告、重大事项的披露等。境外交易所将公司的名字展现在境外投资者天天都要关注的股票行情显示屏上,这是对企业一种最有效、最持久的宣传,使公司获得广泛的宣传和影响,大大提高公司在海外市场的知名度。这对于公司在国际市场上的产品销售、原材料采购和寻找新的合作伙伴有很大的帮助,特别是当公司的顾客和原材料供应商等与公司有关系的人购买公司股票成为公司股东后,他们就会更热衷于公司的产品和服务。

3. 促进上市公司经营机制的转换。长期计划经济下的国有企业一般缺乏自主经营、自招风险、自负盈亏的市场运行机制,更缺乏按国际标准和要求来改进企业经营管理的压力。企业境外上市后,一切经营行为都应该按照市场规律和国际惯例去做。来自境外股东的约束力量,给企业带来危机感和压力感,有利于加快企业市场化进程,提高企业国际市场的竞争力。

4. 改善公司的资产负债结构。境外上市可使公司改善内部资产结构、降低负债率,这样,公司在利用银行贷款、发行债券等融资途径时处于更有利的地位。

5. 享受中外合资企业的优惠政策。根据有关法规,境外上市外资股占公司总股本

25％以上的上市公司,可视为外商投资股份有限公司,在税收减免、进出口管理等方面享受中外合资企业的优惠政策。

6. 便于收购其他公司。很多发展中的公司都是通过收购其他公司来扩展业务的,上市公司可以利用公司股份来收购别的企业,而无需花费大量的现金。

(二)企业境外上市的不足分析

1. 上市公司须向公众公布很多信息。公司发行上市时公布的招股说明书内容涉及历史背景、经营现状和发展前景等有关公司的详细资料,公司上市后还要定期披露公司的经营业绩和财务报告以及公司重大的收购和资产清理行为。

2. 筹备上市时需投入大量的时间、人力并增加费用开支。公司境外上市是一项复杂的工作,公司领导层既要准备一系列文件,与有关的政府部门联系并取得后者的批准,又要回答中介服务机构提出的各种各样问题,这是一个既费时又费力的过程。同时,境外发行上市须支付一定的费用,这些费用用于支付给有关的中介服务机构如承销商、会计师、律师、收款银行等,以及付给上市场所。公司上市后,每年审计费用和律师费用将会增加,主要用来向股东提供年度财务报告、散发股东投票说明以及维持同股东之间的联系等。

3. 上市公司的管理将受到一定限制。公司上市后,其管理层的行为要对广大的股东负责,且公司的重大事情还须经股东大会投票决定,管理层的决策不像上市前那样方便。有时,公司管理层为了维持公司股票二级市场的形象和自身的利益,在一些投资项目的决策会侧重短期利益,不利于公司的长远发展。

二、境外上市融资与 B 股融资的区别

1. 法律基础不同。B 股融资所依据的法律主要是国内法规如《公司法》、《国务院关于股份有限公司境内上市外资股的规定》等;而境外上市融资公司除了要遵守国内的有关法律、法规,还必须符合境外市场股票发行上市的有关证券法规。中外证券法规的差异表现在多方面,如公司组建、招股说明书和上市要求、对投资者的保护、竞争业务和关联交易等等。

2. 上市的条件要求不同。依据中外证券法规,国内 B 股上市和境外上市在经营业绩、公募资产、社会公众股东持股比例、控股股东等方面都存在差异,上市的条件要求和具体差异在本章各节中已详细阐述,这里不再展开。

3. 上市审批的程序不一样。国内 B 股发行上市主要由中国证监会、证交所和有关地方政府部门参与,程序较为复杂。而境外上市在通过境内证券监管部门的批准后,还要通过国外证券监管部门的批准,程序更为复杂。

4. 其他发行上市具体操作方面。这些方面包括文件编制、上市申请、上市手续和上市日期等。B 股上市要求的文件编制内容和种类与境外上市都不一样,如招股说明书编制方面。B 股融资要求发行人提供盈利预测报告;而境外上市时,香港和美国市场对这方面都没有明确的要求。

(一) 公司在香港上市需满足的条件

1. 营业记录和管理的持续性。公司有连续3年的营业记录,且这3年营业必须由同一管理层完成;最近1年的利润不低于2 000万美元,前两年的利润不少于3 000万美元。这条规定既可以从某种程度说明公司管理层有一定的经营水平和管理经验。公司达到一定的规模,又可以保证公司上市后业务的稳定性。香港联交所上市规则第8、第12条要求在香港第一上市的发行人必须在香港有一定数量的关联人员,一般说发行人至少要有2名执行董事定居香港。联交所采取弹性做法,对大陆企业豁免上述要求,但对在内地上市的公司必须有专门电话、传真、持续的保荐人和常驻香港的公司秘书。

2. 社会公众持股的最低比例。

3. 股票上市后市值和最少股东的规定。H股上市时预计二级市场流通量不能低于1亿港元,其中一半以上的股票要在香港发行。公司至少有100名股东,且每发行100万港元市值的股票,获配发股份的股东不少于3名。

4. 由独立会计师根据香港或国际会计准则审计的3年财务报告,最近一份报告与上市报告书的刊登时间不能超过6个月。

5. 关联交易的规定。"关联交易"是指上市公司与"相关人员"之间的任何交易。在这里,"相关人员"指公司的董事、发行人、监管人、控股股东(拥有公司10%或以上的股份)、公司的分公司或公司的附属机构。附属机构包括由主要控股股东控制了其股东会上35%或更多的投票权或能控制其董事会组成的所有公司。如果申请人存在关联交易,为确保一般股东的利益,联交所可能认为该公司不适合上市。我国国内企业普遍会碰到关联交易,要获得联交所的上市批准,一方面要对关联交易的信息公开;另一方面应聘请独立董事对上述交易作出决定,以保证股东的利益不受损害,并向联交所申请放弃对这方面的要求。只有这样,发行人才有可能被获准在香港上市。

6. 独立董事的规定。公司须委任2名独立控股的董事,以代表一般股东的利益。

(二) 公司在美国上市的条件要求

美国共有8家证券交易所,其中,全国性的证券交易所有3家,即纽约证券交易所、美国证券交易所和NASDAQ系统,大多数非美国公司的股票都在上述3家证券交易所上市。下文分别阐述这3家证券交易所对非美国公司股票的上市要求。

1. 纽约证券交易所对非美国公司的上市要求。

(1) 股权分布。在全世界拥有5 000名股东和200万股股票由社会公众持有。

(2) 社会公众拥有股票的总市值。全世界达1亿美元。

(3) 会计准则和财务报告记录。根据以美国会计准则或与美国会计准则一致的会计准则编写的3年财务报告;上市前有3年以上的盈利,最近3年税前收入累计值达1亿美元,其中每年最少为2 500万美元。

(4) 资产净额。全世界1亿美元。纽约证券交易所对上市公司股票的每股最低价格没有具体要求。

2. 美国证券交易所对非美国公司股票的上市要求。

(1) 股权分布。在全世界拥有 800 名股东和 100 万股股票由社会公众持有。

(2) 社会公众拥有股票的总市值。全世界 300 万美元。

(3) 会计准则和财务报告记录。根据美国会计准则或与美国会计准则一致的会计准则编写的 3 年财务报告。美国证券交易所对非美国公司股票上市的资产净额和每股最低价格没有具体的要求。

3. 全国证券交易商协会自动报价系统（NASDAQ）对非美国公司上市的要求。NASDAQ 对非美国公司上市提供两套标准。

(1) 股权分布。标准之一：公众拥有的股票 50 万股；或者，如果公众拥有的股票在 50 万～100 万股，有 800 名股东；或者，如果公众拥有股票达 100 万股或公众拥有股票达 50 万股，申请前 6 个月的平均日成交量超过 2 000 股。标准之二：公众拥有的股票不少于 100 万股和不少于 400 名股东。

(2) 社会公众拥有股票的总市值。标准之一：全世界达 300 万美元。标准之二：全世界达 1 500 万美元。

(3) 会计准则和财务报告记录。根据美国会计准则或与美国会计准则一致的会计准则编写的 3 年财务报告。

(4) 资产净额。标准之一：全世界达 400 万美元；标准之二：全世界达 1 200 万美元。

(三) 香港联交所或美国证券交易管理委员会审批的过程

香港联交所的审查和批准过程中，涉及的主要步骤有：① 初步接触以讨论过去的营业记录和关联交易等有关组织上的问题。② 提交初步的上市申。该申请应在上市委员会听证会之前 35 天或更早的时间寄出。并附有草拟的招股说明书和财务资料。③ 上市委员会听证会。听证会上审核和批准公司的招股说明书和上市申请。④ 招股说明书的最后批准和公开发布。

美国证券交易管理委员会（SEC）对招股说明书的审查和批准过程中，涉及的主要步骤有：① 初步接触。② 提交上市登记表和招股说明书初稿。③ 根据 SEC 的修改意见，提交一份或多份修改后的上市登记表。④ SEC 宣布上市登记表有效，这意味着公司可以发售股票。⑤ 提交招股说明书的最后文本。

(四) 股票发行

在美国和中国香港市场，发行的股票基本上采用承销团余额包销的承销形式。在发行方式上，美国和中国香港有一定的差异。在香港，招股说明书一般在上市委员会听证会批准几天后公布，公司根据招股说明书披露的信息向社会公众按固定价格发行固定数目的新股票。投资者认购并预付认购款。如果认购量超过公司的发行量，投资者所购得的股份将按比例减少，剩余的认购款退还给投资者；如果认购量小于发行量，投资者将获得全额认购,剩下的股份由承销团包销。而在美国,在向美国证券交易管理委员会提交上市登记后,由主承销商向投资者分发招股说明书初稿,以确定公司股票的市场反应。SEC审查结束后,再由公司和主承销商根据市场调查结果确定发行价格。发行价格的制定往往在正式发行的前一天晚上进行,也只有在这时,承销商才与公司签订承销协议,开始负有法律上的承销股票的责任。不管发行H股,还是发行N股,发行人在股票初次境外发行时必须进行国际巡回推介,以让更多的投资者了解和熟悉发行人,这对新股的认购及上市后股票在二级市场的表现都有重要意义。

三、证券存托凭证的概念和建立

(一) 证券存托凭证的概念

证券存托凭证(DRs)是一种可转让的证券,系指DRs的发行者将其在本国发行的股票交给本国银行或外国银行在本国的分支机构保管(经常称之为"保管银行"),保管银行以这些股票作保,委托外国银行(存托银行)发行与上述股票相对应的凭证,这就是证券存托凭证。外国投资者购买了它,就相当于拥有发行公司的股票。在国际市场上,证券存托凭证主要有两种:在美国发行和出售的存托凭证叫美国存托凭证(ADRs),在美国以外发行和出售的存托凭证叫全球存托凭证(GDRs)。自1927年美国J·P·摩根集团首创第一张ADRs以来,在近十几年获得较为迅速的发展。由于ADRs出现最早,发展较成熟,操作规范,至流通量最大,后来在其基础上发展起来的GDRs无论在运作、技术、管理,还是法律等方面,与ADRs都没有实质的区别,故本章着重分析ADRs的基本情况和操作。

美国存托凭证以美元报价和支付股息,美国投资者可以方便地在柜台市场或一家全国性的证券交易所进行交易。大多数ADRs的发行者具有一定的规模和实力,经营效益良好,因此,ADRs为美国投资者分散投资风险、选择最佳的投资组合提供一种有效的投资工具时,ADRs使美国投资者方便对外投资,成为"国际股东",而无须进行不同币种的汇兑手续。

(二) 美国存托凭证的建立

美国存托凭证的建立过程:① 美国投资者向美国经纪人说明想购买ADRs时,美国经纪人可代其购买现成的ADRs,若没有,则必须建立新的ADRs。② 美国经纪人与非美国经纪人联系购入美国投资者委托的股票。③ 非美国经纪人将这些股票交给当地的银行,由其代为保管。④ 保管银行与美国的银行(存托银行)联系,请求发行与收到股票相对应的ADRs。⑤ 存托银行将新发行的ADRs交付给启动这笔交易的美国经纪人。⑥ 美国经纪人将ADRs提供给美国投资者。至此,美国存托凭证得以建立,美国投资者成为外国公司的股东,与其他股东享有同等的权利。存托银行是一个设在美国的银行,提供与存托凭证相关的所有股票和代理业务,包括:安排保管银行接受发行股票之存放;发行代表上述股票的存托凭证;持有美国股东情况;向股东以美元发放股利;记录全部转让和交易情况等。保管银行一般为存托银行的海外分支机构或往来银行,接受存托凭证所代表基础股份的存放,并按存托银行的指示领取和汇寄股利。

四、美国存托凭证的类型和特点

(一) 美国存托凭证的类型

根据存托凭证的发行方式可将 ADRs 分为两种,即公司参与型 ADRs 和非公司参与型 ADRs。

非公司参与型 ADRs 是由一家以上的存托银行应市场需要发行存托凭证,这些存托凭证与股票发行公司之间没有正式的存托协议。目前,非公司参与型存托凭证在市场上已不多见,主要是因为:美国证券交易管理委员会(SEC)规定,为了建立某个新的 ADRs,发行人应向 SEC 申请获得最低限度的"信息豁免",而完成上述行为的发行人实际上已经参与了 ADRs 的建立。此外,对投资者而言,非公司参与型 ADRs 常使股东们失去对公司的信任感,不利于培养公司与股东之间的关系。

公司参与型 ADRs 指发行公司直接参与 ADR5 的发行,由其与存托银行签订"存托协议",明确双方的权利和义务关系。与非公司参与型 ADRs 相比,公司参与型 ADRs 一方面使发行公司直接参与美国股票市场,为其今后可能在美国市场筹资作准备。另一方面,明确表达了发行公司对美国投资者的承诺,提高公司在境外投资者的形象和知名度,从而赢得海外股东的信任,加强公司与股东的交流和联系。目前,几乎所有的公司都直接参与美国存托凭证的建立。下面介绍的存托凭证都是公司参与型 ADRs。

公司参与型 ADRs 有以下几种类型:一级 ADRs、二级 ADRs 和三级 ADRs,其中三级 ADRs 又包括:公募形式的 ADRs 和私募形式的 ADRs。

(二) 美国存托凭证的特点

1. 一级 ADR 的特点:一级 ADRs 是外国公司进入美国资本市场的最简单途径。一级 ADRs 不能在美国公开发行和上市,只能在美国柜台市场(OTC),又称场外市场进行交易。柜台市场是通过买方和卖方之间的电话和电脑协议来作交易的。建立一级 ADRs 时,发行公司只需向 SEC 呈交 F-6 注册表,F-6 表格是一份简单的 ADRs 注册声明,内容包括公司保证将发给本国股东的或在本国市场上公告的消息以英文全文或摘要提供给 SEC,并保证持续向 SEC 提供上述信息。

2. 二级 ADRs 的特点。二级 ADRs 不能在美国公开发行,但可以在纽约证券交易所(NYSE)、美国证券交易所(AMEx)或全美证券商自动报价系统(NASDAQ)上市。公司发行二级 ADRs 时,除了向 SEC 提交 F-6 表格外,每年还须向 SEC 填报 F-20 表格,该表格的内容包括公司的业务说明、财务状况、经营情况和财务报表等材料。财务报表必须按美国一般公认的会计准则(GAAP)制作。

一级 ADRs 和二级 ADRs 仅促使公司股票在美国流通,而不能发行新股票,不具有进一步筹资功能。

3. 三级 ADRs 的特点。三级 ADRs 允许公司增发新股票。在公募 ADRs 方案下,公司向美国投资者公开发行以 ADRs 表示的股票 G 由于公司直接面向美国大众投资者发行股票,故必须严格遵守美国《1933 年证券法和 1934 年证券交易法》。

五、我国企业发行美国存托凭证的选择

美国证券存托凭证为我国企业进入美国资本市场提供一条新型的途径。在过去的几年中,我国相继有一些企业分别采用不同级别的 ADRs 在美国发行或上市,取得一定成功。例如,华能国际采用公募形式的 ADRs 在美国公开发行上市,筹集到大量的资金;上海石化、马鞍山钢铁、仪征化纤等企业则在发行 H 股同时,在 H 股中分出一定数量的股份在美国或欧洲市场以私募形式建立 ADRs,成功地在全球筹资。有些已经发行 B 股的公司,其发行的 B 股除在国内证券市场流通外,还在美国建立一级 ADRs,扩大公司现有股东队伍,如氯碱化工、陆家嘴、深圳房地产、上海轮胎橡胶等等。

一家公司采取何种形式的 ADRs 进入美国资本市场,需要考虑的因素很多,主要有:

1. 公司的竞争地位和融资战略目标。公司内部的价值周期是围绕竞争地位展开的,竞争地位决定公司在外部市场上的筹资能力和筹资途径的选择。每一家公司都希望自身的价值周期朝着正循环方向发展,使公司的地位不断得到巩固或加强,因此,公司在选择 ADRs 进入美国资本市场时,应充分考虑公司的竞争地位和融资战略目标。

2. 各级 ADRs 的优缺点。一级 ADRs 是美国存托凭证中发展最快的部分,其交易占目前交易 ADRs 品种的 70% 以上。这主要是因为一级 ADRs 的发行无需增加很多额外的工作就能使公司现有的股票在美国市场一定范围内流通,大大扩大现有股东基础,有利于公司股票二级市场的稳定表现;此外,建立一级 ADRs 的成本很低,手续简单。目前,由于我国人民币不能自由兑换,境外投资者不能进入 A 股市场,因此发行一级 ADRs 仅限于 B 股上市公司。二级 ADRs 可以在美国全国性的证券交易所上市,极大提高公司知名度,为公司将来在美国资本市场的直接筹资创造良好条件;同时由于股东基础的扩大化,有利于提高公司经营管理水平。为公司国际化经营迈出关键性的一步。相对而言,美国证券交易管理委员会对公司的上市也有更多的要求。非美国公司在美国公开发行股票后,一般以 ADRs 形式挂牌上市,发行公募 ADRs 程序与企业境外上市融资的程序接近,成本也较高,国家极力推荐资金需求大、投资回收期长的基础设施和能源交通行业(如航空运输业和发电厂等)中有条件的企业发行公募形式的 ADRs。私募形式的 ADRs 一般在公司发行外资股(如 H 股)的同时划出一定比例的股份配售给美国合格的机构投资者,这样既省去向 sEc 注册登记的手续,又能让美国的投资者充分了解公司的基本情况,激起他们的投资兴趣。使公司在尽可能短的时间内筹集到更多的资金。

3. 美国各证券交易所对公司的不同要求。美国全国性证券交易所主要有三家:纽约证券交易所、美国证券交易听和全美证券商自动报价系统(NAsDAQ),不同的交易场所对上市公司有不同的要求,具体要求上文已述及,这里不再重复。

此外,上市费用也是我国公司选择 ADRs 时必须考虑的重要因素。上市费用包括初始费用和年度费用。美国3个主要交易所的上市费用不同,纽约证券交易所费用最高,全美证券商自动报价系统费用则较低。

4.2.4 境外借壳上市

境外借壳上市有两种形式:境外买壳上市和境外造壳上市。

一、境外买壳上市

(一)境外买壳上市的利弊分析

境外买壳上市是指国内企业买进一家已在境外挂牌上市的公司部分或全部股权以取得对该上市公司的控股地位,利用该上市公司在国际资本市场上筹措资金,逐渐注入国内企业的资产,不断扩展上市公司规模,从而实现国内企业境外间接上市的目的。我国企业境外买壳上市的有利之处是显而易见的。第一,境外买壳上市避开国内有关法规的限制。目前,我国企业境外上市或发行B股的规模仍由国家统一制定和安排,企业除了要符合有关条例规定外,还要获得有关政府部门的批准。而境外买壳上市不涉及国内企业直接发行股票和上市的问题,一般较易获得政府批准,而且政府的审批时间要少得多。第二,可以绕开境外市场对新上市公司的严格要求。国际上几乎每一个证券市场对公司发行股票和上市都有严格的要求,公司的营业记录、资产规模、获利水平等方面要达到一定条件时才能发行上市,同时,公司实现发行上市的过程也相当复杂。境外买壳上市可使企业避开了这方面限制,较快取得间接上市地位。对于那些经营时间不长,经营国际化并具备一定实力的国内企业来讲,境外买壳上市无疑是一种走向国际资本市场的捷径。第三,利用境外上市公司(简称"壳公司")的地位,有选择地注入国内企业的资产;或通过壳公司的上市地位筹集资金,解决海外投资资金不足的问题。国内企业一旦取得境外上市公司的控股地位,可以在合适的时机逐渐注入国内企业的资产,不断扩展上市公司的规模,使国内企业逐步在海外树立良好的形象和提高知名度。另外,国内企业海外投资碰到的主要问题是资金不足,上市公司是国内企业走向国际资本市场的有益窗口,在这方面较为成功的例子是中信泰富,后面将专门讨论。第四,避开一般的贸易管制,有效开拓境外市场。当今国际市场的争夺竞争越来越激烈,各种贸易保护主义不断抬头,直接出口有时会受到他国市场的各种贸易管制。境外买壳上市使国内企业在境外拥有下属控股企业,有效避开境外市场的贸易壁垒,拓展出口市场,同时又可通过境外上市公司取得该国(或地区)的商业信息和交流先进技术,使国内企业的生产经营水平得到提高。

境外买壳上市的不足之处表现为:第一,选择一家合适的境外上市公司很难。全面了解一家上市公司的情况是很难的,壳公司选择不当将很难使收购企业获得境外间接上市的有利地位。经营业绩各方面都很好的上市公司,其股价一般较高,企业收购成本高,而且可能引起上市公司的反收购;而一家表现不好的上市公司,收购成本较低,但上市公司的包袱及存在的问题较多。收购后,企业必须对其进行业务调整。但是,中国香港和美国等地的证券交易所规定,如果收购行为引起被收购的上市公司在资产、业务性质和管理层等方面出现较大变化的话,被收购公司将视为新上市公司。第二,国内企业须筹集大笔资金以完成收购。收购一家境外上市公司需要一大笔资金,因此,买壳上市对于那些急需资金的国内企业来说是不太现实的。第三,收购过程需投入一定的精力和财力,以后的资产注入也要花费相当的精力。

(二) 境外买壳上市涉及的主要步骤

1. 了解境外市场收购上市公司有关的协议和主管部门。为了保护中小股东利益,维护证券市场的健康发展,确保上市公司的股份可以在公正、合理及资料公开的市场进行交易,各国(或地区)对收购上市公司的一般原则作了规定,国内企业到境外收购壳公司之前,应仔细研究这些规定,以便收购行为合法化。并在整个收购过程中处于主动地位以较低的成本成功完成收购行动。各个证券市场对收购上市公司的规定不尽相同。以香港市场为例,收购上市公司受香港联交所和香港证券及期货事务监察委员会监管,涉及的规定很多。规定收购的一般原则,主要有:当一方取得一家上市公司35%及以上投票权时,或一方已持有一家上市公司35%~50%的投票权时,若其在几个月内增加超过5%的投票权时,必须向所有其他股东作出全面收购;涉及收购条件的资料应向所有股东公开,让全体股东有足够的时间作出有根据的决定;上市公司董事会一接到收购建议,应立即聘请有能力的独立财务顾问,帮助分析该项收购是否公平和不损害全体股东利益。收购期间,若收购方以高于收购价的价格购入被收购公司的股份,收购方必须将收购价格提高至相应水平,等等。

2. 了解上市公司所在国的投资环境和市场情况。企业境外买壳上市的,一个重要动力是利用境外上市公司的窗口作用筹集国际资金,及将国内企业的资产不断注入到上市公司以开拓国外市场。因此,一国的投资环境和相关市场的发展情况直接影响到国内企业能否顺利实现最初的收购目标。

3. 详细调查上市公司的基本情况。壳公司的好坏是体现国内企业境外上市成功与否的关键。国内企业除了要研究上述大前提外,还需认真解剖上市公司的现状、发展前景、竞争优势、所在行业、商品(或服务)市场表现、证券市场表现以及财务状况等方面内容。以利于企业更好地利用买壳上市的机会,提高国内企业和上市公司的经济效益。一般而言,规模小,业务较为稳定,市场流通较少。股权分散,总市值较低的上市公司是理想的收购对象。

4. 选择合适的收购时机。股票市场低迷时,股价往往较低,收购成本低;当股票行情高涨时,同一家公司的股价可能会高出股市低迷时股价一倍甚至更多,在这种情况下,收购成本也将成倍增加。

5. 向上市公司注入国内企业的资产。成功收购一家境外上市公司后,企业可着手将国内业务中发展前景看好而又急需资金的部分注入到上市公司,利用上市公司的地位在境外资本市场筹措资金以满足业务开展的资金需求和实现境外间接上市。

二、境外造壳上市

（一）境外造壳上市的利弊分析

境外造壳上市是指国内企业在境外独资或合资设立一家控股公司,然后以控股公司名义申请在境外市场上市,并将筹集来的资金投入到国内企业,从而实现国内企业通过境外的控股公司境外间接上市筹资目的。境外造壳上市的好处在于：第一,国内企业通过国外注册控股公司,避免公司受境外有关法规管辖,利用境外的会计制度,在境外市场申请上市较易获得批准。第二,大大提高壳公司的知名度。在股票发行和上市过程中,壳公司需要作大量的宣传和推介活动,这可以大大提高公司在上市市场的知名度和影响。对公司的经营和市场开拓具有积极的意义。第三,不必承担买壳的成本和风险。在买壳方式下,选择一家合适的壳公司是相当困难的,若壳公司选择不当,对收购公司来讲不但要支付一笔不小的收购成本,而且可能带来一定的风险。造壳上市不存在这方面担心。第四,可以获得较为广泛的股东基础,对壳公司的生产经营、管理和市场开拓都有益处。此外,与买壳上市一样,造壳上市可以免去国内有关部门繁琐的审批手续。

境外借壳上市的最大缺点是从境外设立控股公司到最终发行上市要经历数年时间。这个时间包括两方面：一方面,境外上市地对公司上市的经营时间要求。一般而言,境外证券部门不会批准一家新设立的公司发行股票并上市,往往要求公司具有一定时间的营业记录,才可批准其发行股票上市,如中国香港、美国、英国和日本等地的证券交易所一般都要求上市公司具有连续3年的营业记录。另一方面,境外造壳上市要求国内企业先拿出一笔外汇或其他资产到境外注册设立公司,这与目前大多数国内企业急需资金的现状相背离。

（二）境外造壳上市应注意的问题

第一,境外壳公司要达到对国内企业的控股地位,其持股比例一般要在30%以上,有时甚至要高达51%。持股比例太低了,达不到对国内企业的控股要求。持股比例越高,国内企业在设立境外控股公司时提供的资产就要相应增加,若持股比例高达100%,则国内企业实质上成为一家境外壳公司的全资子公司。境外壳公司的设立发起人一般是原国内企业的控股股东,设立壳公司时可以邀请外商参股,但外商的出资比重不能达到对壳公司的控股地位,否则将造成外商控制壳公司进而控制国内企业。例如,1991年初,中国金融教育基金会(属于中国人民银行的非营利性机构)下属的香港华晨集团有限公司与沈阳金杯汽车股份有限公司合资建立沈阳金杯客车制造有限公司。1993年初,中国金融教育基金会又出资在百慕大注册成立华晨中国汽车控股股份有限公司,该公司通过收购方式实现对沈阳金杯客车制造有限公司51%的控股。随后,华晨中国汽车控股股份有限公司在纽约证券交易所成功上市,公开招股筹集资金7 200万美元,根据百慕大群岛和美国的法律,其只能将发售股票筹集的资金投入到它唯一的资产所在地,即沈阳金杯客车制造有限公司,这样,实际上沈阳金杯客车制造有限公司实现境外"造壳上市"。

第二,买卖上市还是造壳上市均要求国内企业先支付一笔现金或其他资产用于收购境外上市公司或在境外注册公司并上市,只有境外的壳公司具备了上市地位后,国内企业才可以通过间接上市达到筹资的目的。

第三,国内企业境外买壳上市或造壳上市均无需遵守严格的信息披露要求。国内企业直接在国外上市必须按上市的要求定期披露财务报告及其他重要信息,并要为此支付一笔不小的费用,而境外借壳上市的国内企业不直接上市,可以省去这方面的开支。

4.3 国际债券融资

4.3.1 国际债券市场和品种

国际债券(International Bond)是借款人为筹集外币资金在国外金融市场上发行的以国外货币为面值的债券,它是一种证明债权债务关系的凭证,表明资金出借人对资金借入者有收回所贷资金的权利,资金借入者到期有偿还所借资金本息的义务。

国际债券市场由国际债券的发行者和投资者组成。包括国际债券的发行市场和流通市场。国际债券发行市场进行新债券的发行和认购,而国际债券的流通市场则是已发行债券的交易场所。世界上重要的国际债券市场分布于伦敦、纽约、东京、法兰克福、瑞士、卢森堡等。

国际债券的种类有:

一、按是否以发行地所在国货币分

按债券面值货币与发行所在国货币的关系分类,国际债券可分成两类:即外国债券与欧洲债券。

外国债券(Foreign Bond)是外国借款人在一国的金融市场上通过该国的金融机构发行的以该国货币为面额并主要由该国居民购买的债券。外国债券的发行和担保由发行所在国的证券机构承担,并在该国主要市场上推销。发行外国债券必须得到发行所在国证券管理机构的同意,并受到该国法规的管辖。在美国发行的外国债券称"扬基债券",在日本发行的外国债券称"武士债券",在英国发行的外国债券称为"猛犬债券"。

欧洲债券(Eurobonds)则是在债券面值货币国家以外的其他国家或地区的金融市场上,或该国的离岸金融市场发行的债券。例如,中国公司在英国资本市场上发行的以美元为计价货币的债券。欧洲债券最初出现在欧洲,目前已经不局限于地理意义上的欧洲范畴。欧洲债券既不受债券发行国金融监管部门的管制,也不受债券发行人所在国家金融监管部门的管制,欧洲债券的利息是免税的。由于欧洲债券的发行手续简便、费用低廉,许多资金需求者都乐于选择欧洲债券作为筹集外币资金的主要方式,目前,欧洲债券的发行量已超过了外国债券的发行量。

下面简述欧洲债券市场的发展情况。

第二次世界大战以后,重建欧洲经济需要大量资金,纽约曾为外国借款者提供了良好渠道。由于美国 1933 年《证券和交易法》对非政府机构的证券发行要求提供详细的材料,阻碍了公司借款者的债券发行,因而当时主要的借款者是政府机构。当时,美国的低利率使美元流向国外,国际收支恶化。对此,美国当局采取了控制长期资本流出的政策,即在 1964 年 9 月 2 日颁布《利息平衡税》(Interest Equalization Tax)。从此,国际长期资本筹措市场逐渐移到欧洲美元债券市场。

利息平衡税是美国居民购买美国资本市场上发行的外国债券或外国企业的股票时被征收的税,征税对象是美国居民。但利息平衡税实际上是对发行债券征税。该税种导致发行者在美国的借款成本上升,达到与欧洲借款成本相等的水平。因为该税种使美国的低利率上升到欧洲的较高利率的同等水平,所以称之为利息平衡税。但购买国际机构(世界银行等)、加拿大、墨西哥以及一部分发展中国家发行的债券不属于征税的对象。

最早的欧洲美元债券是 1963 年 7 月 1 日由意大利的高速公路国营公司(Autostrade)发行的。此项为期 15 年的 1500 万美元的债券发行具备了欧洲债券的基本特点,即由两个以上的欧洲国家组成经理银行团,以美元计价,向各国投资者推销。

在美国,除了利息平衡税以外,1965 年 2 月 10 日颁布的《自愿限制贷款计划》(Voluntary Restraint Programme),限制美国银行对外国人扩大信贷额度。1968 年 1 月成立的外国直接投资局(The Office of Foreign Direct Investment,简称 OFDI)又对美国公司的对外直接投资实行强制性管制。所有这些限制资本外流的措施,迫使大量美国的和外国的跨国公司转向欧洲货币市场。到了 1974 年,利息平衡税降为零,也取消了 OFDI 的强制性管制。所以当时许多人认为欧洲债券市场将趋于萎缩,但实际上,除了 1974 年因第一次石油冲击使国际债券市场上的债券发行急剧减少外。欧洲债券市场每年的发行量一直在上升:1963 年为 1.49 亿美元,1973 年为 37 亿美元,1975 年增加到 83 亿美元,而 1976 年比 1975 年翻了一番,达到 152 亿美元,1983 年新发行的欧洲债券为 470 亿美元。

在 1984 年之前,欧洲债券市场极少受到政府当局的干预。但在 1984 年,美国、德国和英国相继取消非常居住者持有的国内债券征收的利息税,这对欧洲债券市场活动产生较大影响。因为大约 77% 的欧洲市场债券发行是以美元计价的,而且欧洲债券的主要吸引力在于其无利息税。然而,1984 年欧洲债券的发行量还是增加 1 倍左右,达 800 亿美元。之后,德国和日本金融市场的自由化及放松限制使得欧洲债券发行量继续大量增加,

1985年为1 375亿美元,1986年达1 920亿美元,1992年为2 761亿美元,1996年达5 916亿美元。

二、按发行方式分

1. 按发行方式分,国际债券可分为公募债券和私募债券。公募债券(Public Offering Bond),是指在证券市场上公开发售的债券。

2. 私募债券(Private Placement Bond),是指向特定投资者发行的债券,不能上市交易转让。

三、按利率方式分

按税率方式分,国际债券可分为固定利率债券、浮动利率债券、无票息债券。

1. 固定利率债券(Fixed Rate Bond),是指在发行债券时就将债券的息票率固定下来的债券。

2. 浮动利率债券(Floating Rate Bond),是指债券息票率根据国际市场利率波动的债券。

3. 无息票债券,是指不附息票,不逐年支付利息,到期一次性支付本息的债券。一般以贴现方式发行,如只按票面金额50%~60%价格出售,到期按票面值还款。它对投资者的吸引力在于其收益事先确定,没有重新投资风险,而且在税收上具有优势,可以逃避某些国家征收的利息所得税。

四、按可转换性分

按可转换性分,国际债券可分为如下四种。

1. 直接债券(Straight Bond),这是指传统的债券,有固定利息息票和到期日。在利息率相对稳定的情况下是比较通行的,但是当利息率不断发生较大变化时它的发行就会受到影响。

2. 可转换债券(Convertible Bond,C/B),投资者有权把对债券发行者的债权转换成股权。这种债券具有普通债券的优点,只是利率较低,反映转换选择权(Conversion Option)的价值。

3. 附有新股认购权债券(Bond with Warrant,或附有认购证债券 B/W),是指只能获得购买企业股票权利的债券。

4. 可转让贷款证券(Transferable Loan Securifice),这种证券记载了借款、条件等信息。将这种可转让贷款证券售与贷款银行即可获得贷款。

五、按发行货币分

按发行货币分,国际债券可分为单一货币债券、双重货币债券。

1. 单一货币债券,是指通常只涉及一种货币的债券。

2. 双重货币债券,是指涉及两种货币的债券。发行和付息时采用一种货币,但是还本时采用另一种货币。汇率在发行债券时事先确定。

4.3.2 国际债券的发行

4.3.2.1 国际债券的发行资格

国际债券发行市场进入有严格的规则和管理制度。国际债券资格的审查权归资本市场的管理委员会或证券交易委员会。通常对发行人的资格审查有以下要求：

一、资格审查要求

1. 担保证书。发行债券要有政府、大企业或银行出具的保证书。
2. 债信审查。审查发行人在历史上的发行记录。
3. 发行经验。国际债券市场规定发行人必须了解债券市场的各项规则和发行程序等相关的国际金融知识、经验和技术。
4. 上次发行债券的时间。通常规定发行者在1年中不得发行2~3次。
5. 评定信用等级。证券发行人的资信等级评定对于证券发行,特别是对于新证券的发行有着十分重要的意义。已经上市的证券对投资者是否有吸引力,新证券的发行能否获批准上市,都要视发行人资信等级评定结果而定。获得越高资信等级的发行者将能以越低的费用筹措到所需资金。

二、资信评级机构

成立较早的资信评级机构,在美国有巴布逊商业服务公社、摩根投资服务公司等。它们按照证券发行者资信情况高低的不同,列出不同的等级。评级机构一般考察发行者下列三个方面的情况：

1. 违约的可能性(Likelihood of Default),即发行者按照债券契约规定的条件,准时支付利息和偿还本金的能力或意愿。这里要考察相关的国家风险、发行机构管理层的经营能力、该发行者在本国的地位、发行者的产业前景、发行者的经营状况和市场地位、发行者的财务状况等方面。
2. 债券发行是否为第三者所担保。
3. 破产法或其他法令在发行者破产、重组或其他安排时能否保护投资者的权利。

目前国际公认的资信评定机构有：美国的穆迪投资服务公司(Moody's Investor's Service)、标准—普尔公司(Standard & Pool's Corporation);加拿大的债务级别服务公司;英国的艾克斯特尔统计用务公司;日本的日本社团债务研究所。

资信评级机构都是独立的私人或民间机构(如上海远东资信评估公司也是民间机构),不受政府控制,同证券交易所亦无关系。这些资信评级机构所评定的证券等级都受到公众的重视和投资者的信任,并且为证券发行人所接受,这主要是因为这些评级机构对资信评级比较正规,采取比较科学的分析技术,并且积累了比较丰富的实践经验。但资信评级机构对投资者来说只负有道义上的义务,而无法律上的责任。表13-1是标准—普尔公司债券信用评级表;表13-2是穆迪投资服务公司长期债券资信评级表。

表13-1
标准—普尔公司债券信用评级表

等级	说明	备注
AAA	最高级	还本付息能力最强,投资风险最低
AA	高级	还本付息能力很强,保证程度低于、投资风险略高于AAA级
A	上中级	还本付息能力较强,可能受环境和经济条件的不利影响
BBB	中级	还本付息能力足够,环境和经济条件不利变化可能导致偿付能力削弱
BB	中下级	还本付息能力有限,具有一定的投资风险
B	投机级	风险较高
CCC	完全投机级	风险很高
CC	最大投机级	风险最高
C	低级债券	一般表示未能付息的收益债券,规定盈利时付息但未能盈利付息
D	违约债券	违约,但尚有一些残余价值

表13-2
穆迪投资服务公司长期债券资信评级表

等级	说明	备注
Aaa	最高质量	投资风险小,偿还本金保险程度最大,任何可预见的变化不会损害它的发行地位
Aa	高质量	保险系数略低于Aaa级,长期风险因素也大于Aaa级
A	中上等级	有很多有利于投资者的特点,有足够因素保证本息安全,但存在对偿还本息能力产生怀疑的因素
Baa	中等级	有一定程度的风险,当前保证利息的因素是足够的,但从稍长远一点看缺少一些保护性因素,带有某些投机性质
Ba	投机性因素	不能认为将来是有保证的,对本息的保护有限
B	不值得投资	还本付息或履行合同的其他条件保证很小
Caa	可能违约	有危及本息安全的因素
Ca	高度投机性	经常违约,有明显缺点
C	最低级	前途无望,根本不能用来作真正的投资

注:穆迪公司关于长期债券资信评级的三等九级可以划分为两大类:Aaa~Baa为投资级;Ba以下为投机级,存在不肯定因素。

4.3.2.2 国际债券的发行条件

一、对发行额的要求

一般是根据发行者对资金的需求情况,并结合发行时的市场情况、发行者的资格、资信情况,以及债券的种类等各种因素进行全面衡量后确定债券发行额。如果发行额定得不恰当,对债券的销售及市场价格都会带来一定的影响。

在20世纪70年代初,一种欧洲债券的发行量平均为2000万～5000万美元。现在每种固定利率债券的发行量一般在1亿美元以上。浮动利率的债券,也类似。相对地,可转换债券与附认购权债券的发行量较小,发行量在1亿美元就已经很大了。

二、对偿还期限的要求

债券偿还期限通常与债券发行者的用款需要和投资计划、外债期限结构和偿还计划相适应。但是也需要结合国际惯例、市场情况、资金供求以及投资者的意向等统筹考虑。目前国际债券市场上固定利率债券和浮动利率债券一般的偿还期限为5～8年。可转换债券的偿还期限为10～15年。可转换债券转换成股票后,债券余额会减少,所以其偿还期长短关系不大。

三、对币种的要求

这主要有三个方面的因素需要考虑:

1. 汇率波动风险。它直接关系到债券成本。例如日元对美元汇率从1985年9月的1美元兑换242日元上升到1986年5月的1美元兑160日元,升幅达50%以上,即使日元利率降低,也难以抵补汇率的上浮。

2. 发行债券取得的货币应与投资项目使用的货币保持一致。

3. 市场情况及发展趋势。一般说来,发行软币债券对发行者有利,但也要结合相关情况考虑。

四、对债券利率的要求

债券利率的高低与债券发行者的资信程度密切相关。

欧洲债券市场的息票为退后支付。利息计算基础为1年360天,1个月30天。可转换债券1年付息一次,有些可转换债券每半年付息一次。浮动利率债券每3个月或每6个月根据有关市场银行同业拆放利率,或美国市场优惠利率加一定的加息率调整一次,调整前付清上一期的利息。

五、对债券期限的要求

这部分内容同样也要结合具体的项目来考虑。

六、对偿还方式的要求

欧洲债券可以到期偿还,也可以期中偿还。债券发行者在债务期满时一次还清债券本金的偿还方式为期满偿还。期中偿还是指在规定的最终偿还期之前偿还,它又可分为定期还、任意偿还和回购。

1. 定期偿还(Mandatory Redemption)。定期偿还又称强制偿还,即按照协议经过宽限期之后,每半年或1年偿还一定的金额,直至期满时还清余额的方式。该条款可减少债券的平均寿命,使其更吸引投资者,从而支持二级市场的价格。年限在7年以上的债券,通常采取定期偿还。定期偿还包括抽签偿还和买入注销两种方式。在这两种方式中采取何者较为适宜,取决于债券的市场情况。一般说来,当债券市场价格看涨,高于票面价格时采取"抽签偿还"较为适宜;而当债券的市价低于票面价格时,采取"买入注销"比较合适。

美国更多地采用偿债基金制(Sinking Funds)。债券发行人定期将一定金额存放于信托银行或财务代理人处,作为偿还基金,专为偿还债券之用。偿债基金与定期偿还有所不同,它不限于在一定时期内偿还一定的金额。

2. 任意偿还(Optional Redemption)。任意偿还又称可选择性偿还,分发行者任意偿还与持有者任意偿还两种。

(1) 发行者任意偿还,就是当债券的宽限期过后、到期之前,发行者有选择地偿还其债券的全部或一部分。这种方式对债券发行者有利,对投资者不利,特别是当市场利率下降和债券行市上升的时候。因此在实行任意偿还赎回全部或一部分债券时,付给的"赎回标价"(Call Price)要加上一定的补贴,对投资者进行补偿。

(2) 持有者任意偿还,就是债券持有者有权在到期之前的确定时间,要求发行者索回其债券,许多长期浮动利率债券赋予持有者的这种权利,使得某些有投资限期的投资者,如中央银行,能够购买这种债券。

(3) 回购(Purchase in the Market)。回购是指债券发行者直接从二级市场将已经发行的债券买回,以注销其债务。回购一般是由发行者与市场当局或债券持有者按照双方共同协商同意的价格购回的,因此这种协议和价格具有相互谅解的基础。

七、对发行价格的要求

债券发行价格有三种不同的定价法。

1. 平价发行(At Par)。例如,票面金额为1 000美元的欧洲美元债券,按平价发行,发行价与票面金额相等,即发行价为1 000美元。

2. 折价发行(Under Par)。例如,票面金额为1 000美元的债券,而发行价格却为990美元,发行价比票面金额低,即按票面金额的99%发行。

3. 溢价发行(Over Par)。例如,票面金额为1 000美元的债券,按1 010美元的价格发行,即按票面金额的101%发行。

债券发行价格的调整,目的在于平衡票面利率与认购收益率间的差距。浮动利率债券一般按平价发行。

八、对发行费用的要求

做好发行债券的成本核算是考核利用外资经济效益的基础。通过核算,以便在不同货币、不同方式、不同市场发行债券的比较方案中,作出较佳的选择。国际债券成本由三个部分构成,即利率、费用、汇率风险。

国际债券费用包括:最初费用、中间费用、还本手续费用等。费率计算与借款平均使用年限有关。按债券发行的结构划分,费用可分为以下几种:

1. 结构性费用。它包括:

(1) 经理费。借款者付给经理团的费用。

(2) 包销费。借款者付给经理行和包销商的费用。

(3) 销售推销费。借款者付给经理团、包销商与销售团的推销债券的费用。可转让欧洲债券的结构性费用一般为 2.5%,其中经理费 0.5%,包销费 0.5%,销售费 1.5%。

2. 各种支出。它包括律师费、挂牌上市费、印刷费、担保费及杂费等。

3. 还本付息手续费。

4. 受托银行手续费。它包括印刷协议费、印刷债券费、旅差费(签订协议用)等。

5. 债券和息票验证费。

6. 每年的管理成本。

九、对选择发行市场的要求

目前,主要国际债券市场是纽约、法兰克福、苏黎世和东京,它们各有特色。

欧洲债券市场是第二次世界大战以后兴起的新型国际债券市场。它的特点是对发行的货币、债券形式,特别是对新型债券,可以自由选择,不受市场所在国有关法令的管制,亦无须主管部门批准。它的交易活动主要在伦敦、卢森堡等地。

十、对选择发行方式的要求

各债券市场的发行方式各有其惯例和规定,特别是欧洲债券市场不断推出新的方式,值得认真研究、比较和运用。

十一、对选择发行时机的要求

债券的发行价格是在发行市场(初级市场)由债券发行者和承购人根据债券条件商定的。但债券进入流通市场(二级市场)上市交易后,其市场价格则是根据当时市场情况确定的,因此债券的市场价格和发行价格可能出现较大的差异。正确掌握发行时机往往是促成债券顺利发行的因素之一。

4.3.2.3 国际债券的发行涉及的主要文件

涉及的主要文件有:

1. 有价证券申报书。是指债券发行者向管理机构递交的发行债券申请书。

2. 发行说明书。它记载投资者在决定购买债券时所需要的资料,其主要内容为债券的主要条款与发行人、担保人的财务情况等债券上市交易信息或对投资者所应公布的信息。因此,对发行者来说,它也是在债券市场上宣传本企业的极好途径。

发行人对发行说明书内容的真实性负责。牵头银行及其律师参与编制发行说明书的全过程,并保证发行说明书的精确性。发行说书是法律规定的必要文件,其具体内容往往根据各次发行情况不同而不同。就典型情况而言，发行说明书一般要包括以下各项：

（1）第一页记载发行的货币类别、发行额、发行者名称、利率、偿还期限、担保人、发行价格、票面金额、交易所名称以及牵头经理人和副经理人的名称。

（2）第二页为责任性文字。

（3）正文。正文包括以下内容：

第一，债券的主要条款。其详细介绍债券的法律与市场条款，如价格、偿还方式，以及不可抗力事件与违约条款等。尽管这些内容有时在信托契约或财务代理人协议中有更具体的说明，但投资者还是能从发行说明书中找到他们所需要的有关这方面的信息。

第二，关于发行债券所筹得的资金将如何使用的说明。

第三，发行者概况。介绍借款者的发展历史，经营活动情况，包括发行人的资本状况、资产负债表、收益情况表等等，提供有关董事会成员与高级经理人员的详细个人材料。

第四，发行者的财务情况和业务成绩。

第五，债券的承购包销和销售安排。

第六，其他一般信息。包括：谁将对债券和担保的有效性发表法律评估，将聘请哪位律师或法律服务公司来处理有关的法律问题，财务报表由哪些会计进行准备，发行人的各项文件经何处审计，关于发行说明书中有没有遗漏掉有重要意义的事实的声明，关于债券已被"欧洲清算系统"接受进行清算的声明，关于税务问题等等。

各种市场对情报公开程度的要求不同，以下按公开程序排列：

1. 发行美国的扬基债券的要求。发行说明书要求按照美国的证券交易委员会要求的式样编制，公开程度最高。

2. 发行欧洲美元债券的要求。按交易所要求编制。

3. 发行瑞士法郎债券的要求。只需要简单的发行说明书。

如果某家机构将发行在伦敦股票交易所挂牌上市的债券，而其已有股票或债券在该交易所上市，则只需准备该交易所的"艾克斯特尔卡"（Extel Card）介绍所发债券情况、资本状况、董事会成员的详细情况，债券的承购包销安排等信息。如果发行者为政府及政府机构，那么就免去资本状况及董事会成员材料两项。

卢森堡股票交易所对于公开程度的要求取决于借款者是否为欧洲共同体成员国的政府、政府机构或企业。美国公司发行债券时只需该公司提供给美国证券交易委员会的材料。

尽管股票交易所对于发行说明书的内容要求日趋灵活，但牵头经理人必须考虑借款人的足够公开性问题。因为如果投资者由于发行说明书的错误介绍蒙受损失，除了发行者，参与编制的经理团也要负责。为了避免这种潜在的风险，经理团应采取如下措施：

1. 在发行说明书的条款中声明，起因于发行说明书的一切损失均由发行企业负责。

2. 该发行企业的会计师附上会计师致证券包销商工作完成通知书（Comfort

Letter),声明证券销售书中的数据没有错误。

3. 发行人与包销团之间签订的合同称为原始包销协议。按此包销协议,包销经理团同意承担包销责任,发行人同意发行债券。包销协议的主要内容有:

(1) 关于发行债券提议的概述。它载明,发行人提议在某一确定的日期发行一笔经过担保的,规定了总金额、面值和利率的债券,以及发行时的若干其他条件,如债券不记名等。

(2) 发行人同意发行该笔债券而且承购、包销的经理行同意在确定的日期,按某一特定的价格,将债券提供给销售集团(银行、经纪人、中间商等)。承购包销商还承诺对销售集团未予购买的债券部分支付款项。这种方式称为连带包销(Jointly and Severally),是一种英国方式。美国方式是分别包销(Severally)。协议中还应当介绍承购包销商与销售集团订立销售协议的内容,以及在协议中经理行所作承诺的作用。

(3) 承购包销的结账日期以及把资金支付给发行人的条件。

(4) 发行人和担保人(如有的话)承诺将签订"付息代理协议"和"传统契约"。

(5) 发行人承诺将支付一定金额的管理费和经理行一笔费用用于支付承购包销佣金。

(6) 约定由谁支付与债券发行和资金交割有关的印花税或其他各项捐税以及具体的执行办法。确定印制债券、"艾克斯特卡"和其他文件费用的支付,发行人通常还应承诺支付给承购包销经理行有关用于法律事务、宣传广告、邮政等费用。

(7) 发行人声明其财务报表已遵守了普遍接受的会计准则,其内容与"艾克斯特尔卡"上所载的内容没有实质性的变动。发行人还要声明,已被批准进行债券的发行工作,其举动不牵涉到任何非法行为,并且没有发生过违约事件。担保人则要发表内容与此相类似的声明。

(8) 签订债券在某一特定的证券交易所上市的协议,并规定由谁支付上市费(一般由发行人承担)。

(9) 在发行完成以及在执行付息代理机构协议和债券上市之前,各方所必须遵守的条件。

(10) 发行人和担保人声明,对承购包销的经理行或任何其他人,不承担任何责任。

(11) 规定赔偿条款。发行人和担保人同意赔偿由于错误的陈述或违反授权而给经理行带来的损失。经理行则承诺赔偿因未经授权而提供内情或因其他违约而给发行人带来的损失。

(12) 经理行为稳定债券价格而采取的任何行动,由自己承担风险并自负财务损失。

(13) 经理行中止本协议的条件。

(14) 本协议的适用法律和司法管辖权。

4. 信托契约或财务代理协议。它是发行人(和担保人)同信托人或财务代理人之间的契约。它规定了发行机构、受托人和债权人三者之间的关系,记载债券发行的主要条款、当事的权利和义务。因此它是发行债券中最基本的合同。信托人作为债券契约的一方,负有保证发行人履行承诺、遵守合同的责任。当发行人违约时,信托人可采取适当的法律行动使契约的条款得到遵守,债券持有人的权利得到法律的保障。

信托契约的主要条款通常有:
(1) 债券的式样——债券票面式样及文字。
(2) 发行事项——发行额和发行程序。
(3) 债券的偿还。
(4) 发行机构的约定事项——本息的支付、支付代理人的设置和财务上的限制。
(5) 发行不偿还债券时的处置。
(6) 受托人的地位等。
(7) 其他一切有关债权人的事项。
5. 债券登记代理协议。这是债券发行者与登记代理机构签订的。
6. 债券支付代理协议。这是债券发行者与支付代理机构签订的。
7. 律师意见书。债券发行者和承销团各自的律师就与发行债券有关的法律问题达成一致以后,用书面材料的形式呈现。

4.3.2.4 国际债券的发行程序

虽然各个市场发行国际债券的程序以及当事人略有不同,但发行的基本步骤大致相同,即准备阶段,商量发行和选择经理证券公司等。通过董事会决议后宣布发行以及组织国际债券包销团。决定发行条件,签订合同,包销团向发行者交付债券款项,发行者向包销团交付债券。债券进入交易所交易,结算广告和发行的费用。

下面对在国际债券市场中规模最大的欧洲美元债券市场上发行普通债券的程序作一说明。

债券发行者在初步确定自己的发行目标和发行条件之后,开始进入债券市场。前面提到过,在进入欧洲债券市场时,首先向市场管理机构注册申请,经审查批准认可,取得欧洲债券的发行权。其次,要选定代理发行的投资银行或证券公司,进行实质性的谈判磋商。从开始谈判到债券发行上市,通常要几个月时间,在这个过程中,大体上要经历下面几个步骤:

1. 选定牵头经理行(Lead Manager)或称首席经理行。债券发行人首先要在与自己业务往来和关系较好的银行中,选定一家作牵头的经理银行,这一家银行一旦接受委托,便成为这笔债券整个发行工作的组织者。然后由其出面联系数家或数十家(视发行额大小而定),组成一个由牵头经理行和协助经理行(Co-manager)负责的经理团(Manager Group)。牵头经理行职责如下:

(1) 与发行人磋商和确定发行条件,准备有关文件。

（2）分配、认购、转卖债券。

（3）挑选、组织包销团、销售团。

（4）准备承购协议文件(Subcript on or Note Purchase Agreement)。

（5）认购款项的收付。

（6）负有在分发债券过程中采取行动以维持价格稳定的责任。

（7）办理上市手续。

债券发行人只与选定的牵头经理行接触，提出发行目标和条件。牵头经理行根据借款者的资信和市场情况提出代理发行和承销条件以及手续费比例。经过初步洽谈，在条件一致的情况下，债券发行人正式委托牵头经理行全权负责发行的组织工作。有条件充当牵头经理行的，多数是资力雄厚的大跨国银行或国际联合银行(International Consortium Bank)。

2. 组成包销团。由各个经理行根据牵头经理行的发起文件，分别向有关往来的金融机构发出邀请函，由愿意参加并承诺一定数量包销或推销该项债券的金融机构共同组成包销团，向经理团承购、转售债券。

3. 组成销售团，负责推销债券。

4. 在发行前，发行人要找到一家为经理团认可的担保单位，并签订担保契约。

5. 发行人和偿还代理机构之间签订代理人契约，由代理人向发行人收取本息，将款项支付给投资者。

6. 为保护债券持有者的利益，通常需由一受托银行管理债券。政府担保债券和金融债券则无需受托银行管理，代之以财务代理人管理，并兼主代付人管理。马克和瑞士法郎债券，则由主代付人兼受托人管理。

7. 欧洲债券的出售与上市。欧洲债券通过各金融中心内各金融机构（主要为银行）的交易柜台销售，这些金融中心包括伦敦、布鲁塞尔、杜塞尔多夫、法兰克福、卢森堡、纽约、巴黎、日内瓦、苏黎世、新加坡、中国香港和东京。如果欧洲债券的发行未按1933年美国证券法登记，就不能在美国出售。欧洲债券的买卖市场分成初级市场和二级市场。

8. 支付发行费用。手续费用的多少视期限长短而定。

4.3.3 国际债券的流通

一、场内交易

公募债券发行以后，通常会尽快上市。债券上市以后，只要债券没有全部清偿，债券发行者就要将债券像股票一样在证券交易所内挂牌交易。交易所实行会员制，而且交易实行严格的管理。

二、场外交易

与场内交易相对，在证券交易所以外的地方进行的债券交易称为场外交易。局外交易通常是在证券公司或银行,由证券公司或银行作为做市商报价来组织市场交易,它可以通过电话、电报、网络等完成交易,是一个松散的无形市场。

4.3.4 国际债券的清算

国际债券的清算和结算主要是由两家清算体系执行的,即设在布鲁塞尔的欧洲清算体系(Euro-clear Clearance System Public Limited Company)以及设在卢森堡的有价证券清算中心(CEDEL:Centrale Livraison de Veleurs Mobilieres S. A.)。欧洲清算体系成立于1968年12月,目前有125个持股公司,是由纽约的摩根保证信托公司(Morgan Guaranty Trust Company)开创设立。

上述两机构办理成员之间的证券买卖的清算交割,均是通过在现金与存款账户上记入借贷额来完成的,证券交割也是通过证券账户上的划拨来进行的,不需要证券本身的移动,这为欧洲债券市场的高效率运转创造了条件。除了欧洲债券,两机构还为外国债券、国内债券、大面额存款单、股权转换证书、英国财政部票据、欧洲票据、欧洲商业票据以及股权书等证券清算提供服务,也提供其他金融服务。

4.4 证券融资国际化趋势及其影响

一、证券融资国际化趋势

证券融资国际化过程是与经济国际化过程相应地对外投资方式的变化密不可分的。与直接投资相比,证券投资具有灵活方便、选择性大、流动性强的特点。近年来,证券投资方式比重增大,成为国际投资的主要形式,证券融资国际化的趋势日益增强。

与商品市场不同的是,在资本市场上流通的是证券。资本市场国际化实质上就是以证券为表现形态的资本在国际间的流动,它是证券融资和证券投资双向行为的统一过程。证券在国际间的流动与普通实物商品的国际交换相似,也是基于比较利益原理,表现为在输出(融资行为)本国具有相对优势的证券商品的同时,也要输入(投资行为)外国具有相对优势的证券商品。前者是一国利用外资的行为,后者是一国对外投资的行为。由于各国在经济发展水平、银行贷款利息、股票上市费用、相关法律限制和系统性风险方面的不同,资本市场的效率和地位也是各不相同的。证券融资成本各有差异,对投资者的回报也是不同的,证券融资的国际化过程就是通过证券的输出(入)来实现融资成本最小化和投资收益最大化的过程。这就不可避免地在国际资本市场上形成一个相互竞争和融合的局面,即各国一方面致力于促进本国证券市场的对外开放和国际化;另一方面又致力于促进本国证券走向国际资本市场。这一过程的障碍越少,证券的流动越充分,资本的配置越合理、高效,证券融资国际化乃至一国经济国际化水平也就越高。

证券融资国际化趋势还可以从国际资本流动微观分析的代表性理论——资产组合理论找到解释。该理论的代表人物托宾和马柯维茨认为，资产持有者的效用取决于预期收益和风险的组合，对于任何既定的预期收益率，资产持有者总是倾向于风险较小的资产组合，而只要在某种资产组合中不同资产的收益率变动不是完全正相关的，那么资产的多样化就可以起到降低风险的作用。根据这一理论，由于各国之间金融资产收益的相关性低于一国之内金融生产效益的相关性，一国投资者便会倾向于通过更大范围的投资组合来降低投资风险。与此相应，证券融资从国内走向国际也就是发展的必然趋势了。为此，20世纪80年代以来，世界主要工业化国家纷纷采取相应改革措施，放松金融管制，开放资本市场，实施金融自由化，证券融资国际化趋势明显增强。这可以从国际债券发行规模日益扩大和海外上市公司数量日益增加的现象得到说明。据统计，在主要发达国家，由本国银行持有的政府债券比例都出现不同程度的下降。债券持有者结构的变化还导致各国债券收益率由弱相关转为强相关，形成了债券发行、投资和流通的全面国际化。企业境外上市也是证券融资国际化的一个重要标志。从权益资本的募集情况看，境外发行的股票增长很快。与此同时，作为证券发行和交易主要场所的证券市场也呈现出国际化的趋势。这主要表现在：一是境外上市公司不断增加。有些国家为了吸引外国公司来本国上市，甚至提供降低上市标准、下调上市费用等优惠条件。二是各国证券交易所之间寻求联盟与合作的意向增强。例如，欧洲的巴黎、阿姆斯特丹、布鲁塞尔三大交易所在寻求联盟；伦敦、法兰克福、斯德哥尔摩证券交易所也在探讨合并；纳斯达克近年来也在积极谋求与欧洲、亚洲国家证券市场的联网与合作；新加坡交易所与美国证交所的合作也在拟议之中。种种迹象表明各国证券市场之间的关联度正在日益提高。

我国从1989年第一次在海外发行外币债券开始，正式进军国际资本市场进行证券融资。其后不久，我国股票融资也迈出了国际化的第一步。1992年2月21日，我国第一个B股股票——上海电真空B股在上海证券交易所挂牌上市。这是由我国境内企业发行的专供境外投资者以外币买卖的第一个人民币特种股票。继开辟B股市场后，我国又进行了国内企业境外上市的探索。1993年7月，上海石化、青岛啤酒、马钢、仪征化纤等9家特大型企业获准首次在香港联合交易所上市，再次向海外投资者推出一种新的人民币特种股票——H股。到2000年底，我国已有52家公司在香港上市。与此同时，上海石化又率先以托管凭证方式（ADR）在美国纽约证交所再上市。此外，L股（在伦敦交易所上市）、S股（在新加坡证交所上市）也相继问世。可以说我国证券融资国际化的步伐在加快，力度在加大，也取得了显著的成果，这对促进我国资本市场的对外开放和国际化具有不可估量的作用。

但是，受国内企业对外融资信用评级因素的影响，债券融资发展相对较慢。股权融资受多方面因素的影响，无论是B股上市公司，还是海外上市公司，市场表现都不理想，回报率都远远低于境内上市公司，对境外投资者缺乏吸引力，其中也不乏融资失败的案例。

证券融资在我国利用外资中占的比重还很低,这说明我国在证券融资国际化的道路上还有很长的路要走。

二、证券融资国际化对我国利用外资的影响及对策

总体来看,证券融资国际化将给我国利用外资工作带来全方位的挑战和冲击,主要体现在:

1. 对传统引资方式带来冲击。在不同的经济发展阶段上,一国对外资的吸收消化能力和需求结构都是不同的,只有保持相互间的协调一致性,才能充分发挥外资的长期增长效应。引资方式的多样化和多元化是发展中国家从国际资本市场获取更多资源和创造外资正效应的重要手段。多年来,我国一直坚持以吸收外商直接投资为主的引资模式,外商直接投资额平均占到全国利用外资总额的95%左右。利用外商直接投资在促进我国的就业、出口、增加税收、提升企业经营管理水平、规避外债风险、带动经济增长方面具有不可替代的作用和贡献。但的确也带来了一些问题,如环境污染、市场控制、技术控制、产业控制等,降低了我国及我国产业结构的整体效益,对我方利益造成了损害。利用外资的理论和实践表明,当一国利用直接外资发展到一定阶段时,外资和东道国在政治、经济、文化、环境、习俗等方面的冲击导致的负效应将逐步扩大,引资成本也将相应提高,利用外资结构将随之调整。我国已经是世贸组织的成员之一,过去给予外资的一些超国民待遇将逐步被取消。与此同时,周边国家和地区由于资本市场的先行开放也是我国强有力的竞争对手。这种内外夹攻之势必将进一步加大我国引资的成本和难度,使我国现有的以吸收外商直接投资为主的利用外资模式受到挑战。我国对外证券融资起步虽早,但总体来看,融资规模小,发展缓慢,难以适应国际形势发展的要求。摆脱传统引资方式的束缚,促使利用外资方式的多样化、多元化,适当增加对外证券融资的比重,已成为突破目前引资瓶颈的现实需要。而证券融资国际化的快速发展需要具备一些条件,如金融深化应达到一定水平,宏观调控应足够有力,法规和监管体系应较为完善等。目前我国还不具备大规模引进境外证券资本的条件,现实的可供选择的对外证券融资渠道主要有以下几种:

(1) 发行境外债券。自1982年以来,我国就先后在东京、中国香港、伦敦、新加坡、法兰克福等地发行过多种形式的国际债券。国际债券有外国债券和欧洲债券两种,外国债券又有美国扬基债券、日本武士债券、小龙债券等。作为对外证券融资的方式之一,发行国际债券对发行人具有使用成本低,可获得长期稳定资金,并可与银行贷款互换、转移风险及募集资金使用灵活等优点,对投资人也具有风险小、收益稳定的优点,当然,另一方面也存在对发行人资信要求高和债券市场流动性差、变现能力弱及利率、汇率双重风险等缺点。受诸多条件限制,目前我国对于构成对外债务的国际债券发行实行严格的计划管理。只有经过授权国际商业信贷窗口机构和财政部、国家政策性银行能发行国际债券。但随着金融市场对外开放步伐的加快,地方政府和企业在法律允许的范围内是可以创造条件利用国际债券市场筹资的,债券融资规模和融资品种都将会有进一步的突破。

(2) 境外上市 境外直接招股上市也是对外证券融资的重要方式。境外上市渠道很多,但由于不同国家、不同证券交易所在上市标准、交易规则及监管要求等方面均有不同规定,不同企业应根据自身不同特点选择相应的上市地点和上市方式。具体讲可采取以下形式:① 在国际性证券交易所上市。主要指在美国纽约证券交易所、英国伦敦证券交易所、中国香港证券交易所和新加坡证券交易所等国际证券交易中心直接上市。在这些市场上市,标准较高,时间较长,融资难度较大,比较适合于经营规模较大、经营业绩良好、知名度较高、实力较强的大公司。② 在境外创业板上市。主要指在美国的纳斯达克、欧洲的伊斯达克和中国香港创业板市场上市。创业板市场上市标准低于主板市场,上市相对容易,但对公司信息披露的要求较高。这种融资方式比较适合于处于创业初期、技术含量较高、成长潜力较大、具有较高风险的高科技中小企业。③ 利用境外存托凭证上市。存托凭证(简称DR)是指某国上市公司为了使其股份或债券在境外流通,将一定数额的股票或债券委托给某一中间机构(一般称作保管银行或受托银行)保管,再由中间机构通过境外的存托银行在当地发行代表该种股票或债券的一种替代证券。主要有ADR(美国存托凭证,在美上市)和GDR(全球存托凭证,在欧洲上市)。这种融资方式既能方便存托银行所在地投资者购买外国股票或债券,又能扩大公司融资范围,提高公司在发行国家或地区的知名度。该融资方式适合于已经在本国上市的公司。④ 第二上市。这是指以我国上市公司的名义到境外证券交易所作第二上市。这种融资方式能够起到提高上市公司知名度,扩大投资者范围,增强证券流动性和证券市场联动性的作用。但也存在两个证券交易所之间股票托管和交割清算等技术性问题以及同股不同价带来的问题,且上市公司应遵守第二上市国家或地区的法律制度和会计制度。然而,这种融资方式相对于直接挂牌上市要容易得多,在国际上也比较流行。

(3) 外资进入国内证券市场。允许外资进入国内证券市场是我国证券市场对外开放和证券融资国际化的重要内容。在加入世贸组织以前,外资只能以投资B股进入我国证券市场,而且有持股上限,在B股市场与面向国内投资者发行的A股市场之间有严格的隔离制度,外资是不能进入A股主力市场的。这种市场准入限制是在我国股票市场历史短、规模小、处于幼稚期的特殊历史条件下实行的一种保护措施。实践证明,它有效地避免了国际资本对我国资本市场的冲击,免遭了亚洲金融危机之害,保证了证券市场的渐进式开放。但它同时也说明,以前我国证券市场利用外资的渠道还很不畅通。目前,外资除了投资B股以外,已经可以通过证券投资基金渠道间接进入证券市场。国外投资者直接进入我国证券市场指日可待。这意味着我国证券引资国际化将迈出新的一步。通过证券融资方式利用外资能够使企业迅速筹集低成本的资金,特别是利用股票市场吸引外资,没有还本付息压力,也不会增加国家外债负担,还可以使国外投资者分享我国经济高速发展所带来的收益。这符合我国投资主体多元化的发展方向，能够满足投资方和引资方双方的利益。可以预计，顺应国际资本市场证券融资国际化的发展趋势，在我国资本市场特别是证券市场逐步开放的条件下，以证券方式流入到我国的外资必将显著增加。

2. 对外资来源地的影响。经济发展水平的高低不仅对一国或一地区利用外资的方式和结构有着决定性的影响，从另一角度讲，它也决定着该国或该地区的对外投资方式和结构，从而也就对世界各国对外投资的结构和地位产生重要影响，使资本或是以实物形式，或是以债权形式或股权投资形式，在国际间进行着双向流动。有的国家或地区处于净资本流入，有的可能是净资本流出。即便是同一国家或地区在不同的经济发展时期，资本供需状况也会有所不同。一般来讲，经济发展水平较低的国家为资本净输入国，较为发达的国家为资本净输出国，而且经济发展水平越高其资本市场非中介化现象越突出，资产证券化水平和证券融资国际化水平越高，对外投资的方式也就会更多地以证券形态进行。过去，来自中国香港、韩国和日本三地的外资占到我国利用外资总额的一半以上，来自欧美发达国家的外资较少，这是与我国当时以来料加工和外商直接投资方式为主的引资方式相对应的。在新形势下，特别是我国加入世贸组织以后，国际资本流动的新特点和证券融资国际化的发展趋势必将对我国传统的引资格局带来一定的冲击，特别是随着我国企业法人治理结构的逐步完善和资本市场的逐步开放，将会有更多的企业具备到国际资本市场上进行证券融资的条件和能力，也会有更多的外资直接进入我国证券市场。我国引资格局必将发生相应的变化，来自金融制度较为健全、证券市场较为开放的欧美发达国家的证券投资在我国利用外资中的比重将会有所提高。

3. 对引资主体和引资工作方式的影响。利用低廉的劳动力和丰富的自然资源降低生产成本，获取高额利润，曾是外商投资的第一目的。与此相应，我国利用外资曾着眼于我国在原材料和劳动力成本上的比较优势，引资重点放在劳动密集型和资本密集型的制造业企业上。中外双方的区位差异是合作的基础和前提。因为一方面它能为外资克服或降低资源供给的不稳定性；另一方面又能弥补我方在技术、管理方面的不足。但由于我国在市场体系方面存在很多缺陷，利用外资在很大程度上更像是为了追求政绩、带有浓厚行政色彩的政府行为，而非市场行为和企业行为；引资主体更像是政府，而非企业。我国的引资工作重点也放在制定优惠政策、改善区域性的投资环境以及开展大规模的对外宣传活动上。而所谓优惠政策就是通过提供税收优惠、进出口经营权及注册资本等方面的优惠措施给外资以超国民待遇，实质上就是以让利来弥补市场机制的缺陷、管理体制的落后和投资环境的不尽如人意。这种做法尽管在一定时期内对于促进利用外资工作起到了一定的作用，但它与世贸组织关于投资措施协议的主要精神是相违背的，产生的多是一些短期效应，长期增长效应并不明显，交易成本较高，因而极大地限制了利用外资的规模和水平。随着世界经济结构调整和技术进步的加速，劳动力成本在传统产品中的比重不断下降,进入当地市场、分享企业成长的利益成为各国对外投资的首选目标。而证券融资国际化趋势作为其表现形式无疑对引资主体提出了更高的要求。我国虽已有多家企业通过证券融资方式在境外融得资金,但总体看仍处于起步阶段,规模小、方式少,运作效果不理想。这就要求我国企业在整体水平的提升上下工夫,努力促进企业生产经营的国际化、规范化运作,缩小与国外企业的差距,强化其所有权优势和内部化优势。因为只有具备良好现代企业制度和法人治理结构、有良好增长潜力的公司才符合外资以赚取股息或资本收益为目的的证券投资标准,也才能增强其对外资的吸引力,在证券融资国际化形势下赢得主动权。我国政府部门要进一步更新观念,改变以往工作中存在的只强调硬环境,忽视软环境;只强调改善常规性服务等小环境,忽视配套资源和实现企业利润最大化根本目标;只强调本地区、本行业局部利益和眼前利益,而忽视相关行业及相邻地区的整体及长远利益,甚至不计成本和代价的短视行为。政府要尽快转变职能,转变角色,调整引资政策,实现引资工作重心的转移,变政策引资为市场引资,努力建立公开、公平、公正的市场秩序和完善的市场体系,为国内外企业创造平等竞争的市场环境。

案　　例

国家开发银行 2004 年第二十四期金融债券发行条款

第一条　债券条件

发行人:国家开发银行。

债券名称:国家开发银行 2004 年第二十四期金融债券(次级债券)。

发行时间:2004 年 12 月 24 日。

发行总额:最大发行量人民币 200 亿元。

债券面值:人民币 100 元。

债券期限:15 年期固定利率发行人可赎回债券。

债券利率:本期债券前 10 年(2004 年 12 月 30 日至 2014 年 12 月 30 日)的票面利率确定为 5.42%,后 5 年(2014 年 12 月 30 日至 2019 年 12 月 30 日)的票面利率确定为 7.42%。

债券次级性条款:政策性银行次级债券,由开发银行发行的、本金和利息的清偿顺序列于开发银行其他负债之后、先于开发银行股权资本的债券。

发行人可赎回条款:发行人在 2014 年 12 月 30 日有权选择按本期债券的面值提前赎回全部或部分该债券。发行人选择赎回前,将提前 1 个月,即于 2014 年 11 月 30 日之前发出债券赎回公告,同时通知中央结算公司,具体操作办法届时参见中央结算公司通知。如发行人行使本赎回条款,则本期债券赎回部分自 2014 年 12 月 30 日停止计息并兑付本息。

发行方式：采取公开招标方式，通过承销团承销发行。

发债的批准文件：《中国人民银行关于国家开发银行和中国进出口银行2004年政策性金融债券发行计划的批复》(银发[2004]15号)、《中国人民银行关于再次调增国家开发银行2004年人民币贷款规模和债券发行规模的批复》(银发[2004]56号)、《中国银行业监督管理委员会关于同意国家开发银行发行次级债券的批复》(银监复[2004]199号)、《中国人民银行关于国家开发银行发行次级债券的批复》(银发[2004]81号)。

托管人：中央国债登记结算有限责任公司(以下简称：中央结算公司)。

债券资金用途：补充开发银行附属资本。

承揽费：0.75%。

兑付手续费：无。

第二条 债券承销与发行方式

1. 发行对象：承销商及人民银行认可的分销对象。

——承销商：中国人民银行认可资格并与开发银行签订《2004年国家开发银行次级债券承销协议》的商业银行、保险公司、农村信用联社、证券公司和中国人民银行认可的其他机构(详见中国债券信息网 http://www.chinabond.com.cn 和本公告)。

——分销对象：中国人民银行认可的，除承销商以外的商业银行、农村信用联社、保险公司和其他金融机构等。

如承销商和分销对象有所变动，将另行公告。

2. 发行方式：通过中国人民银行债券发行系统采用记账方式(无纸化)网上发行。由承销商通过竞标认购，分销对象可以通过承销商分销认购。债券持有人在中央结算公司办理债券登记和托管手续。如有其他发行方式，需经批准并另行公告。

3. 缴款日和起息日：2004年12月30日，承销商应在规定的缴款日之前将承销款项汇入发行人指定账户，2004年12月30日为起息日。

4. 债券到期日：2019年12月30日。

5. 利息计付：每年付息一次。

6. 兑付方式：发行人通过托管人向债券最终持有人兑付债券本息。在债券到期日前若兑付路径有所变动，债券最终持有人应及时将新的兑付路径通知债券托管人。债券托管人在债券到期日，将本息直接汇至债券最终持有人指定账户。因债券最终持有人未及时通知兑付路径造成的延期支付，发行人及债券托管人不承担延付利息。

7. 托管方式：发行人在中央结算公司开立债券托管账户，由中央结算公司负责债券的登记和托管。

8. 债券的交易与质押：经人民银行批准，债券在银行间债券市场上市，可以在承销商与分销范围内进行现券和回购交易，也可用于质押。

9. 提前兑付:除选择性条款所规定的内容除外,发行人不得在债券到期日前提前兑付,债券持有人也不得要求发行人在债券到期日前提前兑付。

10. 债券地位:本期债券与开发银行发行的其他各期债券享有同等偿付地位,政策性金融债券也享有同等偿付地位(有特殊条款的债券除外)。

11. 因债券发行和兑付产生的纠纷由发行人与承销商、投资人通过友好方式解决。协商不成的,通过诉讼解决。地点:北京。

12. 适用法律:中华人民共和国法律。

本 章 小 结

1. 国际融资可以分为国际直接融资和国际间接融资。国际证券融资属于国际直接融资。

2. 国际证券融资的基本特征是:收益性、兑换性、风险性、价格波动性。

3. 国际股票融资指的是一个国家的工商企业在另一个国家发行股票筹集所需资金的融资形式。国际股票市场主要有:美国股票市场、日本股票市场、英国股票市场。国际存股证也称存股凭证,是指由受托金融机构在取得了股份公司股票的基础上发行的一种替代性证券。

4. 国际债券是在国际金融市场上发行的以外国货币为面值的有价证券。从国际债券的发行人、发行地与面值货币之间的关系来看,它主要分为两大类:外国债券和欧洲债券。传统的国际债券是一种固定付息、到期还本的最基本形式的债券。随着国际债券市场的发展,形成了形形色色的新型债券。国际债券市场主要有:美国的债券市场、日本债券市场、英国债券市场。

5. 我国的国际股票融资形式主要有:发行B股融资、我国企业直接到海外上市融资、我国海外注册的国内企业直接到海外上市融资、买壳上市融资。我国的国际债券融资形式主要有:政府和企业国际债券融资相结合、公募和私募国际债券融资相结合、国外注册的我国企业国际债券融资。

本 章 习 题

1. 国际证券融资的基本特征是什么?
2. 什么是国际股票融资?
3. 主要的国际股票市场有哪些?
4. 什么是国际债券融资?
5. 什么是外国债券和欧洲债券?

6. 国际债券的主要类别有哪些？
7. 我国国际股票融资和国际债券融资的形式有哪些？
8. 谈谈如何看待证券融资的国际化趋势？
9. 证券融资国际化趋势对我国利用外资有哪些影响？

本案附录 世界主要外国债券市场介绍

当前，世界上主要的外国债券市场是美国的纽约、日本的东京、瑞士、英国的伦敦、德国的法兰克福。

1. 纽约外国债券市场

在 1964 年执行利息平衡税以前，还没有欧洲美元债券市场。外国发行者在美国发行的以美元计价的债券就是外国债券。随后的利息平衡税限制非加拿大机构在美国发行外国债券。1974 年利息平衡税降为零之后，外国债券也成为外国借款人筹措资金的重要来源。

外国借款者在美国发行的以美元计价，并主要由美国国内包销团经办的债券称扬基债券(Yankee Bond)。扬基债券须经美国证券交易委员会批准才允许出售给美国公众。债券期限以中期为主，一般是 6~8 年。借款者一般为国际机构、外国政府或政府机构，当然也有一些公司借款人。

2. 日本的外国债券市场

外国借款者在日本资本市场上发行的日元债券为日元外国债券，通常称为武士债券(Samurai Bond)。武士债券的期限为 5 年至 20 年，第一笔武士债券是由亚洲开发银行在 1970 年 12 月发行。该年日本大藏省允许国际性机构、评级较高的外国政府机构发行一定期限和数量的武士债券。1979 年日本政府把武士债券市场的借款者扩展到私人企业，但必须满足严格的财务标准。1996 年武士债券发行额达 355 亿美元。在 20 世纪 80 年代，特别是 1984 年以后，为了使日本的资本市场实现国际化、自由化，日本当局对债券发行规则作了大幅度的修正。内容如下：

(1) 放宽许可标准。首次发行公募债券的许可标准扩大到 A 级。等级可以是穆迪公司、标准普尔公司和日本社团债务研究所三者中任何一家评定的等级。

(2) 扩大发行额。公募债券的发行额扩大：AAA 级无限制发行；AA 级为 300 亿日；A 级为 200 亿日元；私募债券也可以发行 100 亿日元。

(3) 发行程序。公募债券由每季度安排改为每日安排，私募债券改为每月安排，以有效把握发行时机。

日本的外汇法规定，日元外国债券的发行和招募要事先向大藏省申报。在发行时，必须以某家日本主要证券机构为牵头经理人。一切申报文件及材料均须以日文写成。

在东京市场上,外国筹资人以公募方式发行非日元(主要是美元)的外国债券被称为将军债券(Shogun Bonds)。1985年,在东京市场放松管制后,世界银行首次在东京市场以公募方式发行以美元为面值货币的外国债券。为了保持武士名称的色彩,这种债券被命名为将军债券。中国银行于1985年10月发行了第一笔将军债券,金额为15亿美元。

在东京市场上发行的外国债券,除了公募方式以外,也可采用私募方式,即不经公开发行程序,债券也不挂牌上市交易。正因为不能上市,对广大的投资者缺乏吸引力,因此公募与私募外国债券的发行金额之比为5:1。在东京资本市场以私募方式发行的非日元债券称为艺者债券(Geisha Bonds),欧洲经济共同体于1985年首次发行此种债券,总额为5 000万欧洲货币单位。

3. 瑞士的外国债券市场

瑞士的外国债券(Foreign Bonds)包括以公募方式发行、期限8~15年的债券,以及以私募方式发行、期限从18个月到8年的债券(Foreign Notes)。

1985年以前公募发行的最大额为2亿瑞士法郎。从1980年开始,对私募债券发行的金额一直没有限制,而且允许债券公开交易,并可通过瑞士清算体系(SEGA)清算。瑞士法郎债券市场的债券类型包括固定利率债券、浮动利率债券及可转换债券、附股权转让证债券。发行公募债券必须经瑞士银行批准。

瑞士的外国债券市场有以下特点:

(1) 中央银行禁止发行瑞士法郎计价的欧洲债券,并且,能经营瑞士法郎外国债券业务的仅限于瑞士本国的银行与金融公司。

(2) 不管是国内债券还是外国债券,公募债券一律由固定的包销团包销。包销团成员之间的包销比率通常也是固定的。现在共有四个包销团:

瑞士五大银行包销团:Credit Suisse, Swiss Bank Corporation, Union Bank of Switserland, Swiss Volkbank and Bank Leu。

Nordfioanz Bank 包销团

Handelsbank 包销团

Banque Gutzwiller、Kurz、Bungener 包销团

此外,主要包销商 Soditie S. A. 不是每次都参加包销。如包销,则由其他组织包销团。

另外,私募债券没有固定的包销团,一般由一家银行牵头组成包销团承销。

(3) 从发行额看,私募债券的发行量比公募债券大。主要原因是私募发行手续简便,且可以小额发行。

(4) 与发行市场的规模相比,公募与私募债券的流通市场都极小。这是因为债券的

大部分都存入瑞士各银行的顾客账户里,一直保留到期满。

瑞士的外国债券市场是目前世界上最大的外国债券市场。该市场对于国际资本的吸引力主要来自:第一,该国拥有苏黎世、巴塞尔、日内瓦和伯尔尼这四个发达的金融中心,资金供应充沛,投资和借款渠道畅通。第二,瑞士是一个中立国,且奉行自由外贸政策,通常对资金的进入和流出不加任何限制并免征预扣税。第三,由于瑞士金融机构的保密义务得到宪法的保证,而且履行得非常出色,加上瑞士经济稳定、增长均衡,瑞士法郎长期坚挺,巨额的资金出于投机和资金逃避等目的从世界各地源源流进瑞士银行。第四,由于瑞士货币当局限制在瑞士境外发行瑞士法郎欧洲债券,因此,拟筹集瑞士法郎资金的外国人,只能在瑞士境内发行瑞士法郎债券。

4. 英国的外国债券市场

在美国的外国债券市场发展以前,英镑是世界上的主要储备货币,在英国也有高度发展的外国债券市场。当时的债券发行者主要是外国政府及其机构,有些债券目前还在伦敦股票交易所上市交易。1947 年实行外汇管制条例(Exchange Control Regulation)之后,就停止发行外国债券,直到 1979 年撤销条例后才恢复这一市场。

在英国发行的外国债券称为"猛犬"债券(Bulldog Bonds)。英格兰银行允许外国政府和企业发行猛犬债券,发行方式也分公募和私募两种,前者由伦敦市场的银行组织包销团,后者则由管理集团包销。从欧洲市场的角度分,主权发行者与某些国际机构以公募方式发行的债券可以在金边市场(Gilts market)上交易。

猛犬债券的期限为 5~40 年,债券的利率多参照相同期限的金边债券的利率。允许公司发行可转换猛犬债券。

5. 德国的外国债券市场

1968 年,市场对西德马克升值的预期导致大量资金流入西德。西德货币当局将此种流入的外资投放到国外,促进了以马克为面值的外国债券的发行,使马克债券市场迅速扩大,而后,由于马克对世界主要货币一直保持坚挺,马克债券市场发展很顺利。

法兰克福是德国主要的外国债券市场。法兰克福拥有先进和完善的金融服务通讯设施,有利于开展国际金融业务。法兰克福市场是仅次于纽约和瑞士的外国债券市场。

该市场的特点是德国六家主要银行组成的外国债券小组委员会(中央市场委员会的下属机构),以自我限制的方式调整债券的发行。其成员为德国三大银行和西德意志储蓄中心地方银行(Westdutsche Landes Bank)、巴伐利亚抵押与承兑银行(BHWBanK)、巴伐利亚联合银行(Bayerishe Vereins Bank)六家银行,由德国联邦银行担任观察员。该委员会每月开会一次,决定和公布发行债券的时间安排以及发行量等。外国债券可免交息票税和预扣税。

一般马克债券的发行量为2 000万马克至1亿马克。期限5~10年,几乎没有超过10年的。没有浮动利率债券。公募债券通常进入法兰克福交易所交易。

欧元启动后,单一货币体制使德国马克强币地位不复存在,法兰克福的中心地位受到动摇,但是由于欧洲中央银行设在那里,以及欧元区强大的经济实力,使其仍有竞争优势。

第五章 吸引外商直接投资

> **学习目标**
>
> - 掌握 FDI 的基本理论；
> - 理解 FDI 与产业竞争力；
> - 探讨 FDI 与产业结构及政策的关系；
> - 了解中国吸引 FDI 的基本情况。

外商直接投资(FDI)是国际资本流动的基本形式,是指投资者为了在国外获得长期的投资效益并拥有对企业或公司的控制权和经营管理权而在国外直接建立企业或公司的投资活动,其核心是投资者对国外投资企业的控制权。

5.1 国际直接投资理论

5.1.1 传统的国际直接投资理论

20世纪60年代以来,随着发达国家企业对外直接投资的迅速发展,西方学者从不同角度、不同层次对发达国家跨国公司对外直接投资行为进行了理论抽象和实证分析,阐述其对外直接投资的动机、决定因素和行为方式等,形成了一系列对外直接投资理论。

一、垄断优势理论

1960年,海默在其博士论文中,第一次论证了外国直接投资不同于一般意义上的外国金融投资,从而在理论上开创了以外国直接投资为研究对象的新领域。海默认为,外国直接投资不仅仅是一个简单的资产交易过程,它包括非金融和无形资产的转移,是跨国公司使用和发挥其内在组织优势的过程。1969年,海默的导师金德伯格在《美国公司在海外》一书中进一步阐述了垄断优势理论,由此形成了所谓的"海墨—金德伯格"传统理论。该理论认为,古典理论的缺陷就在于认为市场是完全竞争的,而他们则主张从不完全竞争市场出发去研究跨国投资。

垄断优势论认为，一国和国际市场的不完全竞争导致跨国公司在国内获得垄断优势，并通过国外生产加以利用，形成跨国直接投资。跨国公司的垄断优势来自三个方面：① 来自产品市场不完全的优势，如新产品、产品差异、特定营销技巧等。② 来自要素市场不完全的优势，如技术、知识和无形资产、生产诀窍、新工艺等。③ 来自企业规模经济的优势，规模扩大既具有规模效益，又受专利制度保护，还能充分利用企业管理资源。这些优势与技术优势结合起来，形成寡头市场结构和行为。

二、产品生命周期理论

1966 年，美国哈佛大学教授弗农在《产品周期中的国际投资与国际贸易》一文中提出，美国企业对外直接投资是与产品寿命周期密切相关的。他分析了产品在其寿命周期所经历的三个阶段以及相应的市场特性后得出结论：在国际市场范围内，某一产品所处的生命周期不同决定了其生产产地的不同，而外国直接投资则是生产过程或产地转移的必然结果。弗农的国际产品生命周期理论有以下四项基本假设：① 消费者偏好依据收入的不同而不同。② 企业之间以及企业与市场之间的沟通或协调成本随着空间距离的增加而增加。③ 产品生产技术和市场营销方法会经历可预料的变化。④ 国际技术转让市场存在非完美性。弗农认为，消费者偏好以及对产品的选择由于收入高低而产生不同的层次。产品创新阶段，即新产品的生产一般是为了满足高收入国家选择性极强的市场而生产的，如美国市场，由于新产品在其发育成长时期，需要从市场不断得到信息反馈，以改进其性能，所以最初的生产基地一般靠近市场，即在发达的高收入国家内生产。当产品逐渐成熟，随着国内外需求的增加，产品式样稳定并逐步标准化，同时仿制品纷纷出现，价格竞争激烈，企业必须重视价格因素在竞争中的作用。在国内市场趋于饱和时，企业更日益重视国外市场。因此，从价格、技术、市场扩大三方面考虑，企业便选择对外直接投资。被投资地区是那些收入水平、技术水平与投资国相似的地区。在产品的标准化阶段，产品的生产技术、生产规模及式样等都已完全标准化，企业的垄断优势已不复存在。企业之间的竞争基础是成本与价格。为了降低成本，将产品转移到工资低的劳动密集地区就成为必然的选择。将那些生产过程需要大量劳动力投入、对外部经济环境要求不高，产品需求弹性大、规格标准化的产品生产转移到发展中国家，再将生产出的产品返销到母国或第三国市场。

三、寡头垄断行为学说

1973 年，尼克博克出版了《垄断性反应与跨国公司》一书。在此书中，他分析了 187 家美国跨国公司的投资行为，发现在一些寡头垄断性行业中，外国直接投资者在很大程度上取决于各竞争者之间相互的行为约束和反应。尼克博克的学说基于工业结构和市场结构的分析。一般来说，市场可以归纳为三种结构：完全竞争性市场（或工业）、紧性寡头垄断市场（或工业）、松性寡头垄断市场（或工业）。尼克博克认为，在一个完全竞争性市场（一般竞争者数目超过 20 个），任何一家公司都无法操纵市场价格。每个竞争者的最佳策略是根据市场的价格信号来生产。在垄断市场(一般完全竞争者的数目不超过4个),二三家公司基本控制了大部分市场份额,因此,每一家公司都拥有相当程度的垄断势力。在这种局势下,这几家公司会倾向于合谋而不是竞争,合谋共同瓜分市场而不至于因竞争过分激烈导致两败俱伤。因此,只是在一个松性寡头垄断市场,各竞争者之间战略性的行为会相互制衡或产生激烈反应。这种战略性行为的反应,又可分为三种类型:① 跟随领导者。在这种情况下,如某一竞争者率先投资进入某区域,其余的投资者就会跟随而来。② 交换威胁。在这种情况下,各竞争者会相互侵入对方市场或威胁对方的市场地位因而导致投资互动现象。③ 动态竞争。在这种情况下,一旦市场均衡被打破,就会诱发一个动态的连锁反应,直到形成新的均衡。

跨国公司之间战略性相互约束和反应对外国直接投资的影响,已愈来愈引起学者们的注意。博弈论模型已被用来刻画跨国公司间相互反应的动态过程。随着市场全球化以及新兴的日本跨国公司与欧美跨国公司重新争夺世界市场的竞争日益激烈,对跨国公司经营战略的研究势必会成为外国直接投资的研究热点。而且博弈论的发展也为这一研究提供了必要的理论工具。

四、比较优势理论

比较优势理论是由日本一桥大学教授小岛清提出的。1973年,小岛清在研究了日本企业对外直接投资的状况后,发表了《对外直接投资的宏观探讨》一文(后来又将这一理论写入《对外直接投资》一书中)。他运用比较优势原理,提出了"边际产业扩张论",解释了日本的对外投资问题。其理论核心是:一国应该从已经或即将处于比较劣势的产业开始对外直接投资,并依次进行。其主要依据是:由于各国要素禀赋的差异,因而要素相对价格也存在差异,当一国某产业要素中密集度较高的那种要素相对价格上升时,就使该产业处于比较劣势状态,就应该将该产业转移到那种要素价格相对较低的国家,这样就可以形成合理化的要素组合,增加东道国的国民生产总值。这就是所谓的边际产业转移。在这种情况下,双方技术差距较小,既易转出,又易吸收。边际产业转移出去的国家,可以从受让国进口产品以满足需求,同时可用更多资源扩大具有比较优势部门的生产和出口,因此双方均从中获利。除了边际产业转移,边际性生产环节也可依此转移。小岛清还具体比较了美国与日本的对外投资模式:① 日本对外直接投资的重心在于开发海外的自然资源,补充本国资源的短缺,同时将本国的边际产业转移到外国。按这种边际产业转移的顺序进行海外直接投资,有利于投资国的跨国经营,并有利于受资国发展具有潜在比较优势的产业,受资国生产的产品可以就地销售,也可以向母国或第三国市场销售。美国的对外直接投资则始于比较优势产业,投资于西欧、加拿大等市场,目的是抑制当地的竞争者,占领市场。② 日本对外直接投资的主体是中小企业,并以与投资输入国技术差距最小的产业依次进行投资。这种投资不是以技术优势为武器,而是以投资者激烈竞争为前提。投资者提供的技术以适用技术为主,便于受资国吸收利用,开发劳动密集型产业,增加就业,扩大出口,因此深受投资输入国欢迎。美国企业的对外直接投资,依靠垄断性的技术优势,以击败竞争对手,夺取投资市场。③ 日本对外直接投资大多采用合资经营方式。而美国企业的对外直接投资往往采取独资经营方式,搞全部股权式的所谓"飞地式"子公司。④ 日本式的对外直接投资是顺贸易导向型的,即按边际产业顺序进行对外直接投资,符合比较成本与比较利润率相对应的原则,有利于扩大双方的比较成本差距,也有利于贸易扩大。美国的对外直接投资是反贸易导向型的,即通过投资,将比较优势的产业转移到西欧,使双方比较成本差距缩小,这样违背了比较成本与比较利润率相对应的原理,损害了双方应当享受的国际分工和扩大贸易的好处。因此美国式的反贸易导向投资是以投资替代贸易。总之,小岛清的日本模式直接投资是补充贸易、创造和扩大贸易,而美国式对外直接投资是取代贸易。

五、内部化理论

该理论是由英国雷丁大学巴克利和卡森在1976年出版的《跨国公司的未来》一书中提出的。内部化理论的基础来源于科斯等人创立的交易费用经济学。科斯的理论认为,企业是市场机制的替代物。企业的产生是为了降低市场交易费用。内部化理论正是从这一观点出发来解释跨国公司不是利用世界市场实现各国企业之间的国际分工,而是通过对外直接投资,建立企业内部化市场,通过企业内部贸易来协调企业的国际分工。所谓市场内部化是指外部市场机制的不完全性造成了中间产品的不确定(如原材料、半成品、技术、知识),为提高中间产品交易效率,跨国公司通过其有效的科层组织,将外部市场内部化。

六、国际生产折衷理论

该理论是英国雷丁大学教授、当代跨国公司问题专家邓宁提出来的。该理论的最大特点是综合性强,具体表现在它吸收了几十年来跨国公司理论的众家之长,适合解释不同形式的外国直接投资;此外,还能解释企业开展国际经济活动的三种主要形式。该理论的核心思想由三项优势构成,其一是继承了海默为代表的垄断优势说;其二是继承吸收了巴克利和卡森的内部化优势说;其三是借用了奥林的区位优势理论研究方法。邓宁在《国际生产与跨国公司》一书中,将这三项优势分别命名为"所有权特定优势(Ownership Specific Advantage)"、"区位特定优势(Location Specific Advantage)"、"内部化优势(Internalization Advantage)",这就是所谓的OLI模式。该理论认为,企业对外直接投资,必须具备这三种优势。

5.1.2 当代国际直接投资理论创新

传统对外直接投资理论强调跨国公司必须拥有垄断优势才能进行对外直接投资。在20世纪80年代之前,传统对外直接投资理论能够很好地解释跨国公司的对外直接投资行为。而在此之后,随着发展中国家对外直接投资的兴起,传统对外直接投资理论受到了极大的挑战。发展中国家跨国公司与发达国家跨国公司相比,并没有所谓的垄断优势,但是他们依然在进行对外直接投资活动,而且投资同时分布于发展中国家和发达国家。而对发展中国家跨国公司对外直接投资行为的研究成果在理论上发展了传统对外直接投资理论,使对外直接投资理论得以进一步完善。

一、小规模技术理论

把竞争优势绝对化是传统理论的最大缺陷,美国经济学家威尔斯的小规模技术理论弥补了传统直接投资理论的不足。威尔斯指出,发展中国家跨国企业的竞争优势来自低生产成本,这种低生产成本是与其母国的市场特征紧密相关的。威尔斯主要从三方面分析了发展中国家跨国企业的比较优势:① 拥有为小市场需要提供服务的小规模生产技术。② 发展中国家在民族产品的海外生产上颇具优势。③ 低价产品营销策略。

威尔斯的小规模技术理论把第三世界国家跨国公司竞争优势的产生与这些国家自身的市场特征结合起来,世界市场是多元化、多层次的,即使对于那些技术不够先进、经营范围和生产规模不够大的小企业,参与国际竞争仍有很强的经济动力,不仅有利于实现企业的经营战略和长期发展目标,而且,企业的创新活动大大增加了发展中国家企业参与国际竞争的可能性。

二、技术地方化理论

该理论是英国经济学家拉奥在对印度跨国公司的竞争优势和投资动机进行深入研究后提出的。在拉奥看来,即使发展中国家跨国企业的技术特征表现为规模小、使用标准技术和劳动密集型,但这种技术的形成却包含着企业内在的创新活动。拉奥认为是以下几个条件使发展中国家企业能够形成和发展自己的特定优势(Proprietary Advantage):① 在发展中国家中,技术知识的当地化是在不同于发达国家的环境下进行的。这种新的环境往往与一国的要素价格及其质量相联系。② 发展中国家生产的产品适合与他们自身的经济条件和需求。③ 发展中国家企业的竞争优势不仅来自于其生产过程和产品与当地的供给条件和需求条件紧密结合,而且来自于在新的创新活动中所产生的技术在小规模生产条件下具有更高的经济效益。④ 在产品特征上,发展中国家企业仍然能够开发出与名牌产品不同的消费品,特别是当国内市场较大、消费者的品味和购买能力有很大差别时,来自发展中国家的产品仍有一定的竞争能力。⑤ 上述几种优势还会由于民族的或语言的联系而得到加强。

拉奥的技术地方化理论不仅分析了发展中国家企业的国际竞争优势是什么,而且更强调形成竞争优势所特有的企业创新活动。在拉奥看来,企业的技术吸收过程是一种不可逆的创新活动,这种创新往往受当地的生产供给、需求条件和企业特有的学习活动的直接影响。与威尔斯相比,拉奥更强调企业技术引进的再生过程,即欠发达国家对外国技术的改进、消化和吸收不是一种被动的模仿和复制,而是对技术的改进和创新,正是这种创新活动给企业带来新的竞争优势。

三、技术积——技术改变的演进理论

坎特威尔和托伦惕诺从技术进步和技术积累的角度分析了发展中国家对外投资的阶段性动态演进过程。该理论的主要观点是，发展中国家的技术能力的提高是与它们对外投资的累积增长直接相关的，技术能力的积累是影响其国际生产活动的决定性因素，同时也影响着其对外投资的形势和增长速度。因此，发展中国家对外投资的产业分布和地理分布是随着时间的推移而逐渐变化的，并且是可以预测的。根据坎特威尔和托伦惕诺的研究，发展中国家跨国公司对外投资深受其国内产业结构和国内生产技术创新能力的影响。在产业分布上，首先是以自然资源开发为主的纵向一体化生产活动，然后是以进口替代和出口导向为主的横向一体化生产活动。

坎特威尔和托伦惕诺的技术积累—技术改变的演进理论构造了一个以技术创新为动力、技术积累为基础，发展中国家产业结构与对外投资结构在相互促动中不断升级的动态过程。这一理论有力的诠释了20世纪80年代以来发展中国家尤其是东亚新兴工业体对外投资的结构由发展中国家向发达国家、由传统产业向高技术产业流动的轨迹，对于发展中国家通过对外投资来加强技术创新与积累，进而提升产业结构和加强国际竞争力具有普遍的指导意义。

四、一体化国际投资发展理论

小泽辉智的一体化国际投资发展理论把经济发展、比较优势与对外投资作为相互作用的三种因素结合于一体，阐明当经济发展到一定阶段时，发展中国家如何通过对外投资来促进经济转型。该理论的核心思想是，直接投资的发展及其模式完全遵循比较优势的动态变化，发展中国家的对外投资必须与其工业化战略相结合，最大限度地发挥现有比较优势，尽可能地激发潜在的比较优势。小泽辉智认为，不断地增强本国比较优势从而保持经济竞争力的动机是发展中国家从纯吸收外资变为向海外投资的基本动机，而物质资本和人力资本的不断积累、劳动力比较优势的减弱等要素禀赋的变化引发的比较优势的动态转化，是发展中国家由直接投资输入国向输出国、由劳动力导向的直接投资向技术导向的直接投资转变的主要原因。国与国之间经济发展阶段的差异性和动态比较优势的互补性为发展中国家通过直接投资实现经济转型和赶超创造了机会。为此，发展中国家应以增强比较优势为基准，以出口导向战略为条件实施对外投资。

五、对外投资的不平衡理论

对外投资的不平衡理论从公司资产组合平衡的角度论证了对外投资在公司竞争优势形成与发展中的意义。该理论指出，存在资产相对不平衡(如缺乏技术优势、无法形成规模经济等)的企业，可以通过对外投资在国外市场寻求补偿性资产，从而使其资产组合达到平衡，竞争力得到显著增强，战略地位发生根本性逆转。因此，对外投资是处于相对劣

势的企业增强竞争实力,在竞争中实现赶超的有效途径。

通过对发展中国家跨国企业的实证分析:当一个企业的特定优势较弱时,可以选择"走出去"来避免国内竞争,并通过海外投资来创建和增强其竞争优势。因此,相对于具备所有权优势的企业而言,处于所有权劣势的企业从对外投资中获得的收益更多。同时,发展中国家的企业在发达国家投资设厂,因为经营地域的改变而克服自身的品牌劣势,获得东道国市场的认同,形成优良的国际竞争者形象。所以,在国际市场尤其是在发达国家市场的竞争中,对外投资是增强发展中国家企业与发达国家企业抗衡实力的有效手段。不平衡理论从一个崭新的视角分析和研究了发展中国家企业对外投资的动机和意义。按照这一理论,所有权优势和所有权劣势在推动发展中国家企业对外投资中所起的作用是相当的。对外投资作为发展中国家企业在国内外市场竞争中平衡资产组合,增进竞争能力的有效途径,无论对于发展中国家的优势企业还是劣势企业,对于应对国内竞争还是国际竞争,都具有同等重要的战略意义。

5.2 国际直接投资的主要类型与特征分析

5.2.1 国际直接投资的主要类型

追求高额利润或以追求利润最大化为目标是外商直接投资的根本动机。在此前提下,外商直接投资大体可分为以下三种主要投资类型:

一、市场寻求型直接投资

即利用物质和劳动成本优势、市场规模及特征优势以及政府政策优势,通过直接投资进入外国市场或扩大国际市场份额。其主要目标是保护现有市场,在新市场上排挤竞争者或潜在竞争者。

二、资源寻求型直接投资

一是寻求自然资源,即通过直接投资确保自然资源投入品的供应,目的是比其他竞争者有限获取自然资源。二是寻求人力资源,获取廉价劳动力。该类投资的主要投资领域包括:石油、铜、锌、香蕉、菠萝、可可等劳动密集型产品的生产及加工。

三、效率寻求型直接投资

即通过直接投资降低总成本,尤其是降低如劳动力投入的成本。其主要目标是利用廉价劳动力成本以及政府鼓励当地生产的激励措施,实现地区或全球生产合理化,赢得加工专业化优势。该类投资通常有两种情形:一是降低生产成本,提高生产效率;二是获得规模经济效益。当企业的发展受到国内市场容量的限制而难以实现规模效益时,企业可通过对外直接投资,将其闲置的生产力转移到国外,以提高生产效率。该类投资的主要投资领域包括:汽车、电器设备、商用服务、某些研究及开发活动、纺织品及服装、照相机、医药。

5.2.2 国际直接投资的特征与新特点

外商直接投资不同于国际间接投资,其具有投资周期长,风险性大,形成的是真实资产,双方均获益巨大等特征。随着经济全球化的进一步加速,国际资本流动呈现出一系列新的特点:

(1) 短期性投机资本活跃,资本流动的速度加快,流动周期缩短。

(2) 高技术资本剩余增加,跨国公司资本向外扩张的要求增加。

(3) 资本流入的技术用途增加,也就是技术资本投资扩张加快。

(4) 在FDI流入中,并购资本流入份额增加,股权投资规模扩大,但在前期快速增长后会面临短期调整。

(5) 流入发达国家的资本有所减少,更多国际资本正在加快流向发展中国家和地区。

(6) 从区域分布上看,国际资本流入亚洲地区的数量正在逐渐增加,主要是那些市场容量和潜在需求比较大的经济体。

(7) 在发达国家中,资本流入欧、日的速度正在加快,而流入美国的速度正在降低,美国经济可能会因资本流入减少而放慢增长。

5.3 外国直接投资(FDI)与中国

在全球化的浪潮中,FDI已成为全球经济发展的推进器,FDI的规模也在不断扩大。从近几年FDI增长幅度一直高于同期世界经济和国际贸易的增长率来看,前者已经并将继续成为比国际贸易更能推动本国产业发展,带动世界经济增长的强大动力。在中国,FDI也已成为推动中国经济发展的重要动力。

5.3.1 FDI在中国的发展轨迹

自中华人民共和国成立至改革开放以前的近30年时间里,由于当时复杂的社会历史条件,我国对利用外资实质上处于封闭状态。自1979年以来,积极利用外资以加快经济发展步伐日益成为我国改革开放的重要组成部分,外商对华投资从无到有,规模不断扩大。特别是自1992年起,外商直接投资首次超过对外借款而成为我国实际利用外资最重要的形式。但是,尽管我国吸收外资起步较晚,但在利用外资方面取得了优异业绩。如果按新建投资计算(即排除不增加吸引国生产能力的并购),我国自20世纪90年代以来,一直是全球最大的外资流入国。2004年1月至8月,中国外商直接投资已达430亿美元,联合国贸发会议《2004年世界投资报告》预测认为,2004年中国FDI流入量将达到600亿美元。

中国的FDI的主要来源是东亚，尤其是来自我国香港、台湾和澳门（以下简称港澳台）地区的FDI，占了中国内地的FDI总额的55%，有时候甚至超过了80%。其中，主要是由华侨进行的投资。

在中国的FDI的构成、行业投向及区域分布，有很大的不同。劳动密集型行业，如食品和饮料、纺织和服装、轻制造业，占香港对中国内地制造业投资的45.8%，占台湾对中国大陆制造业投资的45.2%，而只占美国对中国大陆制造业投资的35.2%，占欧洲对中国大陆制造业投资的32.4%。资本和技术密集型，如化工、制药、电子（大部分是劳动密集型）和机械，分别占香港对中国内地投资的45.7%，占台湾对中国大陆投资的44.1%（事实上这其中很大一部分都投入了电子工业的劳动密集型组装阶段），占美国对中国大陆投资的52.5%，占欧洲对中国大陆投资的61.8%。

不同来源的外国直接投资的区域分布也显而易见，投资者都喜欢在沿海地区投资，都有自己钟情的沿海省市。我国香港的投资者集中在广东，因广东在地理、人口和文化上都与香港很接近，而且使用同一种语言——粤语。基于同样的原因，我国台湾投资者喜欢投资福建，距离相近而且使用同样的闽南语；韩国投资者集中在山东；日本投资者集中在辽宁。选择在沿海地区投资是因为那里的企业多为出口导向型。沿海地区因为吸收了海外华人的投资，已经成为高度城市化的人口聚集区和庞大的消费品市场，这些地区也发展了基础设施，这对于小型的劳动密集型的投资也许不重要，但是对于大规模的资本和技术密集型工业来说，确实是必不可少的。西方国家的投资也广泛地分布在沿海地区，而非集中在某一省份。当然，近几年，外国直接投资在上海地区规模和速度是非常大的。

5.3.2 我国利用FDI状况分析

一、我国吸收外商投资规模和主要方式

截至2000年底，累计批准外商投资企业项目364 345个，合同外商投资金额6 767.18亿美元，外商实际投资3 486.24亿美元。

以中外合资/合作经营企业为主，占总数的68%左右；外商独资企业占28%左右，但近年来，批准外商独资企业数目有逐步提高的趋势。

二、吸收外商投资的行业分布和区域分布

农、林、牧、渔业批准项目占外商合同投资总额的3%左右；工业项目占合同外商投资金额的61%左右，比重最大；房地产公用服务业项目占外商合同投资总额的26%左右；商业、饮食服务业项目占合同外商投资金额的7%左右；建筑业项目占外商合同投资总额的3%左右。

我国的对外开放，实行的是从沿海到内地的渐进式开放战略。同时由于经济发展水平较高和地缘优势等原因，沿海地区的开放度要远远高于内陆地区。所以，外商投资也多集中于沿海开放地区。

三、吸收外商投资来源

我国吸收外商投资中来源于香港的投资占一半以上,来源于台湾的投资也较多。在发达国家中,对华投资最多的是日本,美国对华投资居所有国家和地区的第二位,欧盟国家也有较多的实际投资额。

5.3.3 我国FDI快速增长原因

商务部提供的统计数字表明:2002年1~7月份,我国新批设立外商投资企业18526家,增长31.8%,合同外资金额543.5亿美元,实际利用外资金额295.4亿美元,比2001年同期分别增长31.8%和22%。

根据联合国贸发会议发布的《世界投资报告》,我国已连续多年位居发展中国家和地区吸收外资国家的首位,已经成为全球瞩目的外商投资首选地之一。

一、良好的宏观经济环境和宽松产业政策

中国宏观经济环境的日益优化,为外商投资提供了现实保障和广阔前景。中国改革开放以来的20多年里,国民经济一直保持了高速增长,平均增长速度达到两位数,在世界各国中名列前茅。20世纪90年代后期以来,虽然增长速度有所降低,但仍然达到了7%~8%,这在全球经济增长缓慢的情况下更是难能可贵。2002年上半年,中国经济增长了7.8%,约为全球平均经济增长速度的3倍。与此同时,宏观经济环境也较稳定。近年来为了促进经济发展,政府采取了积极的财政政策,稳定汇率,降低利率。寻求安全稳定的投资是经济低迷时国际资本进行投资决策最优先考虑的因素和内在动力。

加入世贸组织后我国从各个方面积极履行入世承诺,法律政策的相应调整、投资领域的进一步扩大、关税及非关税壁垒的降低等,都从客观上为外商提供了更加公开透明的政策,及运转成本和风险更低的企业经营环境,这是外资快速流入我国最直接的原因。

二、跨国公司自身的调整和海外华人对大陆投资

如果说积极履行入世承诺是促使吸引外商直接投资"加速"的内因,那么近年来,跨国公司结合自身结构的调整,到投资成本更低、投资潜力更大的我国投资则是FDI流入我国的外因。

港澳台地区对中国内地的投资状况是由海外华人相对于其他竞争者的特殊优势决定的。在出口上,相对于国内生产者,他们的优势是了解国外市场和技术;相对于跨国集团,他们更懂当地的情况和语言,知道如何管理当地在出口制造方面的一个重要的相对优势——低价格、低技术的劳动力。

在东亚地区,除了韩国,最早开始出口导向的工业化的企业家多是华人,他们与中国

内地有家庭关系和语言的亲和性。所以中国自然而然成为海外华人寻找廉价劳动力,转移轻型、出口导向型制造业的目的地。1985年,中国对外资开放珠江三角洲和10个沿海城市,成千上万的中小型制造商经过香港涌入广州和福建南部地区。中国因此成为亚太地区劳动密集型出口产业发展带动经济发展的受益者。海外华人成为传播这种经济发展的中介。

5.3.4 FDI与我国的产业结构调整

一、FDI与产业结构的互动机制

(一)国际产业结构的演进时滞

各国产业结构升级由于经济发展水平的不同在世界范围内呈现此起彼伏的状况。发达国家已经进入产业化高度阶段,产业结构变化重心主要是服务业内部结构的变化和制造业的优化,发展中国家产业结构的变化还处在大产业结构调整时期,与发达国家的变化存在着明显的时滞。发达国家与新兴工业化国家之间,新兴工业化国家与广大发展中国家之间的产业结构都存在一个明显的演进时滞,为国际产业梯度转移提供了可能。

(二)国际产业的梯度推进

一个经济实体推行外向型经济策略,首先是通过产品出口,使其逐步纳入国际分工体系,这时,一方面享受比较优势带来的利益;另一方面却强化着对国际分工体系的依赖;继之,随着当地劳工及其他经营费用的提高,产品的比较优势发生变化,产业结构不断升级,旧的产业向外转移,扩大对外直接投资。其传导机制可简述为:

产业结构提升→产品的国际竞争力增强→FDI动力与引力变化→FDI加强

由上述可知,世界各国产业结构的差异和各国产业结构的演进给国际直接投资提供了重要条件。

第一,新兴产业的发展和原有产业新技术基础上的活力再现给企业提供了有利机会。技术进步的这种作用通过供求两个方面来实现。技术的发展带来新的产品,满足新的需要,形成了以前不存在的市场,扩充了原有的市场容量,为满足新市场和需求而进行的经营活动,不仅自身需要以投资为前提,而且会刺激相关领域的投资。

第二,各国之间产业结构演进时间上的差异,使企业获得通向其他国家投资转移边际产业的机会,并且使企业得以重组,扩充企业内部的国际联系。企业将衰退行业的资源转移到成长中的邻近行业以实现多角化经营;同时向其他国家转移在国内已丧失比较优势的产品和部件的生产;总部业务和子公司业务的多样化通过企业内部贸易而连接起来。

第三,由于服务业与实物产品制造业的大大不同,使服务业企业扩大对外投资成为获取海外市场的必然选择。① 服务业产品具有不可贸易性决定了其不可能通过对外出口来占领海外市场。② 通常是高素质劳动密集型行业,服务质量因人而异,竞争优势在于能一贯保持高品质的能力、规模和专业化经济的能力。

二、国际产业梯度转移为我国产业结构调整提供了广阔空间

我国产业结构高度化严重不足,与国外发达国家相比,我国的产业结构变动仍处于三次产业变动弹性较大时期,而国外产业结构则处于变动弹性较小,且处于高度化组织过程的新阶段。因此,我国产业结构竞争力与发达国家仍差一个水平级。世界各国的产业发展具有明显的阶梯性动态特征。当后起的国家借助劳动力密集型产业在国际分工中寻求经济高速增长时,发达国家已找到资本、技术密集型产业,又为后继者留下了广阔的发展空间。

借鉴新兴工业化国家产业结构调整的经验,我国应实现产业结构高度化,在接受发达国家及新兴工业化国家由于产业转移FDI的同时,将不再具有竞争力的边际产业转移到其他更低阶梯国家和地区,实现产业结构的再转移。此外,还应加强对发达国家的FDI用以扩大出口,获取高新技术。我国将在国际产业的再转移中获得双重效应,一方面,为上游国家移入更高级的产业留下了空间和资源;另一方面,通过再转移利用更廉价的劳动力和资源以获取超额利润。综上可知,国际产业梯度的转移为我国产业结构调整和升级提供了广阔空间。

5.3.5 FDI与我国的产业政策调整

产业结构是一国国民经济运行层面的经济结构,表现为各产业之间及各产业内部的逻辑关系。资本是各个产业得以健康、持续发展的血液,没有资本的维持很难实现规模经济的发展。因此,产业结构是产业投资的基础,二者具有很大的联系,足够的产业投资有利于形成合理的产业结构,反过来产业结构的调整又促进产业投资。

尽管全球对外直接投资(FDI)在呈下降趋势,但在中国市场却保持了良好的增长趋势,这主要是因为中国的宏观经济稳定,经济持续稳定发展,通货膨胀率低。为了有效保护国内弱势产业,使其健康发展,同时促进产业结构升级,在积极引进外资的同时政府需要制定一些相应的对策和政策,同时鼓励中国优秀企业到海外投资,参与国际竞争。

一、调整产业结构,开放新的投资领域

总体来说,我国的产业结构不尽合理,第三产业发展缓慢,而我国的沿海地区,如长江三角洲、珠江三角洲,已经发展成熟,应该加快其服务业的发展,让制造业逐步向内地转移,以实现产业结构的调整。

中国应该抓住入世的契机,进一步开放服务业领域,如开放金融、证券、商业、中介服务等领域,将国外先进的管理方式引入,逐步为我所用,同时开放新的投资方式。当前以

兼并、收购为主的投资方式在世界各国都很盛行,中国也应该大胆尝试鼓励其以并购方式来中国投资,改变以往多用的"绿地投资"①方式,允许外商以控股的方式投资某些行业。进一步地,中国政府可以考虑将外资引入到国有企业的改革中去,争取早日实现国有企业的全面转变。

二、加快制定相关的产业法规政策

制定相关产业法规政策,对外商投资进行合理保护,同时也对本国的某些弱势产业进行保护。

在法律法规方面,我国还有很多法律很不完善,这很大程度上阻碍了外资的积极引入。例如,将外资引入到国有企业改革的问题只能是试探性的接触,双方都有意愿,但是法律的不完善阻碍了其发展。

三、加快西部开发的步伐,积极将外资引入到西部地区

西部地区相对落后,基础设施也不完善,政府应该将外资引入到西部基础设施的建设上来,给予外资以一定的优惠政策,营造一个良好的投资环境,逐步实现资本由沿海地区向内陆地区的转移。

案 例

FDI 与产业结构调整

20世纪70年代中期,随着美、日的第二次产业结构调整,亚洲"四小龙"适时地把美、日淘汰出来的一些资本和技术密集型的重化工业吸收过来,以建立重化工工型劳动密集型为主导的产业结构。例如,1973年韩国宣布的"重化工工业政策"宣言,将制造业投资大部分用于重工业,实现了产业结构的一次升级;与此同时亚洲"四小龙"把许多受到生产要素制约的劳动密集型产业,如服装、纺织、鞋类等转至亚太地区其余发展中国家。进入20世纪80年代以来,随着美、日等发达国家产业结构的第三次升级,亚洲"四小龙"也进行了产业结构的进一步升级。另外,中国台湾有关方面推行了科技升级政策、新加坡开始了"第二次工业革命",中国香港则致力于"工业多样化",韩国则谓之"工业尖端化"。亚洲"四小龙"在这次产业结构升级中,将重化工工业中的劳动密集型产业、装配加工产业再次转移到亚太地区其他一些发展中国家。这些成功经验对当今中国吸引 FDI,承接国际产业梯度转移,成功进行产业结构调整和升级同样具有借鉴意义。

---

① 所谓"绿地投资"是指合资或独资等新设企业的外商直接投资方式,与"并购"方式相对应,同为 FDI 的两种主要模式。

本 章 小 结

1. 随着发达国家企业对外直接投资的迅速发展,国际投资与资本理论也在不断地演进之中,从20世纪60年代起,西方经济学家相继提出了一系列对外直接投资的理论:垄断优势理论、产品生命周期理论、寡头垄断行为学说、比较优势理论、内部化理论、国际生产折衷理论等。

2. 外商直接投资大体可分为三种主要投资类型:市场寻求型直接投资、资源寻求型直接投资、效率寻求型直接投资。

3. 近20年来,中国利用外商直接投资取得了巨大成绩,可以从我国吸收外商投资的规模、吸收外商投资的主要方式、吸收外商投资的行业分布、吸收外商投资的区域分布、吸收外商投资来源等方面进行分析。

4. 我国FDI快速增长的原因主要在以下几个方面:良好的宏观经济环境、宽松的产业政策、跨国公司自身的调整、海外华人对大陆的直接投资等。

5. FDI与产业竞争力具有重要的关联机制。同时,分析FDI与产业结构的互动机制,将有助于我国的产业结构调整和加快产业升级。

本 章 习 题

1. FDI的理论演化进程是怎样的?
2. 谈谈当代国际直接投资理论的创新之处。
3. 中国吸引FDI的历程是怎样的?
4. 我国FDI快速增长的原因在哪里?
5. 分析中国吸引FDI的政策和流向。
6. 国际产业梯度转移与我国产业结构调整之间的关系是怎样的?
7. 从FDI与产业结构的互动机制思考我国产业结构调整和产业升级。
8. 分析中国吸引FDI的成功和不足。如何才能有效地利用FDI?

第六章 金融租赁融资

学习目标

- 了解金融租赁的概念和特点;
- 掌握金融租赁的形式;
- 掌握金融租赁的操作程序;
- 掌握金融租赁的租金计算方法;
- 了解金融租赁保险和相关的法律;
- 了解国际租赁的特点、种类和基本程序。

租赁是物品所有人(出租人)收取一定报酬让渡使用权,或者物品使用人(承租人)通过支付费用在一定期限内获得使用权。它是所有权和使用权分离,是价值的单方面转移,因此,有信用的特征。

融资功能是租赁的重要功能之一。相对银行贷款、债券和股票融资,租赁作为一种独特的融资方式有其鲜明的特点和优势:

(1) 融资手续便捷。出租人对承租人的审查更侧重于承租人的未来盈利能力,因此租赁往往成为新建的中小企业融资的选择。

(2) 融资数额可大可小,租金支付的方式多样,具有很强的灵活性。

(3) 除融资性租赁外的租赁不会增加承租人的负债,同时又可以在税收上获得好处。

(4) 承租人可以获得百分之百的融资。

租赁一般可以分为经营性租赁和融资性租赁。经营性租赁指承租人在出租人提供的租赁物品中选择,并支付一定费用获得物品使用权,而出租人提供和租赁物品相关的保养、维护、保险等的服务。融资性租赁,又称金融租赁,是由承租人选择租赁物,而出租人按照承租人的指定购买物品,并出租给承租人,和租赁物品相关的保养、维护、保险等则通常由承租人来承担。因为融资性租赁更具有针对性的特点,它成为租赁融资中的主要形式。因此,本章着重介绍金融租赁。

6.1 金融租赁融资概述

6.1.1 金融租赁的概念和特点

金融租赁,又称融资租赁,是指当企业需要添置某些技术设备而又缺乏资金时,由出租人代其购进或租进所需设备,然后再出租给承租企业使用,按期收取租金。其租金的总额相当于设备价款、贷款利息、手续费的总和。租赁期满时,承租人以象征性付款取得设备的所有权。金融租赁公司发起于1952年8月的美国,由于它兼有输出资本与吸收外资、货物与引进先进技术、设备的双重职能,因此,不论是在经济危机时期,还是在经济繁荣时期,每年均以15%～25%以上的速度向前发展,到了20世纪60年代中期,美国政府正式批准美国金融界进入金融租赁市场,此举使美国金融租赁行业的发展突飞猛进。同时,也促使欧洲各国金融界、日本金融界纷纷效仿。进入20世纪80年代,融资租赁发展更为迅速,相继被一些亚洲、拉美等发展中国家引入。金融租赁业之所以能在国际金融界引起广泛关注和得以迅猛发展,关键是其对企业可提供百分之百的融资,使企业能扩大对流动资金的需求,并借此推动科学技术的深入发展,使各种先进的技术设备接踵问世,从而加快社会经济发展的步伐。

现代租赁是以金融租赁为其重要标志的租赁信用形式,承租人不仅可以通过租赁获得设备的使用权,而且可以把租赁信用作为一种融通资金的手段。正是由于金融租赁这种既融资又融物的特殊功能,使其在短短30年间迅速地发展起来,并且在全世界广为普及。更因为金融租赁在发展中国家用于引进外资时,取得了良好的成效,如通过金融租赁绕过贸易保护主义的壁垒,突破发达国家对某些先进技术设备的输出所做的种种限制,引进到自己所需的资金和技术设备,所以金融租赁越来越引起众多国家的重视,从而在税收、贷款、保险等方面给予一系列的鼓励措施,为其顺利发展创造了良好的政策环境。

金融租赁是以资金形态和商品形态相结合的信用形式,它把"用资"和"融物"结合为一体,在向企业出租设备的同时,也解决了企业的资金需求,因此具有金融、贸易双重性。具体来说,金融租赁具有以下几个基本特征:

(1)租赁物件的所有权与使用权分离。在金融租赁的交易中,虽然设备是承租人指定的,由出租方出资购进,但在约定的租期内,设备的所有权仍属于出租人,承租人获得的是设备的使用权,并且承租人对租用设备负有维修、保养以使之处于良好状态的义务。租期满之后,承租人可享有留购、续租、退租等多种选择。

(2)租金的分期归流。在租金的偿还方式,金融租赁与银行信用、消费信用一样,采取分期归流的方式。这种租金分期归流的特征,对承租人来说,一是能以较少的投入,取得较大的经济效益;二是只需支付一定的租金,就可超前获得设备的全部使用价值,有利于企业提高效益。

（3）金融租赁至少涉及三个方面的关系，包括两个合同或两个以上的合同。出租方向供货方购买设备，同时将其向承租方出租。由此而产生了出租方与供货方订立的购买合同和出租方与承租方订立的租赁合同。除了这两个基本的合同以外，当遇到杠杆租赁的情况时，还会增加一个出租方向金融市场融资而签订的融资合同，通常是贷款合同。

（4）承租人对设备和供货人有选择的权利，也承担设备的保护、维修和保险等责任。

（5）租赁合同一经签订，承租人不得中途退税或要求退租，出租人也不得单方面要求撤销合同，这是由用货物的专用性和租赁期限的长期性决定的。

（6）在会计处理上，租赁物要纳入承租人的资产负债表。

（7）正是由于以上基本情况决定了金融租赁不同于其他租赁方式，其承租的目的，不是短期使用，而是为了添置设备供长期使用，因此租赁物件也主要是寿命较长的大型专用设备。

6.1.2 金融租赁的形式及作用

金融租赁的具体形式包括：

一、直接租赁

直接租赁是指由租赁公司以自有资金向供应厂商购进技术设备，向承租企业出租，或由租赁机构通过向国外借款方式向国外厂商招股集资等方式，筹集外汇资金，购进外国技术设备，向承租企业出租。

二、回租

回租也称返租赁，这是承租人将自制或外购的机器设备先按账面价格或重估价卖给租赁机构，然后以租赁方式租回使用。回租业务使企业既能保持原有设备的使用权，又能使这些设备所占用的资金变为现款，从而使固定资产流动化，减少了资金占用，加速了资金周转。

三、转租赁

这是出租人先作为承租人向其他租赁机构租入机器设备，再将该机器设备以出租人的身份租赁给使用单位使用。转租赁业务一般适用于引进外来的物品或设备。由于对同一台技术设备，产生了两次租赁业务关系，使设备的所有者与设备的使用者之间没有任何直接的经济或法律关系。

四、委托租赁

委托租赁是指租赁机构接受企业单位或其他租赁机构的委托，为其设备联系、宣传、寻找承租单位。在委托租赁业务中，租赁机构作为中介人出现，当承租单位确定之后，由租赁中介单位、委托单位和承租单位商洽租赁条件，并由三方共同签订租赁合同。

五、杠杆租赁

杠杆租赁是指一家租赁公用（出租人）先出小部分资金，一般占租赁设备价款的20%～40%，其余的通过把租赁物件作抵押，以转让收取租金的权利作附加担保，联合若干家其他金融机构共同提供一项租赁融资，形成较大的资金规模，以购买大型资金密集型设备，提供给承租人使用。设备出租后，承租人要向贷款人支付租金，以替出租人偿还借款债务。

杠杆租赁还有其他几个特点：出租人最多仅能将设备价值的80%租给承租人；租金不得预付或延期偿付；各期所付租金多少相差不得太悬殊；出租人对承租人使用设备不得加以任何限制；租赁期满，出租人必须将设备的残值按当时的公平市价售与承租人，或按此价格续租。

在金融租赁的各种具体业务形式中，由于杠杆租赁涉及第三方贷款，因此通常被认为是法律关系最复杂、操作程序最繁琐的一种租赁形式。

6.1.3 金融租赁融资的利弊

在固定资产融资方面，企业经常面临着这样的问题：是购买还是租赁？这取决于对这两种方案的成本分析。但在借助差别成本分析之前，有必要先从对租赁融资的利弊进行综合评价。

金融租赁融资的主要优点：

1. 机动灵活。租赁融资的最明显优点在于它的灵活性。

与中长期银行贷款不同，租赁融资一般不会导致出租人对企业的营运资本水平、资本结构、继续举债、股利分派等投资、融资和经营决策施加种种限制，从而使企业能够针对不断变化的外部环境，独立自主地调整它们的决策。

2. 节约税赋支出。尽管根据税法的规定，固定资产的折旧以及固定资产的租金均可抵扣应税所得。但是，企业为固定资产支付的租金，往往大于企业直接拥有固定资产所能计提的折旧。因此，以租赁的方式获得固定资产，比以购置的方式获得固定资产，通常能为企业带来较少的税赋支出。而继续回租已提完折旧的固定资产，企业还可以以租金的方式获得税赋上的好处。

3. 保持企业的举债能力。借入银行贷款将提高企业的资产负债率，从而削弱企业在将来继续举债的能力。但是，如果企业进行经营租赁，则其资产负债率将不会受影响。因为在经营租赁的情况下，企业无需在资产负债表上将租赁义务反映为负债。这样，企业将来的举债能力就不会因为租赁而受到影响。因此，经营租赁经常被冠以"资产负债表表外融资"。

4. 避免技术陈旧风险。在当今高科技的时代里，技术发展突飞猛进，产品更新换代日新月异,购置固定资产使企业面临着相当大的技术落后风险。以租赁的方式获得固定资产,便可在很大程度上避免技术过时和陈旧,因为通过租赁,固定资产的所有权不属于企业,而属于出租人。如果固定资产因技术发展而显得陈旧落后,所引起的损失只能由出租人承担,而与企业无关。诚然,出租人在确定租金时,往往会考虑技术陈旧的风险,但是,在市场竞争的条件下,出租人是无法将固定资产技术陈旧风险的损失完全转嫁给承租人的。

金融租赁融资不足之处:

1. 租赁义务的不可撤销性。在资本租赁的情况下,承租人一般不得在租赁期满之前撤销租赁契约。这无疑限制了企业将来的决策自由。如果经过一个时期的试验,证明某个投资项目确实无利可图,企业可以很容易地放弃这个投资项目,但却很难撤销资本租赁义务。

2. 租赁成本较高。租赁固定资产所支付的租金总额,一般高于固定资产的购置价格。因为对于出租人来说,出租固定资产比出售固定资产要冒更大的信用风险以及技术陈旧风险,出租人理所当然要收取较高的租金,以补偿额外风险。但从企业的角度看,这个缺点也不应过分夸大。因为企业采用的是租赁方式,而不是购置,故无需一次性付款,只需在相当长的租赁期限内分次支付租金,如果将货币时间价值的因素考虑在内,企业实际负担的租赁成本就可能大打折扣。

3. 失去享受资产增值的机会。显而易见,如果企业租入的是土地、厂房、楼馆等不动产,即使这些不动产因物价上涨而大幅度增值,企业也无缘享受这些好处。因为这些不动产的增值利益属于其所有者(出租人),不属于其使用者(承租人)。

4. 不利于资产的技术改造。租入的资产,其产权不属于企业,即使企业对租入资产的技术性能不满意,也难以对其进行技术改造。究其原因,包括两个方面:

其一,租赁契约一般规定,除非得到出租人的同意,承租人不得随意改变所租资产的技术性能。

其二,即使得到出租人的授权,承租人往往也会因担心在租赁期满之前未能完全利用技术改造所带来的利益而放弃技术改造的计划。

综上所述,租赁融资既有利,也有弊。在作出是购置还是租赁的决策时,财务人员必须首先对租赁融资的利弊进行权衡,在此基础上,根据差别成本分析法,最终决定是以购置的方式,还是以租赁的方式来获得所需的固定资产。

6.2 金融租赁融资合同

6.2.1 金融租赁涉及的合同及其主要内容

在租赁业务中,直接当事人除租赁双方还有供货人,如果是杠杆租赁,则还有贷款人介入。因此租赁业务的合同要比一般的买卖合同复杂得多,它往往由几个合同组成,如出租人与供货人签订的进出口销售合同;出租人与承租人签订的租赁合同;出租人与金融机构订立的贷款合同等。

一、贷款合同

贷款合同,是出租人为融通资金而与有关金融机构之间达成的协议。主要内容包括融通资金的双方当事人名称、借款的目的、借款的金额和期限、借款的利率、还款资金的来源和还款的方式、借贷双方的权利和义务、担保条款及违约的责任等。

二、进出口购销合同

进出口购销合同是出租人作为买方,按照承租人与供货商就买卖某项设备各自应享有的权利和应承担的义务进行磋商,代承租人与供货商签订的,并由承租人签字确认的书面协议。

进出口购销合同的基本内容和性质与一般进出口合同类似,但其中有一些是直接与租赁相关的条款,这些条款包括如下内容:

(1) 卖方要在进出口合同中确认合同标的物是作为买方和承租人之间签订的租赁合同中的标的物,由买方向承租人出租。

(2) 卖方要向买方和承租人保证,合同标的物的规格、式样、质量、性能和其他全部条件均符合承租人的使用目的。

(3) 保证期内有关合同规定的质量保证及卖方提供的服务和应承担的义务,均由卖方直接向承租人负责。

(4) 与租赁有关的特别条款。

(5) 合同由买卖双方签字,但承租人要同意并确认此合同条款,一般要求承租人在合同中附签。

三、租赁合同

租赁合同是出租人与承租人为租赁特定机器设备等租赁物而明确双方的权利和义务的协议。租赁合同是租赁业务众多合同中的主要部分,它通常包括一般性条款和专业性条款。

(一) 一般条款

1. 合同说明条款。该条款包括合同的名称,当事人的名称、住所、国籍,签订合同的地点、日期,出租人应承租人的要求购进承租人选定的设备,按照双方共同商定的条款租赁给承租人使用。

2. 合同实施的前提条件条款。在履行了前提条件或生效条款后租赁合同才能生效。一般的前提条件有:项目批准文件,进出口许可证和偿还租金保证函等。

3. 租赁设备条款。该条款写明租赁设备的名称、制造商、出厂日期、规格、型号、数量、技术性能、交货地点和使用地点。

4. 租赁设备的交货和验收条款。该条款规定承租人确认出租人和供货人之间有关进出口销售合同中的租赁设备是承租人根据自己的需要所选定的,承租人须向出租人提供必要的各种证明,还应规定设备交付和验收时各方所负的责任。

5. 税款费用条款。租赁所涉及的进口关税、工商税和海关当局规定的增值税和产品税等税款,支付方法在合同中规定,如未作规定则由承租人支付。

6. 起租日和租期条款。起租日即开始计算租金的日期。租期即合同有效期或承租人使用租赁设备的期限。承租人根据租赁设备在供货方或出租人所在国的法定使用寿命,结合偿还能力和实际需要与出租人协定租赁期限。

7. 租金支付条款。除明确规定除非因出租人的过错,承租人有义务按照租赁合同规定向出租人支付租金外,一般还规定如下几条:

(1) 租金的构成和计算方法。

(2) 租金的数额、支付日期、支付方法、次数、支付地点及币种。

(3) 支付租金的期数。

(4) 第一次支付租金的时间。

(5) 租金支付形式。

(6) 关于租金的变更条款。

(二) 特殊条款

1. 购货合同与租赁合同的关系条款。

2. 租赁设备的所有权条款和使用权条款。租赁期内,设备所有权属于出租人,承租人在租赁期内对设备的抵押、转让和出售都是不允许的;对租赁设备的性能、技术资料也须保密;对租赁设备的迁移、改装要事先征得出租人同意才行。

3. 承租人中途不得解约条款。

4. 对出租人负责和对承租人保障的条款。

5. 对承租人违约和对出租人补救的条款。

6. 租赁设备的使用、保管、维修和保养条款。只有在经营租赁中,设备的保养和维修才由出租人负责。而在其他租赁中,除非合同订立由出租人负责,一般由承租人负责。当设备在使用过程中的正常磨损或者并非出租人使用不当而造成的损失应该由出租人负责。

7. 保险条款。

8. 租赁保证金和担保条款。

9. 租赁设备租赁期满的处理条款。对租赁设备租赁期满的处理,不同的国家有不同的规定。在现行的金融租赁当中,大多数承租人在租赁期满时,将应交的租金及其他款项付清后,只需支付名义货款即可获得租赁设备的所有权。

10. 对第三方的责任条款。

11. 转租赁条款。租赁期间，承租人有权将租赁设备转租给他人使用，但必须取得出租人的书面同意。

12. 租赁债权的转让和抵押条款。在不影响承租人对租赁设备的使用权的前提下，出租人有权在未经承租人同意，将租赁合同规定的全部或部分权利转让给第三者，或提交租赁设备作抵押。

13. 预提所得税条款。预提所得税指非本国境内的企业等其他经济组织在将本国所得的利息、股息等汇出本国时需向本国税务机关缴纳的所得税。在国际金融租赁中，如果出租人和承租人分属不同国家，出租人往往要求在合同条款中写明由承租人为其代缴预提所得税。

14. 争议解决条款，该条款规定在履行合同期间，双方当事人出现争议时，采取何种方式来解决。在国际租赁中，一般有三种方式来解决争议：双方协商、仲裁、法院审理。

6.2.2 合同的变更和解除

变更指基于一定的法律事实而改变租赁合同的当事人、合同内容或租赁物件的法律行为。从变更的性质来看，租赁合同变更有三种情况，即主体变更、内容变更与客体变更。租赁合同的终止就是合同有效期届满，合同中规定的权利义务都已实现，合同履行完毕。由于金融租赁合同不可中途解约，所以合同到期是终止的最常见原因，但有时也会由于出现当事人有严重违约行为或租赁物件灭失或毁损等情况而终止租赁合同。

租赁交易中，由于出租、承租各方承担的义务不同，履行时间有长有短，所以租合同执行的违约事件多见于承租人。实务中常见的违约形式有：

（1）违背租赁合同，不支付合同条款规定应支付的任何一项或任何一期款项。

（2）不能履行租赁合同或契约规定的其他任何一项承租人的义务。

（3）担保人不能履行其对出租人所作的任何承诺。

（4）承租人（或担保人）采取了任何一种歇业的措施或方式，或者承租人（或者担保人）的资产已指定了接受人。这种情况下的承租人实际上将丧失其法人地位，无法续约。

（5）租赁物件被没收。

（6）承租人因其他租赁关系或因贷款义务而违约。

（7）出租人的违约行为，多是其未能完全履行租赁合同规定按时提供合格租赁物之义务。

金融租赁中发生争议时，可以通过租赁当事人自行协商解决，或者在第三者参加下，根据各自愿望进行调解，或者根据有关规定或当事人之间的协议，由一定的机构以第三者的身份，对双方发生的争议，对事实上作出判断，在权利、义务上作出裁决等方法进行解决。当当事人不愿或无法利用上述各种方法有效地解决其争议时，则一方可向有管辖权的法院提出诉讼。司法解决是处理租赁合同项下争议的最后手段。

6.3 金融租赁操作过程

金融租赁的具体业务形式不同,其操作程序及内容也不尽相同,但最基本的环节,一般包括企业租赁项目决策、企业委托租赁、租赁公司审查受理、签订购货合同、签订租赁合同以及履行合同等。

6.3.1 企业租赁项目决策

众所周知,投资都是有风险的。政治动荡、经济波动、科学技术新突破等等,都在客观上预示着投资收益的最后实现并非万无一失,因此,正确地作出投资决策是每一个项目启动之前的首要环节。

对一个特定的项目,就融资这一点而言,企业有银行贷款、分期付款购买或金融租赁等多种融资渠道,企业究竟利用哪种渠道为好,要作具体的决策分析。企业在决定采用租赁方式后,还要选择恰当的具体形式。金融租赁虽然具有良好的经济功能,但并不是有百利而无一弊。而其他租赁形式,如经营租赁,由于其租期较短,可以中途解约,在某种程度上比金融租赁具有更大的灵活性。所以,究竟该不该添置设备,究竟用何种信用形式和租赁形式,都要根据各种具体条件而定,仅根据一个条件来决定方案的取舍是不明智的、有效的租赁决策还能充分发现客观存在的风险,并制定相应的对策,将这些风险可能造成的损失控制在最低限度以内。企业长期经济投资所要解决的问题主要有两个方面:一是从事哪项投资最为有利;二是如何筹集投资所需资金,即人们习惯上所说的投资决策和融资决策。由于金融租赁是使"融物"和"融资"浑然一体的租赁方式,因此在租赁决策中应把以上两种决策有机地结合起来,才能取得令人满意的效果。根据我国众多企业的实际情况,租赁项目决策一般要经过下列主要程序:

1. 选择项目。从投资项目的计划管理角度看,有上级主管部门指示开展的定点项目和企业自主性建设项目两种。上级指示开展的定点项目主要着眼于宏观经济、社会效益,建设的目标是为了填补产业部门或产业品种的某些空白,或是为了适应行业布局的需要,下达时一般已列入国家或地方的有关计划。所以对于该类项目,承租人可以绕过"立项报批"这一关而直接进入可行性研究或融资决策。而自主性项目,它与企业的竞争能力、经营目标等有关,决策的目标是追求最大的微观财务效益。

2. 编制项目建议书。它是确定项目的初步依据,由国务院各主管部门或专业公司、各省(市、自治区)以及企业单位从国民经济的发展、技术改造的需要出发,提出项目的大致设想,初步分析项目建设的必要性以及技术、财务、经济上的可行性,并着重对必要性作出较详细的说明。项目建设书的主要内容,有项目名称、主办单位及负责人、项目内容及申请理由、承办企业的概况、产品方案、资源情况、建设条件、协作关系、投资预算和资金筹措设想、项目的进度及安排、初步的技术以及经济分析、可行性研究工作计划、技术交流计划等附件。

3. 可行性研究。这是根据国民经济长远规划、行业规划的要求,对技术、工程和经济上是否合理可行,进行全面分析、论证,作多方案比较,提出评价,为编制和审批设计任务书提供可靠的依据。为此,企业应具体分析研究项目的产量和供、产、销平衡情况,建设规模及技术设计方案,财务经济效益等,然后由主管部门、企业单位委托设计、咨询单位按规定编制可行性报告,并按国家规定的审批权限报请有关部门批准后立项。

可行性研究报告的主要内容,包括总说明、承办企业的基本情况与条件、生产规划、物料供应规划、建厂条件和厂址选择、技术与设备、企业组织、劳动定员和人员培训及其费用估算、项目实施的建设工期和进度安排、环境污染的防治费用预计、资金的概算与来源、经济分析、敏感性分析等等。此外,在报批可行性研究报告时,还要根据项目实际情况报送有关附件。

财务分析是具体决策的重要依据。财务项目的可行性评估方法有:

(1) 成本收益分析法。投资分析中把项目的收益现值与成本现值之比定义为收益成本比率,简称益本比(BCR):

$$BCR = \sum_{t=0}^{n} \frac{B_t}{(1+i)^t} \Big/ \sum_{t=0}^{n} \frac{C_t}{(1+i)^t}$$

其中,C_t 表示在 t 时间点的成本上;R_t 表示在 t 时间点的收益,即现金流入量。通常,选择银行利率为折现率,因为银行的利率常常被认为是投资最起码的机会成本水平,BCR 的值有三种可能:BCR>1,说明项目的盈利能力高于折现率 i;BCR<1 说明该项目获利能力较差;BCR=1,得失相抵。

(2) 净现值分析法。所谓净现值(NPV),就是一个投资项目的收益现值总额与其成本现值总额之差。显然,NPV 可能大于 0,等于 0 或是小于 0,当折现率一定时,净现值越大,说明项目的效益就越好;反之,亦然。

(3) 内部收益分析法。它又称内部报酬率(IRR)法,内部报酬率是衡量和评价一个时期投资项目效益好坏的一个较为客观的指标。一般来说,一个项目的内部报酬率越高,其效益就越好;反之,则效益越低。IRR 的值等于使 NPV=0 或 BCR=1 时的折现率的值。通常采用插入法求得。

(4) 预期收益分析法。一个项目要受到多种因素的影响,以上各种分析法的特点在于考虑了货币的时间价值,但风险因素因其不可避免也应加以考虑。预期收益分析法使用"预期值"即项目的预期收益,和"标准差"即预期值与各次收益之间的加权平均差额等概念,在一定程度上弥补了上述方法的不足。

(5) 风险调整折现率分析法。这是一种结合以上方法优点克服其缺点的项目决策分析法,其基本原理是将投资项目的风险与收益直接挂钩,风险较大的项目应该提供较大的预期收益。

6.3.2　企业委托租赁

对承租人来说,最重要的是选择一个适当的出租人。有经验的承租人往往根据自己的租赁要求,对租赁机构的业务范围、经营能力、筹资能力、融资条件等诸多方面进行反复比较,选择一家能对自己委托的租赁要求迅速作出可信承诺,并以它自筹的资金达成这笔交易的租赁公司作为出租人。一般来说,一个可靠、理想的出租人应尽可能多地满足下列条件:

(1) 资金力量雄厚,筹资渠道多,与国内外金融机构联系广泛,资金来源充沛。

(2) 知名度高,在租赁业务方面经验丰富,有较好业绩。

(3) 诚实守信。例如,不是为了获得一个租赁合同而故意给一个偏低的租金报价。而在获得此交易后,却毫无道理地提高租金利率。

(4) 能提供期限较长、支付方式灵活、适应承租人现金流量状况的融资方式。

(5) 贸易渠道畅通、熟悉市场行情、有丰富的商务谈判经验,在订购设备时,能充分维护承租人的利益。

(6) 可提供一系列有关设备技术、经济、税收、法律、会计方面的咨询服务。

(7) 在国内外有分支机构,可提供迅捷、方便、有效的服务,加快项目进程。

承租人对出租人进行调查比较择优选择,然后向选中的租赁机构提出委托,签订金融租赁委托书。租赁委托书是一种非标准合同,即并不适用于任何交易,但在金融租赁交易中其作用非同小可,它标志着租赁项目的正式启动,而且确定了整个交易的基本内容。

6.3.3　租赁公司审查受理

出租人接到承租人的租赁委托后,就要对租赁项目进行审查与评估,不加选择地受理项目会造成重大失误。

租赁项目审查的内容一般有以下几个方面:

(1) 承租人委托的租赁项目是否已被经委、计委、经贸委等有关部门立项批准,是否具备了委托租赁所必需的全部条件。

(2) 企业的现时情况,主要是企业的现时生产,近几年来的经营实绩,包括产品产量、产值、销售收入、销售成本、利润、税金、创汇、自筹资金能力以及负债情况,领导班子状况及其经营能力与作风。

(3) 承租企业的背景、社会影响以及资信程度。

(4) 承租企业近年来已上马项目产生的速度与效益,可以此判断企业办项目的经验和消化技术的能力。

(5) 项目所需的原材料供应是否已经落实,其他条件如水、电、气、煤、油、厂房等配套设施是否齐全。

(6) 项目产品是否符合市场需要,产品是否具有较强的竞争能力与应变能力,是否能够外销、创汇或节汇。

(7) 项目自身外汇平衡情况。

(8) 担保人的资信和担保能力。

为了保障租赁项目的经济效益以及为了确保租赁公司租金回收的安全性,对每一项租赁业务,租赁公司都要按照以上内容进行严格审查,并且在项目可行性研究报告的基础上,进一步用大量的资料、数据对项目进行评估。具体的评估工作有技术评估、财务评估和效益评估三个方面。

技术评估就是要对项目的工艺技术设备诸方面进行经济技术论证,以判断技术上是否可行,评估的重点是:企业的技术力量;生产布局、项目规模、项目成本以及设备的先进适用性;经济合理性三个方面。其中对于企业新上项目能否成功最关键的是企业的技术力量及管理水平。对于那种经营管理松垮、工作拖拖拉拉、领导班子工作不得力的企业,租赁公司在办理项目时要特别慎重。通过在技术上对上述三方面进行周密的分析比较,并最终用经济效益标准衡量,租赁公司就可正确判断项目的取舍,从而进一步对项目的财务、效益方面进行评估。

财务评估就是从企业角度分析项目的财务效益,以判断项目的盈利能力及税金偿还期限。财务评估需"动"、"静"结合,方能取得比较全面、准确的结果。所谓"静",是指"静态法"分析,即计算项目的投资利润率及租金偿还期,以初步判断项目在财务上是否可行,因为这种方法没有考虑"货币的时间价值",所以必须进一步用"动态法"进行分析。所谓"动态法"分析,也就是用现值法分析,主要采用"净现值"和"内部收益率"两个指标。要求净现值(NPV)必须大于零,内部收益率(IRR)需大于公司规定的折现率,符合这两个要求,则说明项目不但能够收回投资,而且能够支付租金利息,此项目在财务上就是可行的。

对项目进行财务评估之后,还必须进一步从整个项目的经济效益、社会效益角度去评价,即所谓的效益评估。效益评估的主要指标也是 NPV 和 IRR,其目的是为了计算项目的净经济效益。除此之外,还要分析间接的不能以货币度量的项目的影响,如分析项目对社会劳动就业、社会技术开发及社会环境改善等方面的影响。一个项目只有财务效益、经济效益俱佳,才能被认定为可行。通过对项目分项分析评价之后,要对项目作总评估即概括总结。对项目设立的必要性及以上项目所具备的条件,以及项目投产后的效益等进行总结,最后据以作出项目可行或不可行的决策,并将分析评价的资料数据加以整理,认真编写项目评估报告。

租赁公司在进行上述审核与评估之后,经研究同意,即在申请书上签字盖章,正式受理此项租赁业务。租赁公司在选择受理租赁项目时,还应注意以下一些问题:

(1) 在选择涉及进口设备的项目时,应将重点放在能出口创汇、进口替代节汇的项目,或是与出口相关,能间接出口的项目,以及回收期短、效益好的技术改造项目。

(2) 对同一企业提供的租赁融资应拟定相应的限额,金额过大的项目,应联合多家租赁公司共同承办租赁以分散风险。

(3) 对于新建项目,因其没有积累利润,要求项目上马后需有较高的新旧利润,同时必须从严控制受理。

(4) 了解原料供给情况,如已列入国家计划,需由有关部门出具文字证明;如自行解决,应有供货部门证明,长期、大量依赖进口原料的项目不能受理。

(5) 注意国内配套工艺、技术设备,必须与引进工艺相适应,对于相配套项目辅助设备,工程建设必须与引进建设相协调。

(6) 对主要依靠租赁设备产品出口创汇偿还租金的项目,必须落实外销渠道,并以法律形式固定下来。

(7) 一般应争取对租金总额的现汇担保,但也可同意外汇额度和指标与买汇人民币分开担保。

6.3.4 金融租赁业务合同

租赁公司在对各个租赁委托项目进行审查、评估和选择后,正式与被受理项目的委托人签订租赁委托书,并开始按照委托书规定的条件和要求办理融资、购货等事宜。

前面曾提到融资租赁的特点之一是涉及三方面关系,包括两个或两个以上的合同,一是租赁公司与设备供货方签订的购货合同;二是租赁公司与承租企业签订的租赁合同。其中,租赁合同是租赁业务的主合同,购货合同则是租赁合同不可分割的从合同。因此在制定购货合同条款时,必须预先考虑与租赁合同条款的一致性,并分清合同当事人的责任,保护合同当事人的责任和权益,做出相应的特别规定。

事实上,租赁设备的购货合同是由租赁公司作为买方,按照承租人与卖方磋商达成的条件,就买卖某项设备各自应享有的权利即应承担的义务,代承租人与卖方签订并由承租人连署签字确认同意的书面协议。因此,购货合同涉及了买卖双方及用户三方面的权益,合理制定其各个条款就显得十分重要。

签订购货合同的整个过程虽然由租赁公司统筹安排,但承租企业要积极参与,特别是进行技术洽谈,应以承租企业为主,在用资设备的选择、技术服务、技术指导和培训内容等方面作出明确规定。此外,租赁公司也应认真参加,根据已有的经验,在制订验收、培训等技术服务条款时,帮助企业把关。

租赁公司主要负责商务条款的洽谈和拟订。首先,根据正式签约前的资信调查、咨询选择签约对象。其次,价格谈判是商务谈判的重点。通过事先收集价格资料,进行研究、比较或运用一定谈判技巧,争取以合理价格使签约成功,这是商务谈判的主要努力目标。

对于交货期与装运条款以及安装调试、设备验收和质量保证等条款,都应考虑到自身的实际情况作出明确规定。对于卖方不能按期抵达或按期完成安装调试,都应规定惩罚条款。租赁项下购货合同对索赔作了特殊规定,买方同意将索赔权转让给买方用户即承租企业,由其直接向卖方提出索赔,这样的规定是由租赁的性质和特性决定的。

此外,作为租赁合同从合同的购货合同还必须明文规定一些特殊事项和其他条款,作为整个合同不可缺少的补充内容。作为各出租租赁业务主合同的租赁合同,因金融租赁不同于其他信用方式的诸多特点而具有不同于一般经济合同的特点。

金融租赁业务的不同做法,决定了租赁合同的条款也不尽相同。金融租赁公司通常备有相对固定的合同格式,分为国内租赁合同和国际租赁合同两类。从内容上说,都有一般性条款和特殊性条款。

金融租赁合同的一般性条款有:

(1) 合同当事人。

(2) 租赁物件的名称、规格、型号等,通常另具附表详列。

(3) 租赁期限。租赁期限的长短可根据租赁方式、承租人的需要、国家的有关规定而协商确定,通常为3年左右。

(4) 租金的数额、计付方法、支付币种、付款方式等。

(5) 租赁物件的购买与交付所采用的具体形式。

(6) 租赁物件的质量保证和维修保养由谁负责。

(7) 租赁物件的保险投保人是哪一方,投保金额、险种等具体内容。

(8) 租赁物件的残值和期满处置,一般来说租赁期满后,在同等条件下,承租人比第三者享有廉价购买权或廉价续租权。

(9) 租赁保证金由租赁双方商定金额或按税金的一定比例上交,作为承租人履行合同的保证。如果承租人违反租赁合同的任何条款,出租人有权从中抵扣承租人应支付给出租人的款项。出租人、承租人及担保人应事先就履行合同中的违约和争议,协商确定解决方式、地点,取得一致意见后在合同中明确规定。

6.3.5 金融租赁租金的计算

租赁费用的计算应属于金融租赁会计的范畴,但租赁费用同时又是租赁合同的主要内容,它关系着出租人的收入和承租人的支出,是影响双方利润的最重要因素。因此,在探讨金融租赁会计时,将首先并着重讨论租金这一承租人和出租人最为关心的问题.

租金一般为定期定额支付,它是在租赁费用的基础上计算而得的。租赁费用的构成要素,包括租赁资产的购置成本、租赁期间的利息费用、租赁手续费三个项目。其中,购置成本包括租赁资产的原价、运输费、安装调试费、途中保险等;利息费是指出租人为承租人购置租赁设备向银行贷款所支付的利息,是整个租赁期内发生的利息负担。影响租赁期间利息费的因素有:租赁资产的购置成本、利率、租期、租金支付方式等;租赁手续费是租赁公司为承租人承办租赁设备所开支的营业费用和收取的必要盈利。通常情况下,手续费由承租人一次性支付给出租人而不加入租赁物件成本,也可以某种方式排入租金,作为租金的一部分进行收取。

目前国内外通行的租金计付方法,主要有等额计付法、递延计付法、递增计付法和附加率计付法。定额年金法属于等额计付法,它是目前使用最广泛的方法之一。其原则是:承租人定期支付等额租金;租赁期满,出租人完全回收租赁物件本利和。从租金支付的时间先后来分,它有期末年金法和期初年金法两种。

期末年金法又称普通年金法,它规定每次租金均在每个租金支付期期末支付。现举一实例,说明其计算过程。

2004年1月1日,甲租赁公司将成本为105 309元的全新数控机床一台租给乙企业。租约规定,租赁期5年;每年租金25 000元,在年末支付,利率为年息6%;租赁手续费按机床成本1‰计算,于起租日一次付清;租赁期满,租赁资产归乙企业所有,承租人为此须支付名义价格100元。每年租金25 000元是按下列方法计算确定的:

可通过公式:

$$R = PV \times \frac{r(1+r)^n}{(1+r)^n - 1}$$ (即按年息6%计算,分5年到期的1元年金的现值)

式中,R为每次支付的租金,PV为租赁物件价款,r为期租金率,n为支付租金次数。求得:　　　　每年租金=105 309×0.2374≈25 000(元)

期初年金法即在每期期初支付租金,相当于期末年金法的每一期都提前一期支付,所以可以通过将期末年金法计算的租金折现一期得到,用公式表示为:

$$R' = R/(1+r)$$

式中,R'为期初年金法计算的租金,R为期末年金法计算的租金。

递增计付法是一种根据租赁物件之预计经济效益的逐步提高,使每期所付租金也同步增加的租金计付方式,它是在等额支付法基础上产生的。对承租人来说,采用此种计付方法可以减轻效益产生前支付租金的资金压力和可能产生的利息负担。

承租人在计付租金时,除了要对租赁物件的购置成本等逐项加以计算、分析和对比,对一些间接影响租金金额的因素,承租人也应该加以注意,如租赁保证金、租金支付日期、租金支付币种、租金付款方式等,这些方面是出租人和承租人之间进行协商,以及各租赁公司之间相互竞争的重要内容之一。

6.4　金融租赁的会计处理

按照国际会计惯例,租赁费用通常作为营业费用在公司收益表中披露,但在资产负债表中,公司租赁既不能作为租赁资产单独处理,也不能作为公司负债披露,因此,租赁融资通常被认为是资产负债表之外的融资,这就使资产负债表不能充分地披露公司财务状况。

为了解决这一问题,美国财务会计准则委员会(FASB)于1976年发表了第13号准则公告,要求有融资租赁(资本租赁)业务的公司重新编制资产负债表,将租赁资产作为固定资产,将租赁费用现值作为公司负债,在资产负债表中反映,这就使公司租赁业务资本化了。

FASB第13号准则公告带来的结果是,许多公司将融资租赁作为公司负债处理。若公司订立了融资租赁协议,就会改变公司资本结构,影响公司实际负债率。若公司没有能力支付租赁费用,公司就可能遭到破产。因此,若公司没有理由改变目前的最优资本结构,利用租赁融资就要求公司有额外的权益资本,否则,公司偿债风险会增大。

随着各国租赁业的发展,国际租赁业的理论也在不断适应实务的发展。1973年,国际会计准则委员会(IASC)成立,并发布了《国际会计准则》。《国际会计准则第17号:租赁会计》(IASC17)对融资租赁作了定义——融资租赁是指实质上将与一项资产的所有权有关的全部风险和报酬转移的租赁。该所有权最终可能转移,也可能不转移。该准则规定,融资租赁应在承租人的资产负债表中确认一项资产和一项负债。租金作为财务费用和未清偿债务的减少进行分摊。租赁资产的折旧计提与其他资产一致。

我国现行的租赁会计准则是2001年实施的《企业会计准则——租赁》。该准则规定,金融租赁计入承租人的资产负债表。在租赁开始日,承租人应将租赁资产原账面价值与最低租赁付款额的现值两者中较低者作为租入资产的入账价值,将最低租赁付款额作为长期应付款的入账价值,并将两者的差额记录为未确认融资费用。租赁资产的折旧采用与应折旧的自有资产相一致的折旧政策。租赁谈判和签订租赁合同过程中承租人发生的费用应确认为当期费用。或有租金应当在实际发生时确认为当期费用。未确认的融资费用应当在租赁期内各个期间进行分摊。可见,我国的金融租赁会计准则与国际会计准则在原则上是一致的。

6.5 金融租赁保险

6.5.1 金融租赁保险的作用

金融租赁是一项相当复杂的系统工程。它不仅涉及租赁三方当事人(出租人、承租人与供货人),而且还涉及外贸、金融、法律、交通、保险、运输、物资供应等许多环节。这其中的每一当事人或环节都有可能出现问题或障碍,从而造成租赁风险。大致来说金融租赁风险有以下几种:信用风险、自然灾害风险、政治风险、汇率风险、利率风险、税务风险及技术落后风险。对于这些风险,都应该积极采取措施,尽可能地加以防范,否则会给出租人或承租人带来经济上的重大损失。

由此可见,进行金融租赁保险是保障金融租赁业务顺利开展的必不可少的条件,它对金融租赁物件(即保险标的)在运输、装卸、存储、安装、试车以及租赁物件在租赁期内的使用过程中可能遭受的风险报关进行尽可能多的经济补偿。

它的保障作用有以下两个方面:

(1) 金融租赁保险有利于金融租赁业务的成交。

(2) 开展金融租赁保险有利于为国家多创外汇。世界上许多国家都规定:凡涉及境外项目的保险(包括金融租赁保险),要在当地投保。

6.5.2 金融租赁保险分类

一、租赁物运输保险

金融租赁物件的运输保险按照运输方式的不同,又可分为海洋运输保险和内陆运输保险。

(一) 海洋运输保险

一般规定,海洋货物运输保险的基本险种有平安险、水渍险和一切险三种。此外还有附加险。

平安险是其他险种的基础。它承保自然灾害和意外事故引起的全部损失,再加上船舶搁浅、触礁、沉没、碰撞、火灾、爆炸等六种原因所造成的部分损失。平安险对单独海损原则上不负责任,它只适用于大宗低值、粗糙的裸装物,如废钢铁、木材、矿砂等。

水渍险包括平安险,并承担由于恶劣气候等造成的达到规定百分比的部分损失。水渍险对锈损、碰损、破碎以及散装货物的部分损失不负责任。它一般适用不容易损坏或容易生锈但不影响使用的货物。

一切险是在水渍险的基础上,再承担因外来原因所造成的全部损失和部分损失。也就是说,一切险是责任范围最大的一种险种,但是一切险并不是承担一切风险。由于货物本身造成的损失,物价下浮的损失以及政治风险则不包括在其承担的范围内。

(二) 内陆运输保险

第一种是陆运险。其承保的是被保险货物在运输中遭受暴风、雷电、洪水等自然灾害,因为路上运输工具遭受碰撞、倾覆或出轨,驳运中的驳运工具搁浅、触礁、沉没等造成的全部或部分损失。

还有一种是陆运一切险。其责任范围除承担陆运险的责任外,对保险标的物在运出过程中由于外来原因造成的短少、短量、偷窃、渗漏、受潮、受热、发霉等遭受的全部或部分损失承担责任。

二、租赁期内的租赁物保险

租赁期内的金融租赁物件保险有广义和狭义之分。广义的金融租赁物件保险是以租赁物件、与租赁物件有关的利益，或以各种损失赔偿责任为保险标的的各种保险，它包括狭义的租赁物件保险、租赁物件责任保险、租赁物件保证保险、租赁物件信用保险等。狭义的租赁物件保险则是以租赁物件本身为保险标的的保险，主要包括承租人的租赁物件保险、运输保险、运输工具险、建筑与安装工程一切险、机器损坏险和盗窃险等。

需要说明的是，租赁期内金融租赁物件的保险是由承租人投保，但保险利益或保险受益权则属于出租人。承租人在具体办理投保时，可根据项目的具体需要选择适当的险种，因为每一种保险都有一定的保险责任与除外责任。当然，也可以进行"一揽子保险"。所谓"一揽子保险"，是保险人将两种或两种以上的险种纳入一张保单予以承保。在金融租赁保险中，出租人可以将金融租赁物件的运输险和租赁期内租赁物件保险，同时向一家保险公司申请办理投保，承租人也可以办理金融租赁一揽子保险。办理一揽子保险，是保险发展的一个方向。

6.5.3 索赔和理赔

被保险人在保险标的遭受损失后，按保险合同有关条款的规定，向保险人要求赔偿损失的行为，称为索赔。索赔是被保险人实现其保险权益的具体体现。

保险标的发生保险单规定的损失时，被保险人应及时提出索赔，以免丧失时效。保险条款对索赔的时效都有规定超过了一定的时间，被保险人就不能提出索赔即使提出，保险人也可以不予受理。

索赔的过程大致为：

(1) 向保险公司报案，要求保险公司派人处理。

(2) 填具出险通知书。出险通知书的主要内容有被保险人名称、出险日期、出险原因、保险单号码、出险的经过、损失程度、请求赔付金额等。

(3) 提供有关索赔单证。提供单证的目的在于证明被保险人所索赔的事实，便于保险公司审核和处理。主要单据有保险单正本保险标的原始单据、出险调查报告等。

(4) 领取赔款。

(5) 开具权益转让书。这不是必经程序，只有涉及第三者责任时，被保险人领取赔款后，才需要出具权益转让书，表明保险公司已经给予损失赔偿，从而享有被保险人转移过来的权益。被保险财产在发生保险责任范围内的自然灾害或意外事故后，由保险公司根据出险情况进行现场勘查，确定保险责任和索赔金额，最后付给被保险人赔款。这就是所谓的保险理赔。保险理赔直接体现保险的经济补偿功能，也涉及被保险人的切身利益。

金融租赁保险理赔的一般程序是：损失通知——损失勘查——核定损失——损失处理——给付赔款。

保险公司在金融租赁保险的理赔工作中，应遵循"重合同、守信用"，"主动、迅速、准确、合理"的工作原则。

6.6 我国金融租赁业发展状况

20世纪80年代初,融资租赁作为利用外资的一种渠道而被引入中国。1981年2月,中国国际信托投资公司、北京机电设备公司、日本东方租赁公司共同组建了中国东方租赁有限公司,这是中国第一家中外合资租赁公司。同年,中国第一家金融租赁公司——中国租赁有限公司成立。这两家租赁公司的成立标志着现代租赁业及现代租赁体制在我国的兴起。我国金融租赁业的发展大致可以分为四个阶段:

1980~1986年,初创阶段。此阶段我国的金融租赁尚处于探索阶段。金融租赁公司的注册资本金很低,并且脱离主业,租赁资产比例很低。

1987~1996年,是金融租赁迅猛发展阶段。在法律、税收、监管和会计准则还没有健全的情况下,新公司不断成立,盲目发展,全行业呈现一片"繁荣"的景象。

1997~2000年,由于多年累积的问题,隐含的风险全面爆发。高息揽存使资产总量急剧扩张。业务的急剧扩张导致资本充足率普遍偏低。另外,各租赁公司的资金管理出现了严重问题,短期拆借的资金占很大比重,存款的期限与租赁项目的周期严重脱节。金融租赁公司面临严重的经营危机,全行业进行清理整顿增资扩股工作。进入1997年后全行业陷于困境,广东国际租赁有限公司、海南国际租赁有限公司、武汉国际租赁公司、中国华阳金融租赁有限责任公司等由于严重的资不抵债相继倒闭。

2001年至今,在法律、会计准则、监管和税收的建设逐步完善和金融租赁的理论与实践经验不断积累的条件下,我国的金融租赁业开始走向规范、健康发展的轨道。2002年《金融租赁公司管理办法》颁布后,创新租赁业务不断涌现,呈现良好的发展态势。目前,增资扩股后正常经营的公司主要从事公交、城建、医疗、航空、IT等产业。《中华人民共和国银行业监督管理法》自2004年2月1日起施行,从此,银监会依法对在中华人民共和国境内设立的金融租赁公司进行监督管理。

然而,我国融资租赁业也面临诸多难题。其主要原因是:

1. 与租赁业务有关的法律、法规尚不健全。租赁业务需要签订各种合同时,应依据相应的法律法规。我国在这方面的工作尚不完善,有关约束租赁业务的法律法规主要散见于各主管部门制定的一些规章制度当中,对融资租赁业务没有科学的界定,加之社会信用观念淡薄,金融租赁经济关系中的各方当事人的合法权益难以得到保护。

2. 国家没有为租赁业的发展提供更多的优惠政策。租赁业比较发达的国家,在租赁业发展初期均有财政和金融政策的扶持。例如,投资减税、加速折旧、减免关税、发行租赁债券、允许银行向租赁公司发放高额贷款、发行租赁基金、实行租赁信用保险等措施,韩国还制定了专门的《租赁促进法》。相比之下,我国目前还没有形成一项针对租赁业发展的扶持政策。

3. 包袱沉重，清整规范存在一定难度。中国人民银行审批管理原则及业务管理原则——《金融租赁公司管理办法》于 2002 年 6 月出台。长期以来监管部门对租赁公司很难进行有效的监管。加之租赁项目一般是以投资大、回收期长为特征的，但资金来源中没有设定其长期资金来源渠道，因此在经营过程中形成短资长用，一些租赁公司大量拆借资金用于长期租赁项目，拆东墙补西墙。再加上一些租赁公司内控制度不健全，贷款和投资项目决策失误，违规经营，造成严重的资不抵债，结果使一些租赁公司出现支付风险，经营陷入困境，清理规范工作难度较大。

4. 租赁业所需的资金没有充足的来源，只有靠开展租赁保证金形式来满足资金需求。从事租赁业需要有大量的资金作保证，而且是长期资金，才能购入技术先进的设备，光靠资本金和用于临时周转的拆借资金是远远不够的，而国家对租赁公司的资金来源相应的支持政策不足，虽然目前出台的有关规定允许金融租赁公司发行金融债券，但没有具体的操作细则，无法有效实施。

5. 受金融政策和经济金融环境的影响。随着金融监管力度的加强，金融租赁公司门坎的增高，有一些金融租赁公司由于达不到要求，或历史包袱重，清整规范困难而被迫退出市场。这在一定程度上对其社会信誉产生了一些影响。

为进一步发展我国的租赁事业，使其得到健康的发展，应采取如下措施：

1. 加强租赁业的管理，形成统一的管理部门。租赁业是一个新兴的行业，近几年发展势头迅猛，许多地方都建立了租赁公司。但这些租赁公司都是分别由各自的主管部门负责管理的，政出多门，很难形成一个合力。因此，建立租赁业的统一管理部门势在必行。从现代租赁的业务性质看，现代租赁是融资与融物相结合，以融资为目的的租赁，实际上是一种金融租赁。由于目前的金融租赁公司和中外合资租赁公司分属于不同的管理部门，但开展的都是融资业务，因而，有关租赁业务的方针、政策、制度、法规等，应由人民银行统一管理，使融资租赁走上正规化、法制化的轨道。

在此基础上还可组建全国性的租赁行业协会，统一协调和管理全国的金融租赁业务。这样，不但可以有效地监督、指导各地金融租赁公司贯彻执行国家租赁法规的情况，还可以制定企业的发展规划，规范各金融租赁公司的业务。

2. 认真执行《金融租赁公司管理办法》，严格租赁公司市场准入。对租赁公司的市场准入，要成熟一家批一家，不搞遍地开花。租赁公司要进行正常的经营业务，需要投入大量的资金，但其投资的收回速度却很慢，因为租金是分期收回的。由于租赁公司所能筹集的资金很有限，投入后收回速度慢，使租赁公司资金周转受到了较大的影响，因此，要严格其准入条件，资本金应为实实在在的货币资本。对经营正常、信誉好的金融租赁公司，允许商业银行进行专项贷款，允许租赁公司发行债券等。同时，要严格限定其资金运用只能是租赁项目。

3. 尽快出台发行金融债券实施办法等配套政策。尽快出台配套政策解决金融租赁公司长期资金来源问题。

4. 对金融租赁公司给予财政和税收方面的支持。应允许租赁公司为了防范风险提取坏账准备金；允许租赁公司对承做的租赁项目，用贷款利差缴纳营业税，将租金纳入成本，逐步开放资本市场；允许租赁公司用于租赁项目的资金向资本证券化方向发展。对于一些基础、业绩比较好的租赁公司，将其改造后，成为上市公司，以扩大租赁公司的影响。同时严格区分经营性租赁公司与金融租赁公司，以促进我国金融租赁业快速、健康发展。

案　　例

某国 A 租赁公司对一租赁设备订立租赁条件如下：
1. 预付 10% 的保证金，年利率为 7.5%。
2. 免收保证金，每期初付租金，年利率为 6.5%。

分析如下：

先分析条件 1 的实际利率：

如果概算成本为 1 000 000 元，分 3 年 6 期交付租金。

(1) 保证金不从概算成本中扣掉。

承租人首先预付 10% 的保证金 100 000 元。

因为 $p=1\,000\,000, n=6$，每期利率 $I=7.5\% \div 2=3.75\%$

所以平均每期租金

$R = p_i \div [1-1 \div (1+i)^n] = 1\,000\,000 \times 3.75\% \div [1-1 \div (1+3.75\%)^6] = 189\,212.27(元)$

租金总额 $= 189\,212.27 \times 6 = 1\,135\,273.6(元)$

保证金抵作最后一期租金的一部分，故最后一期租金为：

$$189\,212.27 - 100\,000 = 89\,212.27(元)$$

根据此法，出租人在整个租期内实际无偿占有保证金。

(2) 保证金先从概算成本中扣掉，然后再计算租金。

概算成本减去保证金得 900 000 元。

平均每期租金 $R = 900\,000 \times 3.75\% \div [1-1 \div (1+3.75\%)^6] = 170\,291.04(元)$

租金总额 $= 170\,291.04 \times 6 + 100\,000 = 1\,121\,746.2(元)$

两种计算方法对保证金的处理方式不同，租金总额相差了 13 527.4 元。

由于概算成本减去保证金后的 900 000 元，正是出租人为承租人的实际支出，根据第(1)种计算方法可知 $p=900\,000, R=189\,212.27, n=6$，

则由　　　　　　$189\,212.27 = 900\,000 i \div [1-1 \div (1+i)^6]$

得 $i = 7.08\%$

因此, 实际年利率为 $7.08\% \times 2 = 14.16\%$

由于保证金处理方式不同,此利率与租赁公司所标利率 7.5% 相差近一倍。

再看租赁条件 2。

因为 $p = 1\,000\,000, n = 6, i = 6.5\% \div 2 = 3.25\%$,将其代入期末应付租金公式得

每期应付租金 $R = 1\,000\,000 \times 3.25\% \div [1 - 1 \div (1 + 3.25\%)^6] = 186\,130.15(元)$

由于以上租金实际上要求每期初支付,所以采用期初年金法时,

每期应付租金 $R = 186\,130.15 \div (1 + 3.25\%) = 180\,271.33(元)$

从此例可以看出,在进行一项租赁业务之前,清楚地掌握租金的计算方法和原理对租赁项目的评估和核算是极其重要的。

本 章 小 结

1. 国际租赁是涉及不同国家主体之间的租赁融资方式,因为在现代社会中,国与国之间的经济往来越来越频繁,所以国际租赁已经成为人们越来越关注的一种重要的融资方式。而金融租赁是当今金融融资业务中发展比较快的一项业务,它有着悠久的发展历史。

2. 金融租赁,又称融资租赁,是指当企业需要添置某些技术设备而又缺乏资金时,由出租人代其购进或租进所需设备,然后再出租给承租企业使用,按期收取租金。其租金的总额相当于设备价款、贷款利息、手续费的总和。金融租赁包括直接租赁、回租、转租赁、委托租赁以及杠杆租赁。

3. 金融租赁不仅涉及租赁三方当事人(出租人、承租人与供货人),而且还涉及外贸、金融、法律、交通、保险、运输、物资供应等许多环节。这其中的每一当事人或环节都有可能出现问题或障碍,从而造成租赁风险。大致来说金融租赁风险有以下几种:信用风险、自然灾害风险、政治风险、汇率风险、利率风险、税务风险及技术落后风险。对于这些风险,都应该积极采取措施,尽可能地加以防范,否则会给出租人或承租人带来经济上的重大损失。由此可见,进行金融租赁保险是保障金融租赁业务顺利开展必不可少的条件。

本 章 习 题

1. 了解和掌握下列名词的含义:

金融租赁　直接租赁　杠杆租赁　回租赁　委托租赁　转租赁　国际租赁　索赔理赔

2. 金融租赁有哪些形式？它们分别有什么作用？
3. 金融租赁的操作有什么样的具体程序？如何选择一个理想的出租人？
4. 金融租赁保险有什么样的险种？它们各自有什么样的区别和联系？
5. 在金融租赁活动当中，会涉及哪些法律条文？如何处理金融租赁违约事件？
6. 国际金融租赁相对于金融租赁而言有什么样的特点？
7. 查找相关的金融租赁方面的资料，并了解我国金融租赁的发展状况和前景。
8. 项目决策的分析方法有哪几种？
9. 掌握金融租赁租金的计算方法。
10. 项目审查有哪些步骤？

第七章 无形资产融资

学习目标

- 了解无形资产的概念和特点；
- 掌握无形资产融资的形式；
- 掌握无形资产融资的运作方式；
- 掌握无形资产评估的计算方法；
- 了解无形资产的会计处理。

企业的资产由有形资产和无形资产组成，无形资产的价值形态是无形资本，企业实行资本经营，既要经营有形资产，也要经营无形资本。强调无形资产融资，是要将无形资产看作可以增值的资本，使其充分发挥应有的作用。本章将从分析无形资产的概念入手，着重分析无形资产融资的作用、方式及其操作过程中应注意的问题。

7.1 无形资产概述

7.1.1 无形资产的范围

论及无形资产，首先须对资产的概念作一个简单的论述。

关于资产这一术语，理论上和实践上有多种用法，在经济学中，资产是财富，是资本；在法学中，资产是一种财产权；在会计学中，资产是负债的对称，是指具有一定交换价值的物和权利，几乎是"资金运用"的同义词。

在我国的财务工作中，把企业持有的现金和可以有效的用货币计量的各种资源称作企业的资产。美国财务会计准则委员会认为："资产，是某一特定主体由于过去的交易或事项而获得的可控制的可预期的经济利益。"国际会计标准委员会对资产的定义是："一项资产所体现的未来经济利益是直接或间接带给企业现金或现金等价物的潜能。这种潜能可以是企业经营能力中的部分生产能力，也可以采取现金或可转换为现金等价物的形式，或减少现金流出的能力,诸如以良好的加工程序降低生产成本。"

从以上定义可以看出,资产是指由于过去的交易或事项所引起的,企业所拥有的或控制的,能带来未来收益的经济资源。这些资产既可以是有形的,也可以是无形的。有形资产是指那些以实物形态存在的资产,包括机器设备、厂房建筑物、土地等,原材料、产成品、现金等流动资产,以及专项存款、长期债券、股票等金融资产。

根据我国财政部2001年7月颁布的《资产评估准则——无形资产》对无形资产的定义为:"无形资产是指特定主体所控制的,不具有实物形态的,对生产经营长期发挥作用且能带来经济利益的资源。"或者说,无形资产指所有符合"特定主体控制的,企业长期使用,不具备独立实体,对生产经营和服务能持续发挥作用并能带来经济收益"的一切经济资源。

这一定义给出了无形资产所包含的范围的一般框架。随着认识能力的提高和专业评估技术的发展,一些原来游离于会计报表之外的无形资产的价值能够被确认并计量。所以,确定无形资产的外延,对于资产评估与资产管理是有意义的。然而由于各国经济发展水平、行业结构以及市场观念方面的差异,在处理无形资产的外延所包含的具体范围时的规定有所不同。例如,美国评估公司认为企业的无形资产应该包括营销型资产(如商标、广告资料、数据库、货架空位、经销网、特许权等),金融型资产(如租赁权、核心存款、优惠融资条件等)和制造型资产(如治理、配方、技术秘诀、商业秘密、供货合同、新产品开发计划等)三大类。

我国现行的法律和政策将无形资产的外延界定为:专利申请权和实施权、非专利技术与专利技术的转让权、商标专用权、厂商字号与名称和原产地名称的使用权与转让权、商誉、版权中的计算机软件与集成电路布图设计等工业版权、租赁权、特许经营权、特许使用权、商业秘密、土地使用权①等财产权。

也有的学者认为,债券、股票只是企业资产的符号或象征,或者认为这类资产既不同于有形资产,也不同于无形资产,按资产的存在形式应该将资产分为有形资产(实物资产)、无形资产和金融资产(包括货币资产)三类。无形资产的范围如下图所示。

```
              ┌ 可确指的无形资产 ┌ 知识产权:专利权、商标权、版权
无形资产     ┤                  ┤ 对物产权:土地使用权、矿业开采权
              │                  └ 行为权利:特许权与许可证权
              └ 不可确指的无形资产:声誉、商誉
```
无形资产的分类图

在国际贸易中,技术贸易所占比重越来越大,智力型的无形资产占总资产的份额有日

---

① 将土地使用权作为无形资产是我国的特例。

益扩大的趋势,一些新的无形资产如消费者数据库、声誉等也成为重要的企业财富。

7.1.2 无形资产的特点

一、本身没有物质实体

无形资产本身是无形的,不具有独立的物质实体,它不占有空间,但它又必须通过一定的直接与间接的物质载体表现其自身,其直接载体多是证书、图纸、资料标牌等,如专利权通过专利证书、图纸,商标权通过注册商标表现出来。间接载体则是指与此项无形资产相关的有形资产及其他无形资产的内容和价格,如商誉蕴含在企业的整体资产和其工作人员活动之中。所以,无形资产虽然本身没有物质实体,但并非没有物质载体,只是以间接形式存在而已,它所体现的是一种权力或获得超额利润的能力,它没有实物形态,但却具有价值,或者具有能使企业获得高于同行业一般水平的盈利能力。不具有实物形态是无形资产区别于其他资产的显著标志。

二、无形资产具有排他性和共享性

无形资产归特定主体依法享有和支配,其他任何人非经许可不得非法享有这种权利。但它与有形资产不同,无形资产可以被多个主体同时使用,且使用权和所有权可以分离,如商标权的一般许可。无形资产的这种排他性与共享性构成一对奇异的矛盾,使得无形资产的法律保护比对有形资产的保护更困难。

三、无形资产用法律或契约的形式的产权界定性

有形资产的有形性使得产权界定较为直接和方便,无形资产由于容易造成非排他使用,持有人的权益易受到伤害。为了保障持有人的权益,一般采用法律或契约的形式予以保护。对无形资产的取得直至法定有效期限终止的各个阶段或环节都有具体的法律保护措施,如商标权、专利权、著作权(版权)都有相应的国内法规与之对应。国际上还有专门的组织和相关条约对知识产权类无形资产实施国际保护,如涉及专利保护的《保护工业产权巴黎合约》、《专利合作条约》;涉及商标的除《保护工业产权巴黎合约》以外,还有《商标注册条约》;涉及著作权的有《世界版权公约》、《保护文学和艺术作品伯尔尼公约》。

四、无形资产具有间接性

无形资产的使用价值体现在其他有形资产上,要得到无形资产的使用价值必须将它与有形资产结合起来,即无形资产必须"物化"才能体现其价值。无形资产物化过程的难易就决定了无形资产使用价值的不确定性,若某项无形资产的物化成本大于其收益,这对资产的所有者和投资者都没有实际价值。这一点对于专利技术的实施是最至关重要的。所以,应当在一定的具体环境中讨论无形资产的价值。

五、无形资产的成本与价值构成的特殊性

无形资产作为企业整体资产的一部分,是企业的一种生产要素,它与有形资产一样参与到企业生产经营的各个环节,并随着市场经济的发展日益资本化与商品化。但与其他

有形资产相比,它还有自己的特殊性。这种特殊性主要表现在:① 无形资产大都是智力劳动的成果,从事无形资产生产的劳动者比普通劳动者需要较高的教育费用,它的生产要花费较多的劳动时间,因此它具有较高的价值。② 无形资产的生产不是大批量生产,而是个别生产,甚至在多次失败之后才能成功。从而无形资产的价值不像有形资产那样,是由凝结在其中的社会必要劳动时间决定的,而是由个别生产者在个别生产中所耗费的劳动时间来计量的,这种计量比有形资产的计量复杂、困难,甚至具有相当程度的不确定性或预测不准性。③ 无形资产的生产成本,在会计账目上往往是不完整的,而且无形资产的开发,常常是在一系列努力与失败和投入与浪费以后,才出现使用该无形资产的一些成果,从而使它的开发费用缺乏明确的对应性,同时某些无形资产的内涵常常远远超出了它的外在形式。例如,商标所标志的主要是使用该商标的商品的质量,而商标的价值实际上至少应包括该商品所使用的特种技术、配方和使用商标者多年生产、销售该商品及售后服务等各个方面经验的积累和企业信誉等成本,但商标自身的生产成本(如商标设计费,登记注册费、广告费等支出)只具有部分性、象征性或虚幻性。无形资产价值不是一成不变的,而是对不同的买方,在不同的使用条件下,有不同的价值。这是无形资产与有形资产的最显著的区别,此外,无形资产通常是企业有偿取得的。

由于一般商品的价值量是以凝结在其中的人类抽象劳动的社会必要劳动时间来计算的,所以,商品的价值量与体现在商品中的劳动量成正比,与这一劳动的生产力成反比,而无形资产的价值量有它的特殊性和例外性。世界名牌 Nike、可口可乐等商标、商誉和专有技术的价格,高达数百亿美元,是直接与其的获利能力相关联的,这种带有"垄断"性的名牌效应所创造的超额利润,并非与凝结在其中的人类一般劳动成正比。某些权利型的无形资产,如获得特许权、自然资源的开发权和使用权等行为,具有明显的特殊或个别例外意义的价格,其价值的实现很大程度上依赖于一定的物质和社会条件。

六、无形资产的未来经济收益具有较强的不确定性

无形资产必须在较长的时期内能为其拥有者带来持续的经济收益才能显示其资产价值,但它的未来价值却是不稳定的。无形资产的经济价值在很大程度上受企业外部因素的影响,其预期的获利能力不能准确地加以确定。无形资产的取得成本不能代表其经济价值,一项取得成本较高的无形资产可能为企业带来较少的经济利益,而取得成本较低的无形资产也可能给企业带来较大的利益。

无形资产价值不像固定资产那样,随时间推移会自然贬值。具有优良的品牌竞争优势,同时又具有良好的声誉、商誉的企业,其无形资产的潜在价值会与日俱增。但其前提是企业要具有风险管理意识,要保护其无形资产,否则会使其无形资产贬值甚至一文不值。这种不确定性和风险性是无形资产的重要特点之一,也是无形资产评估复杂性的原因之一。

7.1.3 无形资产分类

依据不同的标准,无形资产可以分为多种类型。

一、法定无形资产和无确定法律保护的无形资产

按照无形资产的法律状态,可将它分为法定无形资产和无确定法律保护的无形资产。法定无形资产是指各种法律给予相应无形资产的垄断权,如专利权、商标权、版权、租赁权、特许权和土地使用权。无确定法律保护的无形资产是指法律虽无明文保护的规定,但能为资产所有者或持有者带来一定经济收益的无形资产,如商誉、专有技术、经营秘诀等。

二、自创无形资产和外购无形资产

按照无形资产的来源与取得方式,可将它分为自创无形资产和外购无形资产。前者是指企业自己研创或靠自身努力而获得的以及由客观原因形成的无形资产,如自创的专利权、商标权等,这类资产也可称为原始取得的无形资产。外购无形资产是指企业以一定的代价从外单位购入,或通过继承取得的无形资产。与原始取得方式相比,外购取得也称继受取得。

三、有法定期限和无法定期限无形资产

按是否具有一定的法定期限为标准,可将无形资产分为有法定期限和无法定期限的两种。前者如专利权、商标权、著作权,后者如专有技术、商誉等。

四、可确指的无形资产和不可确指的无形资产

按无形资产价格构成的特点来分类,可将它分为可确指的无形资产和不可确指的无形资产。前者是指该项无形资产不论是从国内外市场购得的或者是拥有者研制开发的,大都可独立存在,并且其价格一般可以通过以外购费用或有关研制开发费用为成本再加上所能带来的利润,比较确定地计算出来,如专利权、商标权。而不可确指的无形资产,常常是依靠该项无形资产的历史背景、管理规则与状况、市场变化等多种因素综合而成的,并且与可独立存在的其他各项无形资产和有形资产有着不可分割的相关性,离开了企业和其依附的产品就不复存在,其价格难以用明确的常用计算公式来逐项表达和计算。最典型且最有代表性的不可确指的无形资产是企业的商誉,其单项开发成本或重置成本,极难用公式和会计账目来确认计算。这类不可完整独立存在的无形资产称为不可确指的无形资产。

五、营销型、制造型、金融型无形资产

按照无形资产作用的领域分,可以将它分为以下三类:

(1) 营销型无形资产。指商标、顾客名单、特许权、许可证、经销网络、包装、广告资料等。

(2) 制造型无形资产。指专利权、非专利技术、合同权利、新产品开发数据资料等。

(3) 金融型无形资产。指优惠融资,租赁权、版权、商誉等。

六、知识产权类、权利类、关系类、综合类无形资产

按照无形资产的内容、性质来划分,可将无形资产分为知识产权类、权利类、关系类、综合类四种:

(1) 知识产权类无形资产。它是指人类智力劳动创造的成果,主要有专利权、商标权、著作权(版权),这类资产具有专有性、地域性、时间性三大特点。

专有性指法律赋予知识产权所有人对他的权利客体具有独占使用权与禁止权,其他任何人非经许可不得使用。地域性指一定的知识产权只在授权国境内享受该国法律保护。时间性是指无论什么知识产权,法律对其保护是有一定期限的,超过期限,法律不再对其提供保护。

知识产权类无形资产主要来自于高度密集的知识、智力、技术和技巧及其可能带来的高附加值,如专利技术、专有技术、驰名商标、计算机软件和集成电路分布图等工业版权。这类无形资产的主要作用是它在实施过程中具有巨大的扩张效益,这些知识能使产品在一个时期内产生垄断性利润,因此它的价格不是开发成本所能包括的。

(2) 权利类无形资产。它是指企业通过签订契约有权获得优越产销地位而形成的无形资产。企业契约的形式包括取得生产要素和出卖产品的各种合同、协议、证明文书和商业约定,也包括政府授予的专销权、买卖权方面的特许证书等。权利类无形资产主要有:优惠合同、特许经营权、土地使用权等。

权利类无形资产的构成主要依靠特许权的关系和可获盈利条件的关系,所指的特许权主要是对物产权(物权)和行为权利。具体来讲,物权是有形财产的所有权等权利,是权利人设立在他人(包括国家)拥有所有权的有形资产上的权利,如土地使用权、矿产开采权、租赁权、特许经营权、优惠融资条件等。行为权利是国家特许获当事人约定可作某种经营行为以获得利益的权利,如烟草专卖等专营权、进出口许可证、生产许可证、建筑与锅炉设计等专门技术行为许可证、购销合同等。

(3) 关系类无形资产。它是指企业在长期的经营活动中与外界有关机构、企业、顾客以及内部员工之间形成的有助于企业经营的良好关系,这类资产主要指素质较高的职工队伍与雇员关系,良好顺畅的供销网络(或分销渠道)或代理销售关系以及顾客关系,这类资产的价值体现为企业创造良好的盈利条件。

(4) 综合类无形资产。综合类无形资产不能脱离企业而独立存在,它是企业整体形象与竞争力的体现,通常不把它作为单项资产进行转让或出售,也不随时对它进行核算或估价,它是促使企业在同行业竞争中处于较为优越地位的综合性因素。这类无形资产主要有:商誉、声誉、商业秘密或经营秘诀。

从以上这一分类法可以看出,关系类或综合类无形资产可归入到权利类资产中去,因为无论是特许权,还是良好的雇员、顾客、代理关系或企业商誉、经营秘诀,都是为企业创造良好的营销环境和盈利条件,从而赢得竞争优势,而知识产权类无形资产更多地是依赖

于知识与技术的创新来提高其资产价值(当然,商标价值除主要依靠其依附的产品市场优势以外,也依赖于良好的企业商誉等关系),这两类无形资产除了其价值构成方面的差异以外,还有以下两个方面的差异:一是评估方法;二是法律保护。知识产权类无形资产大多是用收益现值法来评估其价值,权利类资产中的物权与行为权利资产也是用收益现值法评估;关系类无形资产由于其成本难以确定,故对其价值的评价多用市价法与重置成本法评估。再者,知识产权类无形资产大多具有法律保护的独立性,而权利类无形资产大多是通过契约或行政权利赋予的,但也受到一定的相关法律或政策保护,这些差异性也就决定了两类资产的资产经营与管理方式的不同。

7.2 无形资产融资的意义

无形资产融资的含义是将无形资产资本化,进行无形资产营运,利用无形资产筹资与投资,使其实现价值的最大增值。由于无形资产是企业在长期的生产经营过程中积累起来的包括商誉、服务标记、商标、专利、专有技术、经营权等在内的重要财富,是可以量化的有价资产,管好用活这些无形资产是企业资本经营的重要内容。目前很多企业已认识到其重要性,一些优势企业利用其品牌、技术进行投资,使其资本得到扩张;众多的优而无势的企业以运营无形资产为契机盘活资产,筹集资金,扩大生产规模。利用无形资产融资的意义具体表现在以下几个方面。

7.2.1 拓宽企业融资渠道

与信贷、股权融资、债权融资、租赁融资等融资方式相比,利用无形资产融资具有自身的优势。

一般来讲,只要企业经过自身的努力开发新产品,注重品牌建设,树立良好的企业形象和声誉,就会拥有无形资产优势,其品牌、商誉等就会成为企业所拥有的重要的自有资本。企业凭此无形资产可以进行筹资与投资,增加企业的市场价值,而不受许多外部环境或审批条件的限制。相对而言,企业虽可以从银行获得中长期贷款,但企业要获得某项贷款,必须具备足够的自有流动资金,有经营和盈利能力。由于贷款利率一般较高,且有期限限制,因此,企业首先要具备偿还能力,否则很难获得贷款。即使取得贷款,如果经营不善,也会陷入困境,甚至破产。

企业通过发行股票能获得大量长期资金,扩大企业规模,分散企业经营风险。但是,发行股票过多,会使企业利润稀释,同时会丧失部分经营控制权。况且我国对上市企业限制较严,限额控制,使得大多数企业不可能通过股票筹资。

企业发行债券可使企业在不丧失对企业资产的所有权、经营权的前提下获取生产所需资金。但发行债券也像贷款一样是需要还本付息的,发行债券会增加企业偿债能力和破产的风险,而且国家对发行企业债券的规定也很严格,筹资限额受到限制。

所以利用无形资产融资既不存在偿债的压力与破产的风险,也不会丧失企业对资产的所有权、控制权,同时也没有太多的限制条件。只要市场上存在交易对象,企业就可以通过无形资产的转让、使用许可或投资获得资产增值,从而扩大企业自有资本的规模,还可为企业进一步利用其他形式融资创造信用条件。例如,2000 年,美国第 7 大无线通讯运营商"Wireless Skyline",通过向其他无线通讯运营商转让了美国东部 18 个州的无线通讯频段的使用权后,不仅还清了全部负债,还获得了相当丰厚的收益。利用无形资产优势获得其他融资渠道可从以下方面得到体现:

(1) 利用良好的声誉和财务信用,优先取得银行贷款及金融机构提供发行企业股票债券的便利条件,加快筹资速度,拓宽融资渠道。正如可口可乐公司老板早在 1967 年所夸口的,如果可口可乐公司在全世界的所有工厂一夜之间被大火化为灰烬,许多银行也都会争相向其贷款,因为可口可乐的牌子放在任何一家公司的头上,都会给其带来滚滚财源;再如春兰集团以其良好的业绩和声誉争取到了股票上市的机会,筹集到了大量资金,而幸福集团在上市前的资本总额中有 1 500 万元的无形资产,其中商标就占有 1 200 万元左右。

(2) 利用无形资产引进外资。近几年,外资看好中国市场,纷纷选择那些在国内有一定品牌知名度和较好声誉的厂家作为合作伙伴。例如,1991 年,上海家化以"美加净"、"露美"两个商标与美国"庄臣"公司建立合资企业,协议规定外商以每年支付上海家化 1 000 多万美元的"利益保底费",取得"美加净"30 年的商标使用权。需要注意的是,国内不少企业为摆脱资金严重不足的困境,急于筹资,在合资过程中给外商提供种种优惠,不注意对其资产价值科学评估,要么将自己的资产低估,要么低价转让,甚至放弃自己多年创造的品牌;另外在合资过程中,外商对中方品牌实行"封冻"或"安乐死"。据统计,在国内洗涤行业原有品牌基本上被外方品牌所取代,形成美国的"宝洁"、英国的"利华"、日本的"花王"、德国的"汉高"一统中国洗涤市场的局面,造成国内无形资产的大量流失,这一教训是深刻的。1995 年秋,上海家化又以每年支付外商 1 200 万元的代价赎回该商标使用权。该公司经理认为:只要努力,凭"美加净"原有的知名度,在两三年内就可以使年销售额达到 5 亿左右,事实证明了这一点。

7.2.2 促进企业机制转变

国内企业的改革经过多年的实践,大多数国有企业仍然没有完全搞活,资金不足、产权不明晰仍是困扰国有企业改革的主要难题。同时,研究与实践过分注重企业机制建构与传统的融资方式,而没有充分调动企业现有全部的资源。按照美国评值公司列举的企业无形资产的范围来看,我国大多数企业有很多资源处于闲置状态,如土地使用权、特许经营权、数据库、经营秘诀与管理方法等未被充分利用。尤其是特许经营权是一种需要重视和开发的无形资产,特许经营权的使用许可、拍卖、转让会推动企业走向要素市场、产权市场,这会促进大量存量资产的流动,盘活企业资产,还会推动企业产权制度改革的深化,其意义深远。

国外一些大公司建立了自己的消费者数据库、经销网,当其他企业想利用它的信息资源与关系网络时,就给它带来了融资机会。在国外商业银行,除了将银行的先进管理技术看作重要的资产外,还将那些具有创新的理念、新的思维方式、丰富的知识、非凡的远见与洞察力、能用新的方法处理日常工作的职员视作公司(银行)的"智力资本",因为这些人能掌握最新的技术。总之,陷入困境中的企业要充分挖掘企业可利用的各种无形资产,利用改组、改制的机会创造各种竞争条件,走出困境。

此外,无形资产融资作为资本经营的一个重要内容,将促进企业经营管理思想与方法的发展。现代企业经营管理主要针对生产经营,资本经营的实践对其提出了挑战,要求不断丰富其理论体系,并指导资本经营实践。随着企业的改组、改制,经营规模和经营范围都在不断地扩大,国家对国企的改革思路、政策设计都在向前发展,企业并购、重组、租赁、产权拍卖等各种形式的资本经营活动将促进企业经营管理理论与实践的发展。

值得注意的是,无形资本经营的思想将重塑企业形象,推动企业家队伍的建设。

企业家是具有专业知识和才能、具有独立经营与决策能力、敢于承担风险、能利用企业资源创造财富的人。具备企业家素质的经营者不仅要使企业资本营运保持高效率,还要创造良好的企业形象和声誉。"声誉管理"理论近几年在西方日益突出并广为接受。美国学者戴维斯·杨在《创造和维护企业的良好声誉》一书中指出:"如果一个团体组织要取得恒久的成功,良好的声誉是至关重要的"。他认为,消费者正在变得越来越倾向于从那些举止得体的公司购买产品了,那些公司的行为表现好像是好邻居、好公民,它们遵从环境保护政策,平等对待员工。客户对企业声誉的要求不亚于他们对产品和服务的要求。良好的声誉还为企业摆脱不利的局面提供了条件。因为任何企业都难免出问题,但是,对于平时具有良好声誉的企业,由于思维定势的作用,顾客比较能够对其问题给予谅解,企业由此赢得了纠正错误、恢复形象的时间。他还说到"声誉受损方面的问题大多不会是在正确做了许多工作后,仅仅由于一件灾难性事件的发生而导致的。然而即使情况如此,倘若管理人员一直注意维护声誉,并为防止事故的发生而预先贮存好日后一旦果真发生问题时所需要的人际间良好的感情,那么,造成声誉受损的很大一部分后果便能消除。"因此,"良好的声誉是企业重要的财富,特别是当企业身处困境时。"

声誉是一种特殊的无形资产,它的价值是不稳定的。一方面,企业声誉一旦受损,声誉财产价值会迅速贬值。另一方面,如果善于管理声誉,声誉财产不会像其他财产那样随时间的推移而自然贬值,反而会增值。

对于一个企业家而言,企业目标应该有两个:一个是经营目标,以销售额或利润来确定;另一个是声誉目标,要增加消费者对企业的信任感,创造声誉价值。企业必须进行声誉投资,"企业的所作所为比自我标榜更重要。"好名声是需要一点一滴、日复一日的努力来创造的。履行社会责任,善于做好事、善待员工,关心环境,对社会投资,等等。声誉财富的积累需要时间、金钱和责任感的投入。声誉投资虽没有直接的回报,但由此营造起来的声誉却是企业的无形资产,凭此会吸引大量顾客,最终会带来收益。

7.2.3 防止国有资产流失

国有无形资产资本化是转型经济中存在的一种特殊现象。国有无形资产不仅成为经济结构调整和国有企业改革赖以顺利进行的重要资源,而且还引起转型经济赋予的商品化和资本化过程,并同时受到政府和市场双重影响。以前它更多地表现为一种行政权力,而不是经济权利。现在,这种行政权力可以通过等价有偿的市场原则演变为经济权利。这本来就是一个复杂的估算。再加上:一,我国的经济转型和全球范围的知识经济潮流不期而遇,跨国公司的蓬勃发展加速了国有无形资产商品化和资本化的趋势;二,同时国有企业渐进改革的模式为国有无形资产的商品化和资本化创造了条件;三,政府将一部分行政权力异化为商品和资本,通过与市场进行联系的创收活动,使一些公共产品出现向"半公共产品"乃至私人产品转移的去向,进而引起基于这些公共产品的政府权力的商品化和资本化。这些趋势最终都成了无形资产融资问题的导向。把握好融资的方法和形式,对于保护好国家资产并不使其流失有着关键的意义。

7.2.4 实现企业整体优势

企业要扩大生产规模,传统做法是通过增加厂房、设备等有形资产的扩张来实现。而通过无形资本经营,可以将企业的某些技术、商标通过参股、许可、转让等方式来实现资本扩张,扩大企业生产规模,提高规模经济效益。例如,青岛海尔集团利用自己资金、技术、人才、品牌等方面的优势,通过许可、并购、控制等方式联合70多家企业组建企业集团,以名牌效应求得全方位的产品开发与企业良性发展。

无形资产具有使企业规模效益急剧扩张的作用。当前一些跨国公司在国外市场减少有形资产投资,以技术转让为主的非股本生产合作日益增加。通过生产许可、经营权许可协议、商标许可与转让等方式扩大生产规模,实现生产、销售、服务的国际化与地方化。可口可乐公司、肯德基公司、麦当劳公司通过商标权许可与出售特许经营权在全世界建立了大量分公司,富士、柯达公司也通过出售特许经营销售权建立了世界连锁店,企业规模扩大带来了其资产的倍数增加。

西方发达国家的企业,尤其是一些大公司非常注重企业无形优势的培养与创造,无形优势的形成主要集中在高科技领域和服务领域。有资料表明,在国际技术贸易领域,发达国家通过专利保护已垄断了高科技领域,为我国技术产品进入国际市场设置了重重壁垒。IBM、微软公司、Intel公司优良的服务系统与经营秘诀既为自己树立了强大的无形竞争优势，又阻止了其他同类中小企业的市场进入。经济发达国家的经验表明，劳动生产率的提高，有 2/3 左右是靠技术水平的提高。一个国家拥有多少科学技术发明、拥有多少科技人才成为衡量一个国家在国际上竞争地位的标志。一个国家拥有多少驰名商标，也是衡量一个国家的经济是否具有竞争力的标志。同样，一个企业拥有多少科技发明、拥有多少科技人才、有多少著名商标也是衡量一个企业是否具有竞争力的标志。据统计，20 世纪 80 年代跨国公司已掌握了国际贸易的 50%、国际技术转让的 70%，同期日本与西方主要工业国家之间的贸易，80% 以上是技术贸易，尤其是高科技贸易，它们之间的摩擦也主要集中在这些领域。

无形资本经营还可以推动企业产业结构调整、产品结构的高技术化。无形资本经营有利于通过吸引高新技术，向高新技术产业迈进；通过运用高新技术，可以提高产品的技术含量，增加产品的附加值。无形资本经营可以推动企业重视技术和产品开发，形成具有竞争力的产品系列。

7.3 无形资产融资方式与运作

由于无形资产是具有价值的可交易性的商品，是资本化的财产，因此，利用无形资产融资，从事资本经营，是现代企业经营发展的重要特征之一。

不同的企业根据其拥有无形资产的特点选择不同的融资方式。通常，无形资产融资方式大致包括以下三种：① 无形资产的许可、转让与参股投资。② 利用声誉资产筹资。③ 特许权融资。

7.3.1 无形资产的许可、转让与参股

这种融资方式多大用于知识产权类无形资产，特别是工业产权类无形资产，如专利权，商标权融资。

在现代企业经营发展策略里，常使用"许可协议"(License Agreement) 方式，它是指许可方(Licensor) 以协议方式允许其他企业即被许可方(Licensee) 拥有制造、组装或使用它的产品、专利、商标或经营方式的权利，被许可方向许可方支付许可费和按照销售额或销售额的规模比例支付佣金或权利金。许可方则除提供技术资料外，还负责受让方有关技术人员的培训，派遣专家指导以及对受让方的经营活动进行一定程度的控制。

许可最先应用在以下方面：

第一，专利、商标、工业版权等知识产权的许可。

第二，那些虽没取得法律保护，但为许可方控制，被许可方不可能得到的技术秘诀、制造方式或经营秘诀的许可。

许可方还可以作为企业扩张或市场进入的方式，理由是：

第一,世界范围的知识产权的保护被认为是企业的主要问题,特别是一些外国制造者忽视原创造者的商标权与专利权,非法仿冒、仿制他人的产品。

第二,由于世界范围的贸易保护主义使得进入另外新市场或扩张经营范围的成本太大,如高进口关税,进口配额,对外国公司的法律限制。许可制则为那些缺乏国际市场经营能力的企业投资者提供了进入一个或多个外国市场的可能。

第三,对于一个地区性的企业而言,通过许可获得的经营和竞争优势超过用任何其他方式进入同一市场所获得的好处。

第四,国际间的许可在以下几种情况下能提供开展与开发新的经营机会的方向:① 技术的更新换代迅速。② 产品的生命周期缩短。③ 竞争者对产品的便捷的仿制与导入。也就是说,在以上三种情况下,企业通过许可的方式既可为企业提供新的融资机会,也促使企业转向新的经营方向,维持经营与竞争优势。

作为融资活动的许可协议,与国际贸易中的许可贸易是有区别的。其中主要区别是,在可贸易中,许可方按照一定的价格转让(买卖)某项知识产权的实施权,专有权仍归许可方所有,受让方一次或分期付清价款。许可方在出售了使用许可权之后,不再承担继续向受让方提供知道服务的义务。若许可协议规定受让方根据销售额的比例向许可方支付权利金或服务费,许可方在协议或合同有效期内继续向受让方提供技术服务或控制其经营行为,则属于许可权投资。例如,2001年底,江苏省南通醋酸纤维有限公司以50万元的价格一次性购买了南通太仓港发电有限公司1 800吨二氧化硫排污权,这是国内进行的第一例排污权交易。是通过买卖许可权为城市建设吸纳资金这种无形资产的融资。排污权交易制度,也可以称为"买卖许可证"制度,它是把环境转化成一种商品并将其纳入价格机制的一种方法。

一、专利权的许可与转让

专利权的许可是指专利权人通过签订许可合同或许可协议准许他人制造、使用、销售专利产品或者使用其专利方法,并通过许可权出售得到经济上的补偿。

专利许可协议,按其被许可的权限范围来讲,一般有下述几种类型:独占许可、独家许可、普通许可、分售许可、互惠许可等。

对于专利而言,实施专利许可有两个方面的理由,第一个是,专利权人自己实施其发明创造的难度较大,成本高,依法许可他人实施他的专利可能更具有效益,这既有利于鼓励发明创造,又能给权利人带来实际的收益。第二个是,当今科学技术日新月异,更新换代节奏加快,如果一项专利不尽快实施,就不能得到经济上的补偿。

专利权的转让,是专利人通过签订转让合同,转让其专利,并由他人享有该专利的使用权与专有权。转让的方式有买卖、交换、赠与以及继承等,较常见的形式是买卖。

专利权人转让专利,要注意以下两点:其一是转让合同要经专利局登记和公告后才有效。随着专利权的转让,专利权的主体随之也发生变更;其二是要处理好整体转让与部分转让的问题。一般来讲,一项专利权只能作为一个整体转让,不能部分地转让。如果一项专利权为多人共有,则其中某人只能就自己所拥有的权利份额转让给专利权人以外的人。

二、专有技术的转让

专有技术(非专利技术)的所有者或持有人将技术的所有权或使用权转移给他人,并通过这种转移获得报酬。

三、商标权的转让与使用许可

商标权的转让是指注册商标所有人在法律允许的范围内,根据自己的意志和按一定的条件,将其注册商标转移给他人所有,并由其专用。

注册商标的转让有两种方式:合同转让与继承转让。合同转让即商标权买卖,指转让人和受让人之间通过签订合同进行商标转让,受让方向转让方支付转让费。继承转让即原商标注册人因死亡或年老失去经营能力,由法定继承人继承其商标。

企业进行商标转让也要注意两个方面的问题:一是须按法律规定向商标注册机关办理有关转让手续,经核准后转让才有效;二是对联合商标、亲族商标的转让要特别慎重。由于商标转让是商标权的全部转移,对于联合商标,如果只转让其中某一个商标,若受让人不注意维护商标信誉,由此造成的不利影响会波及那些未转让的部分,因为各个联合商标相互近似,容易混淆且用在同一或类似产品上。而亲族商标由于依附于某一著名商标,一个商标声誉受损,必会累及主体商标,所以,亲族商标、联合商标中的某一商标一般不要单独转让,要转让就整体全部转让。

商标的使用许可是指注册商标所有人通过签订使用许可合同,许可他人使用其注册商标,被许可方要向许可方支付许可费。商标使用许可分为一般使用许可和独占许可。一般使用许可是商标所有人许可他人有偿使用他的商标,并保留向其他人出售许可的权利。独占许可是许可方只允许被许可方一家独自使用其注册商标甚至在一定的时间和地理范围内,商标所有人也不能使用自己的注册商标(若商标所有人只许可一家使用其注册商标,自己仍然保留随时随地使用自己商标的权利,这叫独家许可)。

商标使用许可,被许可方得到的是部分商标权,其商标使用权,商标所有权与禁止权仍属于原商标注册人。因此,在签订商标许可合同时,许可方有权要求被许可方保证其产品的质量,维护其商标信誉,并不得再许可他人使用该商标。例如,上海一家服装厂同时许可浙江、江苏多家小厂使用其的"蝴蝶"牌商标。那些被许可厂家产品粗制滥造,低价倾销,不注意维护商标信誉,受到工商部门的查处。由于商标的使用许可是伴随着商誉的部分让渡,企业在选择被许可方时一定要注意对方的资信与技术质量能力,在许可合同有效期内要监督受让方的经营行为。

四、专利权与商标权参股投资

有些企业将自己的专利权与商标权作价,作为股份与他人合资、合作生产产品,这种形式既不丧失无形资产所有权,还能在长时期内获得投资报酬,是一种比较高级的无形资产融资方式。

选择这一融资方式的关键是要做好无形资产的价值评估,对于投资者来讲要避免自己的资产价值被低估,对于用这种方式吸引他人投资的筹资者来说,要避免他人的资产价值被高估,有关这方面内容将在后面论述。

五、购入无形资产,扩大资产规模,实现资本经营

例如,日本在第二次世界大战后的 25 年中,投资 100 亿美元引进 26 000 多项专利技术并加以吸收消化,获得 5 000 亿美元的收益。有时,中小企业可以从一些知名大公司获得经营某项业务的特许权,或从政府那里获得经营某种业务的特许权。具体方式见下述的特许权融资。

7.3.2 特许权融资

前面讲过,特定的权利和义务,如能为企业长期带来经济收益也是一种无形资产。特许权(Franchise or Franchising),又称特许经营权或专营权,是指政府所给予的允许使用公有财产或准许专门经营的特殊权利或企业相互间转让的特许经营权。我国古代有对盐、铁的特许经营,近代的特许经营权也有相当部分(如特种行业的经营、许可证制度)仍是依赖于政府的行政特许,现代有些行业如黄金开采、造币等也是依赖于政府的行政特许。

但随着市场经济的发展,出现了愈来愈多的与行政权无关的特许经营业务,形成了纯商业性的特许经营业务(如旅馆业、商业等),特许经营权包括特许生产和特许营销权。特许权许可的业务,在现代经济发展中日益显出其作用并正在迅速发展,特许权已从行政权力延伸发展成纯商业性的企业经济权益,但无论是前者还是后者,作为特许权来讲,都是企业的无形资产。

与其他经营方式相比,特许经营更容易打开他国国门,实施国际化战略。因为许多国家,尤其是发展中国家,其市场是逐渐向外开放的,往往对零售业、服务业等第三产业更为谨慎,外国资金要进入这些行业非常困难。而特许经营因为是一种无形资产的许可,并不涉及外资的进入,因而可以绕过壁垒,大张旗鼓的把事业发展到世界各地。

特许权可分为以下五大类:特种行业经营权、垄断经营权、实施许可证制度行业的经营权、资源性资产开采特许权和纯商业性的特许经营权。

特种行业,在我国是对旅馆业、旧货业、修理业、印铸刻字业、按摩业等行业的总称。因犯罪分子往往利用这些行业藏身落脚或进行销赃、伪造图章和证件等犯罪活动,故公安机关把它们列为特种行业严格管理,既保障了它们的合法经营,又预防和打击了利用它们进行犯罪的活动。经营这类特种行业,一般说获利情况是比较好的。

实施专卖的垄断性经营权,即国家对某种商品的生产、销售和进出口依法实行垄断经营。专卖的特征是国家垄断专卖品的经营权。专卖由法律确认,较专营更为规范。其目的是调节消费、稳定秩序、增加国家收入。当今,烟草专卖是专卖的一种重要形式,世界上已有近70个国家通过立法形式,建立烟草专卖制度。我国于1983年发布了《烟草专卖条例》,开始建立烟草专卖制度。

实施许可证制度行业的经营权也有多种情况,如生产许可证。生产许可证是国家进行质量管理和行业管理的一种手段。它一方面限制那些落后的、应该淘汰的产品的生产;另一方面对产品的产量进行宏观调节,所以生产许可证不仅是企业生产经营的条件,也是企业提高效益的有利条件,因而它可以成为评估对象。

资源性资产是指那些存在于自然界,能为人类带来物质财富但由于其稀缺性,由特定主体所占有并具有排他性的自然资源。典型的资源性资产开采特许权是采矿权、土地使用权。

纯商业性的特许经营权是企业间通过特许(相对于一般许可而言)而建立的一种契约关系。特许方(Franchisor)允许被特许方(Franchisee)或称受让方有权在合同期间使用其经营方式。具体来讲,商业性的特许经营权的交易方式分三种:一是产品的特许经营(销售),即厂商生产的产品在某一地区由某代理商全权负责销售,如皮尔·卡丹产品专卖,IBM在某一地区的特别代理;二是生产经营特许权,即不仅让代理人销售而且让他生产该种产品,最典型的是可口可乐,它在全球各地出售特许权,是既卖特许销售权又卖产品的生产技术(设备和工艺),但配方除外,其特点是总公司给加盟分公司以特许生产权与销售权;三是组合型的特许经营,即将生产、销售权授予代理人的同时,还把管理的风格、质量控制的系统也一并授予,典型的是麦当劳快餐店。

特许权的交易允许受让方有权以许可方的名义和商标销售其产品或服务,并按照许可协议的规定去采用许可方的经营方式和方法,但受让方必须提供经营收入启动资本,在合同期间内向许可方支付权利金(即权利使用费用),这种特许费用有时是非常高的,特别是多国、多家许可。

对于许可方而言,使用许可是企业发展的一种方式,它使得许可方能够充分发挥本身所拥有的无形资产优势,利用他人的大量资本达到资本与经营扩张,还能够获得政府的支持,加快国际化发展战略。同时,从理论上讲,许可方还可通过以下方式获得许可投资回报:

(1)获得权力使用收入。

(2)在合同中要求受让方按照许可方确定的价格购买许可方的产品。

(3)许可方供应的产品价格通常较高,而且一般要求被许可方大批量、大规模地购买。

所以,从一定程度上讲,被许可一方从他开拓许可经营业务起,就承担了许可方转移的成本与风险。

当然,许可经营方式能成为国际流行的经营方式,尤其是跨国公司大量将其应用在商

业服务中,这其中必然存在着相互利益,从被许可一方来讲,通过许可可享受以下好处:

(1) 在营销和广告方面获得一个全国甚至国际知名品牌的支持,减少广告宣传费用。

(2) 许可方通常在一个地区内只有一家许可,这样对竞争者是一个限制,被许可方获得相对的地区垄断优势。

(3) 获取连带服务好处,如贷款便利、技术服务、质量控制系统、会计与管理控制系统等,而且还能较容易获得总部或银行的财政帮助。

(4) 在企业经营与管理方面接受到标准的服务,吸收了先进的管理经验和技术,而又不丧失企业的所有权。

概括而言,特许制使得很多缺乏资金、经营知识和技术技能的人能获得创业的条件。被许可方在许可方提供的专项技能、资源、经验的保护伞下享受优惠。

在特许经营成功的历史上,不能不提麦克唐纳(McDonald's),即麦当劳快餐店。它的食品质量,快捷而礼貌的服务方式,认真仔细的清洁程序成为一种国际质量标志。1954年,麦克唐纳兄弟在加利福尼亚开创了汉堡包店,随后一个叫 Ray Kroc 的人经许可在伊利诺伊斯州开设了第一家分店;到 1960 年,全美有 200 家麦当劳餐馆。1961 年,Ray Kroc 买下了 McDonald 的产权,1967 年第一家海外分店开张,截至 1988 年,在 50 多个国家有 10 000 多家分店,其中 70% 以上都是特许经营。

麦克唐纳公司将特许作为一种经营方式建立了它的扩张能力,这一经历成为"它最显著的经营能力之一",它还严格要求被许可方保证它的标准产品质量。当然,它也善于接受和认可被许可方在经营活动中的创新与主动性。

在高技术产业中实施特许权也是抢占市场、分散和转移风险的一个措施。因为高技术生命周期较短,实施特许经营让更多的企业进行有关产品的生产和营销,既分享利润也分担风险,所以特许权在许可方与被许可方间还有利益与风险共同承担的特点。

在纯商业的特许经营权中,国家需要通过法律调整的内容,除了民法、合同法的规定外,主要集中在两个方面,即出卖特许经营权的过程及以后双方在商业上的合作,这两个层面是特许经营权独有的。

在我国,也有成功地使用特许权的案例。例如,中国的百年老店"全聚德"突破特许经营的严格标准,将中餐的共性和个性相结合,公开向全国招商,实现了在全国范围内的扩张。

特许权融资与特许权经营的实践既丰富了企业融资与资本经营的内容,也促进了企业经营尤其是营销理论的发展。例如,在分销策略中,有独家分销、选择性分销与广泛分销等三种渠道,我国大多数企业偏好广泛分销,以为能达到广阔的市场范围,实际上这种方式存在着服务跟不上、质量难以控制、管理与销售策略不统一等不足,也为各种假冒侵权提供了便利,最终可能难以实现营销目标。假如通过特许销售与生产权的买卖,就能比较好地解决广泛分销存在的问题,还能转移风险,获取非产品销售收入。

为了避免特许权融资给企业自身带来的风险,许可方一方面要对被许可方提供长期的服务与指导;另一方面要严格监督被许可方的产品质量。

7.3.3 无形资产融资评估与风险管理

一、做好无形资产价值评估

1. 无形资产评估的作用

无形资产评估工作是近代科技、经济、社会发展的产物,是市场经济,特别是要素市场发展的产物。无形资产的评估为市场的产权变动、联营、合资、股份改造、公司上市、各种专有权(专利、商标、特许权等)的转让、技术贸易等提供依据和中介服务,为双方提供一个供需特定而公平的市价,促进资产所有者、持有者资产经营活动目的(资产补偿、资产抵押、资产纳税、产权转让)的实现。无形资产评估的作用还表现在以下几个方面:

无形资产评估是投资决策的必经途径,是一些以高新技术、专利权、商标权等作为资本的投资者和企业开始经营活动的前提条件;是防止国有资产流失、进一步转换国有企业经营机制、建立现代企业管理制度的重要环节;是完善技术市场、加速科学技术转化为现实生产力的不可缺少的环节;为形成和保护驰名商标作出贡献;为提高知识产权司法保护力度提供合法、客观、公正、独立的中介服务。

2. 确指的无形资产评估的方法

(1) 重置成本法。重置成本法是按重置成本估价标准,以被评估资产的现行重置成本减去资产的损耗或贬值等因素,并考虑其在未来时期内获益能力的折现,从而确定被评估资产价格的一种评估方法。

运用这种方法评估资产应该满足的前提条件是:① 要有可利用的历史资料。很多信息和指标都需要收集和分析历史资料获得。同时,现实资产和历史资产应满足相同性或可比性。② 形成资产价值的耗费是必需的。耗费是形成资产价值的基础,但耗费包括有效和无效耗费。采用成本法评估资产,首先要确定这些耗费是必需的而且应体现社会或行业的平均水平。

这种方法的基本思路是被评估资产的原来投入成本以现行价格重置,估算的是投入价格或成本价格,是商品价格的重要组成部分。

重置成本法的基本表达式为:

$$重置成本净价 = 更新或复原重置成本 - 有形损耗 - 无形损耗$$
$$= 更新或复原重置成本 \times 成新率 - 无形损耗$$

式中,更新或复原重置成本为重置成本原价(全价),简称重置成本,而评估价格即为重置成本净值。

另一种较易操作的成本法是物价指数法,是用资产价格变动指数估算重置成本的方

第七章 无形资产融资

法。应用条件是：资产历史成本与被评估资产同类的产品物价变动指数为已知。计算方法：

$$重置成本 = 历史成本 \times \frac{评估资产时物价指数}{购置资产时物价指数}$$

资产的物价指数可用下式递推：

$$第 t 年的物价指数 = 第 t-1 年物价指数 \times (1 + \sum_{t=1}^{n} W_i \times P_i)$$

式中，i 为构成资产总成本的成本项目，$i = 1, 2, 3, \cdots, n$。W_i 为第 i 项成本占总成本的比例数，P_i 为第 i 项成本在 $t-1$ 至 t 年间的价格增长率。

物价指数法是国际上流行的估算方法之一，适用于各种资产的评估。重置成本法是资产评估的重要评估方法之一，特别是在有形资产评估中应用尤为广泛，如清产核资、固定资产转让、整体资产评估、以资产重置补偿为目的的资产评估。在无形资产评估、工程图纸转让、计算机软件转让、技术转让中最低价格的评估、收益额无法预测和市场无法比较的技术转让等。而更多的是重置成本法与收益现值法结合应用，如用于专利权、专有技术和整体无形资产的评估。

(2) 收益现值法。收益现值法是根据资金时间价值原理，将该项无形资产在未来时期内的收益，折现作为该资产价值的一种方法。

运用这一方法的前提，首先是掌握几种基本的资金等值计算公式；其次是如何确定折现率；再次是如何确定该项无形资产的使用寿命。例如，我国商标法规定，商标权的有效期是 10 年，但可续展，专利法规定发明专利有效期为 20 年，实用新型和工业品外观设计专利为 10 年。有些特许权有期限，有些则没有。而商誉的期限则更不确定。

在无形资产评估中衡量无形资产的价格，是以该无形资产对创造产品总收益所作的贡献为依据的，基本公式为：

$$无形资产价格 = 销售收入现值 \times 销售收入分成率$$
$$= 销售利润现值 \times 销售利润分成率$$

销售收入分成率反映无形资产对产品销售收入的贡献；销售利润分成率反映无形资产对产品销售利润的贡献。专利所说的贡献就是因无形资产而创造的追加收入或追加利润。从上式可得：

$$销售利润分成率 = 销售收入分成率 \div 销售利润率$$

收益现值法一般用于专利权、商誉等无形资产的评估。

(3) 现行市价法。现行市价法又称市场价格法，是指通过比较被评估资产与最近售出类似资产的异同，并将类似资产的市场价格进行调整，从而确定被评估资产价值的一种资产评估方法。它是根据替代原则,采用比较和类比的思路及其方法判断资产价值的评估技术规程。因为任何一个正常的投资者在购置某项资产时,他所愿意支付的价格不会高于市场上具有相同用途的替代品的现行市价。运用已被市场检验了的结论来评估被评估对象,显然是容易被评估资产业务当事人所接受的。因此市场价格法是最为直接、最具说服力的评估方法之一。

应用这种方法评估资产的前提条件是市场上必须有与评估对象可以类比的同类资产的市场价格作参照,同时应考虑市场的内外条件变化对市场价格的影响,关键是要尽可能准确无误地把握同类资产的市场价格,即有一个充分发育活跃的资产市场。因此,市场价格法适用于容易找到参照物的资产的评估。所以运用这一方法首先要进行市场调查,找到准确、可靠的相关类比资料。这一方法使用于工业产权类无形资产评估。

虽然无形资产所具有的非标准性和唯一性特征限制了市场价格法在无形资产评估中的使用,但这不排除在评估实践中仍有应用市场价格法的必要性和可能性。可以通过对类似资产参照物进行调整。有关调整的指标、技术参数是市场价格法能否成功运用的关键。

3. 不确指的无形资产估价的方法

在前面资产分类中曾提到有些不可指的无形资产如商誉很难确定其开发与重置成本,不易用公式计算。但在涉及有关无形资产的投资与转让时又确实需要对这类无形资产价值进行评估,尤其是商标权投资,因为商誉与商标权往往是一个有机的整体,很难说一个驰名商标的价值中没有包含商誉的要素。所以,商标价值评估时常考虑商誉的价值。但如果仅对商誉价值作评估,以前一直采用直接法与残值法,其方法的来源仍是收益现值法;现在也引进了期权估价模型对残值法进行补充。

(1) 直接法。这一方法的理论依据是将商誉看作是企业超额收益的本金化价格,评价商誉价值可用未来超额收益现值。所谓超额收益现值,是一个相对概念,指拥有商誉的企业收益高于同行业中那些面临相同风险和不确定性的类似企业的收益。其公式为:

$$V=\frac{D-rc}{i}$$

式中,V 为商誉价值;D 为预期未来收益;r 为该行业典型性的不变年资本收益率;c 为企业的资本额;i 为折现率。

(2) 残值法。这种方法只有在企业产权发生转让并取得企业买卖的实际成交价格后才使用。具体操作时,先把一切有形资产和负债项目以及可确指的无形资产项目都用现行价格计算,再求得各项净资产的现行价格和购价的差额,即为商誉的价格。

若某一商誉价值已知,可用分摊商誉价格的办法来近似地求商标的价值,其公式为:

该商标评估价值=开创商标费用的现值+该商标所带来的经济收益

其中

$$该商标所带来的经济收益 = 开创商标费用的现值 \times \frac{商誉评估价值}{可确指的无形资产现值之和}$$

例如,某企业出售一商标,根据企业有关资料,得知商标设计费为 2 000 元,申请注册登记费为 800 元。该企业经评估部门评估,其商誉价值为 150 000 元,可确指无形资产成本现值之和为 180 000 元,银行利率为 10%。该商标创办于 1988 年,1995 年进行评估。试求该商标评估时价值。

采用成本—收益现值法,先求当初开创商标的费用现值:

$$NPV = P(F/P, i, n) = 当初实际费用 \times (1+i)^n$$

$$= (20\,000 + 800) \times (1 + 0.1)^7 = 40\,539.2(元)$$

则

$$该商标所带来的经济效益 = 40\,539.2 \times \frac{150\,000}{180\,000} = 33\,782.7(元)$$

$$该商标的评估价值 = 40\,539.2 + 33\,782.7 = 74\,321.9(元)$$

(3) 期权估价法。把公司的股权看作是一项看涨期权,因为股权本身意味着一种剩余求偿权。执行该期权的结果意味着对公司进行清算,支付债务的面值。当企业进行清算时,其股权的净损益函数可以表示为:

$$股权清算时的损益函数 = \begin{cases} V - D, & 当 V > D 时 \\ 0, & 当 V < D 时 \end{cases}$$

式中,V 代表公司价值,D 代表债务及其他固定求偿权。根据布莱克舒尔茨公式,我们可以求出这个股权所代表的期权的价值。再依据残值法,公司价格与股权价值之间的差额即是我们所求的商誉的价值。

从以上例子可知,无形资产价值评估的几种方法在实际操作时可配合使用,采用哪一种方法更为合适,除了取决于无形资产自身的特点以外,还要根据实际可得资料的全面性、准确性、针对性而确定。

二、无形资产会计处理

无论是作为资本经营还是作为资本融资,都应对无形资产进行会计处理。无形资产的会计处理大体包括以下几个方面:无形资产取得的会计处理,无形资产转让的会计处理,无形资产摊销的会计处理以及无形资产评估及价值变动的会计处理。

我国 1993 年施行的《企业会计准则》规定:"资产分为流动资产、长期资产、固定资产、无形资产、递延资产和其他资产",也就是说在我国的会计核算制度中已有"无形资产"这一会计科目,同时根据其他有关会计制度的规定,企业为取得无形资产而发生的费用应作为资本性支出,是无形资产价格的重要组成部分。

具体来讲:

（1）企业自行开发的无形资产，其原始价值就是原始开发成本，应按开发过程中实际支出计价；企业购入的无形资产，按照实际支付的价格计价；投资者作为一定的股份额而投入的无形资产，即投资者作为资本金或合作条件投入的无形资产，按照评估确认或者合同、协议确定的金额计价，在股份制改造中以无形资产投资入股时，无形资产在总资本中的比例不超过20%。

（2）企业转让无形资产取得的收入，除国家法律、法规另有规定外，计入其他销售收入。

（3）无形资产的摊销，规定无形资产从开始使用之日起，在有效使用期限内平均摊入管理费用。

（4）无形资产经过评估后，在财务账上要么新增无形资产项目，要么使原已有的无形资产价格发生变化（多是增值），因此有关文件规定，资产占有单位在收到资产评估确认通知书后，应根据有关财务、会计制度进行财务处理。现行财务制度规定商誉只有在企业合并时，才能确认入账。

从资产负债表上看，无形资产应该属于权益资产，但企业所拥有的无形资产必须经权威部门评估确认，并根据自身的利税目标与投资需要，才能确定将哪些无形资产计入资产负债表。

在西方，尽管确认品牌具真实的价值这一点已达成广泛的共识，但对于是否从资产负债表上显示出来却有争议。大多数拥有国际品牌的跨国公司很少将其无形资产反映在资产负债表上。但是1988年，美国的Grand Met公司和Rank Hovis McDougall公司将其品牌价值显示在资产负债表上。在这里"品牌"（Brand）这类无形资产是作为"服务"性资产而不是作为"产品"资产。赞成的一方认为品牌价值能极大地增加企业的纳税资产，这会使它的营业额得到保护，从而使筹资变得容易些。英国会计标准协会认为品牌价值在20～40年的时期内应从利润中扣除，而在实践中，这完全是不可能的。因为在这段时期内一个品牌的价值可能会大幅增加，此时将品牌价值进行摊销就像将梵高的油画价值逐年摊销一样显得极不合适。

1988年，瑞士雀巢商品集团花了20.55亿美元购买了Rowntree Mackintosh公司，Rowntree公司的工厂和股票形式的有形资产只占购买价值的1/5，雀巢公司支付的余下4/5是关于Rowntree的营销秘诀、多年形成的良好的企业形象和声誉以及主要知名品牌的价值。几乎在同时期，菲利普·莫里斯（Phillip Morris）公司花了1.29千万美元买下了Kraft，其价值是其有形资产价值的4倍。这两个例子说明外国公司将品牌价值放到何等重要的地位。相比而言，我国硬性规定无形资产在总资本中的比例不得超过20%，而不考虑企业经营能力的差异，这一过低的比例可能限制了企业扩张，导致资源浪费。

三、无形资产的维护、开发与风险管理

无形资产的风险管理就是保护无形资产，加强无形资产管理。

第一，要正确认识无形资产的价值，作好无形资产评估。

一般来讲，具有一定经营历史和业绩的公司，都存在无形资产，具有无形竞争优势。企业要充分重视这些无形资产，并通过权威资产评估机构进行评估与确认，并在公司财务账上表现出来，作为企业资产与税收管理的依据，也作为将来企业投资、并购、重组等的资产价值及投资的依据。选择能被社会投资者、合作者及国家资产管理部门认可的权威资产评估机构也非常重要，对已评估资产要根据时间、环境和资产使用情况的变化做好会计核算，防止资产流失。

第二，加强无形资产的风险管理。

由于无形资产不像有形资产那样具有实实在在的价值实体，所以，它的价值是不稳定的，一旦丧失，会给企业带来重大的利益损失，因此，企业要加强无形资产管理，保护好无形资产。例如，加强保密工作，对企业专业技术、经营秘诀、特殊工艺等书面资料，要有严密的保护措施，对于有些可以公开的工业产权要及时取得法律保护，取得专用权，同时要通过法律途径对各种侵权、盗用等不正当竞争行为依法追究违法者的法律责任并要求赔偿经济损失。

第三，注重企业形象，恪守商业道德。

良好可靠的商业信誉是企业存在与发展的无价之宝，良好的企业形象是企业无形资产竞争优势的体现。企业要重视企业形象、公司标记、产品服务标记的设计，利用广告和其他营销工具来推广公司的经营理念与创新意识，建立良好的公共关系，以赢得社会各界的支持与信任，这也是支持企业股票价格，增加企业市场价值的重要因素。

第四，不断发展与创新企业的无形资产。

发展无形资产与保护无形资产同样重要。发展无形资产的重要措施是加强对无形资产的投资。技术型无形资产，会随时间推移丧失其先进性，工业版权如计算机软件一样。例如，根据有关的研究，一般新技术在5～7年之后会丧失50%的技能，一个技术人员如果跟不上时代的发展，其技能的50%只要2～3年时间就会丧失，这就解释了一些大公司尤其是金融部门对知识技能型人才的需求动机，正如卢森堡证券交易所的总裁 Edmond Israel 在1992年所说的："我们今天面对的最大危险来自人们不停地回想过去而不是未来。他们总是试图解决昨天，而不是今天和明天的问题"。商标、品牌、声誉虽不会随时间流失而自然贬值，却也需要企业产品质量的保证和不断的产品创新以及企业创新来维护。所以，企业要保持长久的竞争优势，必须对无形资产进行投资。另外，要不断开发企业新的无形资产，如特许权、租赁权、营销网络、数据库等，企业经营者尤其是营销人员要理解拥有一个准确的关于现实和未来消费者的最新的消费数据库的价值，它不仅仅是为回答消费者的询问，更重要的是为了达到营销目的。比消费者数据库内容更丰富仔细的是营销数据库，它记录着企业或公司的消费者个体和群体、供应商、分销商或代理商等所有的必要资料。

案　例

北京亿维德电气技术有限公司
利用非专利技术实现增资扩股

2001年2月成立的北京亿维德电气技术有限公司（简称亿维德公司），是一家创新型的高科技民营企业，从事低压电器、工业控制和自动化的市场开拓与分销。公司的创始人即公司董事长陈明洋先生，经过多年理论研究与市场实践，自创了"基于互联网工业电气产品的供应链技术服务网络"非专利技术。

2002年3月，亿维德公司聘请北京北方亚事资产评估有限责任公司对陈明洋先生个人拥有的"基于互联网工业电气产品的供应链技术服务网络"非专利技术无形资产价值进行专项评估，评估价值为人民币2 611万元。经过评估，亿维德公司的注册资本金由评估前的400万元增加到2 980万元，非专利技术无形资产占公司注册资本的86.58%，实现了增资扩股的目的。

2002年10月，亿维德公司又聘请了北京北方亚事资产评估有限责任公司对亿维德公司整体资产进行价值评估，评估目的是与北京市机电设备总公司合资合作，成立新公司。经过评估，亿维德公司的净资产为人民币3 012万元。国有大型企业——北京市机电设备总公司看中亿维德公司的技术优势、人才优势、管理优势、创新优势等无形资产。经过评估及谈判终于在2002年11月双方合资合作成功，成立了北京亿维德机电设备有限公司（注：北京市机电设备总公司投入现金1 200万元人民币）。

实践证明，亿维德公司利用无形资产实现了增资扩股的目的，而且利用无形资产还实现了融资的目的，使新公司有了新的活力和生命力。目前，北京亿维德机电设备有限公司已发展成为在中国华北地区增长速度最快、最具实力和最具影响力的分销商。

本章小结

1. 无形资产指由特定主体控制的，企业长期使用，不具备独立实体，对生产经营和服务能持续发挥作用并能带来经济收益的一切经济资源。

2. 无形资产本身没有物质实体，具有排他性和共享性等多种特征。无形资产价值不是一成不变的，而是对不同的买方，在不同的使用条件下，有不同的价值，这是无形资产与有形资产的最显著的区别。

3. 无形资产融资拓宽企业的融资渠道，促进企业机制转变，实现了企业整体优势。

4. 我国的会计核算制度中已有"无形资产"这一会计科目,同时根据其他有关会计制度的规定,企业为取得无形资产而发生的费用应作为资本性支出,这是无形资产价格的重要组成部分。

5. 无形资产的风险管理就是保护无形资产,加强无形资产管理。

本章习题

1. 无形资产的范围及其特点是什么?
2. 无形资产是如何分类的?
3. 联系实际,简述无形资产融资对防止国有资产流失的作用。
4. 许可权融资与特许权融资有什么区别?
5. 联系实际,结合无形资产融资的案例讨论其运作方式和意义。
6. 对可确指的无形资产估价有哪些基本的模型?各有哪些优缺点?
7. 某企业评估一商标,当初商标设计费为 3 000 元,申请注册登记费为 800 元,该企业经评估部门评估,其商誉价值为 165 000 元,可确指无形资产成本现值之和为 200 000 元,银行利率为 8%。该商标创办于 1998 年,2003 年进行评估,试求该商标评估时价值。
8. 在会计核算中,无形资产的处理应有哪些原则?

第八章 创业融资

学习目标

- 了解创业融资的概念;
- 掌握创业融资主要类型;
- 掌握创业融资的困难及对策;
- 了解天使投资起源及其与风险投资的区别;
- 掌握商业计划书的写法;
- 理解天使投资的交易结构。

8.1 创业融资概况

经济发展迅速,市场机会增加,有多少企业希望加大资金投入获取更多的市场份额和利润;科技发展日新月异,新的需求不断激发,又有多少技术精英希望抓住机遇,谋求创办自己的企业。但是对于大部分创业企业来说,资金缺乏都是限制企业发展的主要瓶颈之一,所以融资一直是创业研究的一个热门话题。

8.1.1 创业与创业融资

创业是指企业走向成熟的过程,创业不仅仅局限于某种类型和规模的公司,不能简单地将创业理解为起步阶段,创业并不一定是新办一家企业从小做到大,也不一定必须有新产品或高新技术。通过管理变革、市场拓展、引入新的商业模式,将经营已经稳定或有一定规模的企业重新创建成满足产品创新和市场创新需要的企业,这也是一种创业。还有很多创业企业家借助投资公司的力量,收购现有企业,或扭亏为盈,或率先超常发展,在体现自己的价值的同时,也帮助投资商率先实现了资本增值。

创业融资是处于发展早中期的企业向非公众投资者进行的股本融资。融资的方法有两种:一种是股权融资;另一种是债权融资。创业企业由于风险大、资产少,一般不能指望从银行获得多少贷款,其需要的资金大部分是通过私募获得的股权投资。有加大发展潜力的创业企业在股权融资时可以向创业投资公司寻求资金上的支持。吸引投资者的投资并不是一件容易的事,企业家一定要有充分的准备。如果企业具备吸引投资的基本要素,也就是有一个优秀的管理团队、有很好的市场机会、还有良好的运作机制和可行的实施计划,那么获得资金的机会是相当大的。

8.1.2 创业融资困难和解决方法

一方面创业企业普遍感到融资难;另一方面创业投资公司普遍感觉好的项目难找。从外部客观因素来看,创业融资的困难之处主要在于:

(1) 有利于促进中小企业发展的金融市场体系尚未建立起来,创业企业融资难是一个普遍现象。

(2) 国内企业信用体系尚未建立起来,创业企业的经营也缺乏透明度,投资人与创业者之间缺乏信任,这都造成投资商在选择和评估项目时十分谨慎。

(3) 国内创业投资行业尚未成熟,提示投资人阶层有待形成,真正能够提供股权资本的专业投资人很少。

从企业内部的原因来看,创业企业需要克服以下不足之处:

(1) 内部管理没有理顺,财务账目混乱,企业历史资料不完整。

(2) 公司股份结构和法律结构复杂。

(3) 产品结构单一,缺乏后继产品开发能力。

(4) 公司创业团队背景不强,投资人对成功的信心不足。

(5) 管理团队占的股份太少,原有投资人控股,新的投资人担心有代理人风险(经理人以权谋私)。

由于创业企业家对融资谈判缺乏经验,在正式谈判时往往又会出现以下情形:

(1) 主要管理人不出面,让经理助理或控股公司的人与投资公司接洽。

(2) 缺乏融资准备和经验,没有规范的商业计划,舍不得花时间精力和资金在公司包装和融资谈判上。

(3) 在谈判时未能及时提供投资人要求的资料,不能圆满回答投资人提出的问题,坐失良机。

(4) 不清楚投资人的选项标准,不会把握投资人的心态,如采用上天开价、落地还钱的谈判策略。

(5) 对盈利情景盲目乐观,对自己的技术或构思估价过高,没有仔细思索自己商业模式的可行性。

(6) 收入和利润预测缺乏依据。只考虑投资人将会得到很高的回报,不考虑投资人将担当很大的风险。

(7) 过分强调对经营秘密的保护,投资者不胜其烦或难览企业全貌。

(8) 不够诚信,过分讲求谈判技巧。

企业家在融资过程中要尽量避免这类情形发生。

外部客观因素个人无法改变,但切实的准备工作,有助于增加融资成功的把握,相应的办法有:

(1) 先找人,再找钱,建立专业的管理团队是增强投资人信心的基础。

(2) 先做销售后完善产品。融资并不一定顺利,有了销售收入你才可进可退,不要等到产品完善了才推向市场。

(3) 要有切实可行的市场推广计划和资金使用计划。

(4) 花时间写好商业计划书,计划书最好不要超过30页,尽力避免花哨的图片和错别字。

(5) 如果需要做演示,最好控制在20分钟之内,以不超过15页的幻灯片为好。

(6) 充分估计竞争形势和其他风险,而且不能一厢情愿地夸口两三年内股票上市或被大公司收购。

(7) 要令人信服地说明你将怎样达到预计的销售额,而不只是豪言壮语给出没有依据的数字。

(8) 不要只想着创业投资公司这一条路,只要你开动脑筋,说不定还有其他的融资途径。

在与投资公司谈判时,应注意以下几点:

(1) 企业高层应亲自出面与投资商洽谈,通常只有企业家自己才了解企业的实际情况和发展方向。

(2) 与创业投资者洽谈时要直接、简练、开诚布公,大家的时间都宝贵,没有必要兜圈子。

(3) 不要一开始就要求投资公司签保密协议,没有信任就不可能谈成生意。

(4) 要虚心听取投资者的意见,尽量避免与投资者争论。投资者肯定会问一些令你不愉快的问题,好像他在故意挑你的毛病,或怀疑你的智力水平,其实他们只不过想弄清楚问题,以便提出建设性的意见。

(5) 不要奢谈即将到手的大订单或可能的巨额投资。嘴里的馒头比画出来的饼更实在。

(6) 追求价值,而非评估,不要拿"专业机构"的评估报告或认证书来吓唬人。

(7) 选择最可能帮助你成功的投资公司,而不是出价最高的投资公司。

最后,融资过程中最容易犯的错误是低估了融资所需要的时间,千万不要等到急需资金时才抓紧融资。你越是急需资金,你的谈判筹码就越低。

8.2 创业融资的主要渠道

融资渠道就是指企业筹措资金的方向和通道,体现了资金的来源和流量,了解企业的融资类型和融资方式,对企业的生存和发展是极其关键的。

本文所指创业融资包含筹备阶段的融资以及成长过程中的融资。对这两个不同的资金需求阶段来说,各自的融资方式有所不同。对于创业者来说,最难解决的便是资金问题。其实只要愿意想办法,创业者有众多途径可以解决融资问题。

8.2.1 筹备阶段融资

筹备阶段融资从大的方面来说,主要有直接融资与间接融资两种形式。

一、间接融资

所谓间接融资,主要是指银行贷款。银行的钱不好拿,这谁都知道,对创业者更是如此。但在某种情况下也有例外,就是在你拿得出抵押物或者能够获得贷款担保的情况下,银行还是很乐意将钱借给你的。适合创业者的银行贷款形式主要有抵押贷款和担保贷款两种。信用贷款是指以借款人的信誉作保证发放的贷款,一般情况下,缺乏经营历史从而也缺乏信用积累的创业者,比较难以获得银行的信用贷款。间接融资主要有以下几种形式:

1. 抵押贷款。它是指借款人以其所拥有的财产作抵押,作为获得银行贷款的担保。在抵押期间,借款人可以继续使用其用于抵押的财产。当借款人不按合同约定按时还款时,贷款人有权依照有关法规将该财产折价或者拍卖。变卖后,用所得钱款优先偿还贷款人。适合于创业者的有不动产抵押贷款、动产抵押贷款、无形资产抵押贷款等等。

2. 担保贷款。它是指借款方向银行提供符合法定条件的第三方保证人作为还款保证,借款方不能履约还款时,银行有权按约定要求保证人履行或承担清偿贷款连带责任的借款方式。其主要形式有:自然人担保贷款、专业担保公司担保贷款、托管担保贷款等等。

3. 项目开发贷款。如果企业拥有重大价值的科技成果转化项目,初始投入资金数额比较大,企业自有资本难以承受,可以向银行申请项目开发贷款,银行还可以视情况,为企业提供一部分流动资金贷款。此类贷款较适合高科技创业企业。

4. 出口创汇贷款。对于出口导向型企业,如果你一开始就拥有订单,那么,可以要求银行根据出口合同或进口方提供的信用签证,为企业提供打包贷款。对有现汇账户的企业,银行还可以提供外汇抵押贷款。对有外汇收入来源的企业,可以凭结汇凭证取得人民币贷款。

5. 票据贴现贷款。它是指票据持有人将商业票据转让给银行,取得扣除贴现利息后的资金。在我国,商业票据主要是指银行承兑汇票和商业承兑汇票。这种融资方式的好处之一是,银行不按照企业的资产规模来放款,而是依据市场情况(销售合同)来贷款。企业收到票据至票据到期兑现之日,往往是少则几十天,多则300天,资金在这段时间处于闲置状态。企业如果能充分利用票据贴现融资,远比申请贷款手续简便,而且融资成本很低。票据贴现只需带上相应的票据到银行办理有关手续即可,一般在3个营业日内就能办妥,对于企业来说,这等于是"用明天的钱赚后天的钱"。

二、直接融资

除向银行贷款间接融资外,创业者还有许多获取直接融资的渠道,如股权融资、债权融资、企业内部集资、融资租赁、风险投资等等。

1. 股权融资。它是指资金不通过金融中介机构,融资方通过出让企业股权获取融资的一种方式,大家所熟悉的通过发售企业股票获取融资只是股权融资中的一种。对于缺乏经验的创业者来说,选择股权融资这种方式,需要注意的是股权出让比例。股权出让比例过大,则可能失去对企业的控制权;股权出让比例不够,则又可能让资金提供方不满,导致融资失败,这个问题需要统筹考虑,平衡处理。

2. 债权融资。它是指企业通过举债筹措资金,资金供给者作为债权人享有到期收回本息的融资方式。民间借贷应该算是债权融资中的一种,且是为人们最常见的一种。但也有不少企业就对民间借贷产生了一种畏惧心理,怕担上"非法集资"的帽子。对于非法集资,有特别重要的界定值得注意,就是:向社会不特定对象即社会公众筹集资金。根据这一点,如果不是向社会不特定对象即社会公众筹集资金,就不能叫非法集资,而应算是正常的民间借贷。另一点是非法集资通常数额巨大。把握住这两点,在进行民间借贷筹集创业资金时,就不容易触犯禁忌。

3. 企业内部集资。它是指企业为了自身的经营资金需要,在本单位内部职工中以债券、内部股等形式筹集资金的借贷行为,是企业较为直接、较为常用、也较为迅速简便的一种融资方式。但采用这种方法,一定要严格遵守金融监管机构的相关规定。

4. 融资租赁。在现代社会中,租赁已成为一种重要的融资方式为企业广泛采用。融资租赁也称金融租赁或资本性租赁,是以融通资金为目的的租赁。当企业需要购买或更新设备,而一时又无法凑足资金时,可以借助于这种方式。租赁公司不是向其直接贷款,而是根据企业的指定,代其购入设备,然后租给企业有偿使用。其一般操作程序是,由出租方融通资金,为承租方提供所需设备,具有融资和融物双重职能的租赁交易。它主要涉及出租方、承租方和供货方三方当事人,并由两个或两个以上的合同所构成。出租方订立租赁合同,将购买的设备租给承租方使用,在租赁期内,由承租方按合同规定分期向出租方支付租金;租赁期满承租方按合同规定选择留购、续租或退回出租方。承租人采用融资租赁方式,可以通过融物而达到融资的目的。对于缺乏资金的新创企业来说,融资租赁的好处显而易见,其中主要的是融资租赁灵活的付款安排,如延期支付,递增或递减支付,使承租用户能够根据自己的资金安排来定制付款额;全部费用在租期内以租金方式逐期支付,减少一次性固定资产投资,大大简化了财务管理及支付手续;另外,承租方还可享受由租赁所带来的税务上的好处。

5. 风险投资。1999年以来,风险投资在国内得到了很大的发展,国内几乎每一个成功的互联网企业的背后,都可以看见风险投资的身影。对于创业者来说,尤其是对于高科技领域的创业者,寻求风险投资的帮助,是一个值得认真考虑的途径。风险投资中的天使投资,更是专门为那些具有专有技术或独特概念而缺少自有资金的创业者所准备。天使投资者更多由私人来充当投资者角色,投资数额相对较少,对被投资企业审查不太严格,手续更加简便、快捷,更重要的是它一般投向那些创业初期的企业或仅仅停留在创业者头脑里的构思。

6. 政策性融资。创业者还要善于利用政府扶持政策,从政府方面获得融资支持,如专门针对下岗失业人员的再就业小额担保贷款,专门针对科技型企业的科技型中小企业技术创新基金、专门为中小企业"走出去"准备的中小企业国际市场开拓资金等,还有众多的地方性优惠政策。巧妙地利用这些政策和政府扶持,可以达到事半功倍的效果。例如,再就业小额担保贷款,科技型中小企业技术创新基金,中小企业国际市场开拓资金,地方性优惠政策等等。

7. 巧借外力筹措创业资金。2000年8月,上海浦东发展银行与联华便利合作,推出面向创业者的"投资7万元,做个小老板"的特许免担保贷款业务。由联华便利为创业者提供集体担保,浦发银行向通过资格审查的申请者提供7万元的创业贷款,建立联华便利加盟店,许多缺乏资金的创业者因此得以圆创业梦。像联华便利一样,现在很多公司为迅速扩大市场份额,常会采取连锁加盟或结盟代理等方式,推出一系列优惠待遇给加盟者或代理商,如免收加盟费、赠送设备、在一段时间内免费赠送原材料,对代理商先货后款、延后结款赊购赊销等等,虽然不是直接的资金扶持,但对缺乏资金的创业者来说,等于获得了一笔难得的资金。

8.2.2 成长阶段融资

如果你知道你正在寻找什么和它可能所在的方向,那么你就会轻而易举地找到它。

一、债券与权益融资

同证券投资相比,也较容易找到。如果选用债券投资,无论你的现金流是否为正,你每月还需偿债。证券投资人在早期只期望有较少的回报甚至不指望有回报,但希望了解公司发展的详细情况。他们向具有高回报的冒险事业下了赌注。因此,投资人期待着目标的实现,并希望企业迈向新的里程碑。债券融资一般适用于所有类型的企业。证券(权益)融资通常仅限于具有高速发展潜力的企业。

1. 债券融资注意事项
○ 我的公司适合于哪种债券融资?
○ 我能承受多大的债务?
○ 如果缺乏流动现金,我是否还具备偿债能力?
○ 如果利率上升情况会怎样?
○ 我愿意用公司和个人的资产做抵押吗?
○ 使用个人担保如何?

借债并不是一个简单的个人问题,它需要进行仔细的分析。你是否有足够的资产?你是否有良好的信誉?

2. 证券(权益)融资注意事项

(1) 我应以哪一种投资人为目标?

(2) 我是否愿意与他人分享公司的控制权和未来的收益?

(3) 我是否真愿意将投资人作为永远的合作伙伴?

(4) 我愿意放弃多少股份?

(5) 我是否能跟上所有报告的进度?

(6) 将公司的秘密告诉潜在投资人会怎样?

同有2年或3年成功历史的公司相比,投资人希望能在新创企业中占有更大的份额。

二、天使资金

天使是指那些构成大部分"非正式"风险资本的单个私人投资人。这些投资人通常将他们的钱投资在附近地区(大约50英里左右)。他们投资数额往往比较小($25 000~$250 000),并且你很难找到他们,因为他们既没有网络联系,也不属于商业协会。

天使一般产生于朋友、亲人、客户、第三方专业人员、供应商、经纪人和同行竞争者之中。在大多数情况下,一旦天使投入了两三笔资金之后,他们口袋中的钱也就耗尽。也有少数服务机构能够为你寻求私人投资人,但要谨防那些声称能为你与投资人取得联系而要求收取较大的预付费($1 000或更多)的人。应该自己努力去找投资人。如果你已向某个投资人提交了投资申请,这时你就可以寻找一个谈判代理人。

注意:在你告知证券经纪人之前,不要在你当地的报纸上作广告寻找投资人。否则,证券交易中心可能会传讯你。

三、风险投资基金

这种基金的管理者被圈内人士亲切地称为"风险投资家"。这个称谓也许不太恰当,但它却常常反映了真实情况。这些投资人在寻找巨额回报,而不仅仅是较好的回报。获得风险投资是极其困难的,申请风险投资的企业之间的竞争相当激烈。这些风险投资基金每年收到成千上万个申请,而最终只有两个或三个企业获得风险投资。

这些投资基金的管理人员擅长于发现能产生珍珠的牡蛎。他们通常十分精明,受过良好的教育,并且极端自负。对付他们你要小心行事。如果你有其他办法,最好求助于另一种方法。但是如果你对企业的未来信心十足,也不妨和这些投资高手们合作一番。

四、合资或战略合伙

下面是具有相似兴趣的两家公司基于共同需要的结合点:

(1) 他们有钱……你有计划

(2) 你有产品……他们有销售商

努力尝试,找出和你兴趣相似的公司。这当然需要更多的调查研究,而不仅仅是申请贷款这么简单。大多数的合作伙伴会在你的公司注入20%~40%的股份。不要只想着怎样赢得投资,要学会保护自己的创意。在阅读你的商业计划之前让你的投资合作伙伴签署一个创意或技术保密协定。

五、商业票据

这是一种短期的债券融资工具,发行期限为2~270天。这是一种承诺式的票据,将其面值打折扣之后才是其真实价值。这些票据通常有信用证或其他形式的信用保证。公司可以用财产作抵押,以获得信用保证书并将其杠杆成为商业票据。

六、信用证

银行作为你的代理人向你的投资人转递的信用证明,以其作为你将来支付的保证。如果你不支付,银行将向投资人支付。银行会依据你抵押的应收资产或其他实物资产发行信用证(VC)。

七、应收账款让售

这是指企业将应收账款出让给专门以购买应收款为业的应收款托收售货公司,以筹集所需资金的一种方式。普通的预付款为应收账款的80%~90%。贷款人希望借方在90天之内偿还。这种筹资方式也可用于年限较长的应收款项,但贷款的利率可能会戏剧性地上升,毕竟这样的账款风险更大。

八、购货定单预付款

用杠杆支撑起你的未来。如果获得你基础客户的购货定单,你就可以在产品制造完成之前,获得预付资金。一般的预付款会比正常款项低50%,这种代价确实比较昂贵。因此,除非没有其他的方法,否则,不要选择这种融资方式。

九、设备租赁

你可以认为这种融资方式是资产租赁。你获得所需的设备,但必须在特定的期限支付租金。这里当然不存在利率的问题,但支付租金的比率往往还高于商业贷款的利率。这一缺点又可部分地被抵销掉,因为你能将支付的款项算作100%的税前开支项。

十、固定资产出售并回租

如果你现金不足而固定资产过多,这种方式会很适合于你。现在你可以将你的固定资产出售给一个投资基金以获得现金,而他则把该资产回租给你(你通常会有延租权和购买权)。这种方式可能会带来资本收益或销售税等方面的问题。

十一、私募

这是一种私人发行股票的方式。这是向少数投资人筹措小数额的资金($500 000或$500 000以下)的一种很好的方式。这种方式在美国许多州非常流行。当然要和所在州的政府机构取得联系,获取必要的信息,以避免引起不必要的麻烦。

十二、公开上市

同私募方式相比,这种形式会让你筹措到更多的资金和拥有更多的投资人。如果你能花时间做发行工作,它将成为非常好的融资工具。和证券交易中心取得联系,他们将乐于向你介绍这些规则和形式。

十三、有限合伙

你可以寻找或者干脆自己组建一个有限合伙公司。有限合伙公司通常都是投资公司。有限合伙人提供所有的资金,普通合伙人则负责所有外部事宜以及管理工作。目前,美国已成立大量伺机向企业投资的有限合伙公司。如果你想成立有限合伙公司,你可以自己寻找或向所在的州相关管理机构查询这些有限合伙人。

十四、可转换债务

这实际上是一种可以转换为公司所有权的贷款(贷款人有选择权)。这种方式源于种子基金或创业基金:若你将来获得巨大成功,贷款人将加盟你的企业。

十五、国债

大多数国家均有国家收入债券。这些债券通常作为借债工具,由公司发行,而由国家机构承诺支付。发行这些债券通常是为了促进能创造就业机会的制造业的发展。

十六、信贷额度

这种循环账户的本质就是连续的。这些形式的账户一般以应收账款和存货作为抵押。应收账款抵押融资的做法:由借款企业(即有应收账款的企业)与经办这项业务的银行或公司订立合同,企业以应收账款作为担保,在规定期限内(通常为1年)企业向银行借款融资。

十七、企业变卖融资

它是指将企业的某一部门或部分资产清算变卖筹集所需资金的方法。资产变卖融资的过程是企业资源再分配的过程,也就是企业经营结构和资金配置向高效益方向转换的过程。具有速度快、适应性强的特点。资产变卖的价格很难精确地确立,变卖资产的对象也很难选择,因此要注意避免把未来高利润部门的资产廉价卖掉。

以上提到了创业融资的主要类型。关于企业融资渠道,你知道得越多越好!创业融资的方法多种多样。创业者需要灵活性,做任何事情都不能拘泥于一个定式。各种各样的创造性方式都可以作为你创业的融资途径。

8.3 天使投资

8.3.1 天使投资概述

一、天使投资的概念

天使投资(Angel Investment)是权益资本投资的一种形式,指具有一定净财富的有钱人,对具有巨大发展潜力的初创企业进行早期的直接投资,属于一种自发而又分散的民间投资方式。天使投资一词源于纽约百老汇,特指富人出资资助一些具有社会意义演出的公益行为。对于那些充满理想的演员来说,这些赞助者就像天使一样从天而降,使他们的美好理想变为现实。后来,天使投资被引申为一种对高风险、高收益的新兴企业的早期投资。相应地,这些进行投资的富人就被称为投资天使、商业天使、天使投资者或天使投资家。那些用于投资的资本就叫天使资本。

天使投资存在已久。其实,在天使投资这一概念出现以前,天使投资作为一种投资方式早就存在于经济生活中了。1903年,福特汽车公司就接受了天使投资。早期的天使投资是偶发性的,投资天使之间几乎没有联系,更不可能相互交换投资信息、交流投资心得;需要外来投资的创业者只能通过亲戚朋友的关系联系投资人。到了20世纪70年代,以美国越战退役老兵为典型代表的一部分富人,不希望让已有财富坐食山空,便把财富中的一小部分投资于高成长性的初创企业。为了更好地交换投资信息,交流投资经验,他们便约同三五知己,组成俱乐部,定期或不定期地举行各种交流活动,以便获取更多的投资机会。

目前,虽然国人对天使投资这一概念还比较陌生,但是,天使投资这种投资方式在国内早已存在。在清朝末年,一代巨贾胡雪岩开办阜康钱庄时,就得益于王有龄的五千两银子的早期投资。就本质而言,这五千两银子就是天使投资。但是,天使投资在国内并没有形成强大的投资群体,投资天使多为创业者的亲戚朋友,他们之间很少联系,天使投资文化并未形成。

二、天使投资与风险投资的区别

天使投资是自由投资者或非正式风险投资机构对原创项目构思或小型初创企业进行的一次性的前期投资。天使投资并非单独的融资渠道,而是属于风险投资的一种,就形式而言,天使投资与风险投资有很多共同之处:① 投资对象多为处于种子期和初创期的中小型高新技术企业,投资目的不是项目本身,而是高新技术背后所潜在的巨额利润。② 都是对高风险、高收益项目的早期投资,投资的目的都是从投资资本增值中获取利润,投资模式都是以资本形式投入,以资本形式退出。所以,天使投资是广义的风险投资,是非正规风险投资。但是,天使投资与狭义的风险投资,即机构风险投资有着本质的区别:

第一,就金融性质而言,风险投资是介于直接金融与间接金融之间的一种金融运作模式。与间接金融不同,它直接投资于企业,却与原始意义上的直接金融不同,它的资金来源于其他投资者。天使投资则是用自己的资金投资于企业,属于直接金融。在这一问题上,天使投资与风险投资有着本质的区别。

第二,从资金所有权、管理权的分离程度看,天使投资与风险投资也有着明显的区别。天使投资者管理自己的投资,风险投资家则替资金所有者管理投资。

第三,从投资成本和投资规模看,天使投资是一种非组织化的创业投资形式,其资金来源大多是民间资本,而非专业的风险投资商;天使投资的门槛较低,对创业项目的审查不太严格，大多都是基于投资人的主观判断或喜好而决定，手续简便，有时即便是一个创业构思，只要有发展潜力，就能获得资金。天使投资的投资额相对较少，在中国，每笔投资额约为5万～50万美元。风险投资机构一般是一个专业正规的组织，多数是用别人的钱进行投资，投资额较大，甚至有几家风险投资企业联合起来对某一个风险企业进行投资。

第四，从投资阶段看，天使投资者通常投资于非常年轻的公司，以帮助这些公司迅速启动，这些投资人在公司产品和业务成型之前就把资金投入进去。天使投资属于个人行为，所以这些投资人的投资行为、所产生的风险必须在他们可以接受的范围之内，即他们在承担风险的同时也必须设法规避风险。从他们对被投资企业的要求来看，他们所采取的措施主要是投资本地成长潜力大、处于初创期的企业。

三、天使投资发展的原因

初创企业成立初期，需要添置设备，购买原材料，支付租金和工资，现金不断流出。与此同时，由于产品质量尚未稳定、市场销售渠道不畅等原因，现金回笼不足以补偿现金流出，公司经营往往出现困难。以前，初创企业要突破这种困局，主要寄希望于银行贷款、风险投资或创业板上市筹资。但是，由于初创企业没有足够的抵押品，要取得银行贷款非常困难；风险投资数量有限而且要求苛刻，初创企业真正得到投资的项目不多；境内创业板迟迟不开，一些初创企业有一种梦想破灭的感觉。其实，就算境内开办创业板，其服务对象主要是扩张期和成长期的企业，大部分初创企业根本达不到上市的条件。

其实，面对庞大的民间闲散资金，初创企业要解开资金困局，应该拓宽筹资渠道，充分利用民间资本。天使投资隐藏于民间资本之中，它们数目众多，数额巨大，可以大大地满足初创企业的资金需要。

据统计，目前美国的天使投资家约有260万人，活跃的天使投资家约有30万人。不管是投资规模还是项目数量，天使投资都远远超过风险投资。天使投资资金总规模是风险投资的2～5倍。由于每笔投资规模较小，天使投资的投资项目总数更是风险投资的20～50倍。

在我国，个人储蓄余额超过8万亿元，有余钱进行投资的富人不少。以珠江三角洲为例，改革开放初期得风气之先，赚到几千万甚至上亿元家财而现在正为资金寻找出路的富人不在小数。在这些高收入人士和有大量存量家财的人士当中，就有很多潜在的天使投资者。其投资额和投资项目数量都将远远超过风险投资。只要充分利用这些潜在的天使投资，初创企业发展初期的资金瓶颈问题，就可望得到缓解。

四、取得天使投资的关键

天使资金与风险投资一样，不会轻易从天上掉下来，而是有的放矢。天使投资者对投资项目的评判标准主要有以下几点：

(1) 是否有足够的吸引力。
(2) 是否有独特技术。

(3) 是否具有成本优势。
(4) 能否创造新市场。
(5) 能否迅速占领市场份额。
(6) 财务状况是否稳定,能否获得5~10倍于原投资额的潜在投资回报率。
(7) 是否具有盈利经历。
(8) 能否创造利润。
(9) 是否具有良好的创业管理团队。
(10) 是否有一个明确的投资退出渠道等。

天使投资人愿意投资与不愿意投资的企业比较：

愿意投资的企业	不愿意投资的企业
成长潜力大	房地产及相关企业
有清晰的发展战略	基金组织
有优秀的管理团队	石油、饲料及企业联合组织
拥有技术和竞争优势	经营地点位于200公里以外
有好的商业计划	企业年投资回报率预计达不到40%

　　初创企业需要寻找投资天使时,往往碰到一个问题:大多数富人不愿意露富。创业者很难确切知道到底谁有钱?谁愿意投资?要解决这个难题,创业者就要改变思路,把苦于找不到天使投资变为让天使投资找上门。创业者可以把需要融资的信息通过报纸、杂志或者互联网传递出去,也可以把企业资料存放在天使投资服务网站,让天使投资者自动上门。所以,让投资者知道初创企业有融资需要是成功取得天使投资的第一关键。

　　成功的第二个关键是让投资天使了解初创企业的投资价值。创业者要提供一份思路清晰、论证充分、观点鲜明的商业计划书。在计划书里,你必须告诉投资者:我生产什么产品?有什么样的管理团队?如何赚钱?能赚多少钱?为什么能赚那么多钱?公司成功以后投资者通过什么方式来分享成果?并能给出10~20倍回报或在5年内提供5倍回报的"甜头",这样才能在众多的申请案例中吸引天使投资者的"眼球"。

　　融资成功的第三个关键是设计一套科学合理的交易结构,对那些可能长远影响投资者和创业者利益的各种问题,事先设计好解决方案,利用法律条文作出明确规定,以减少因信息不对称和社会信用缺失而对投资天使产生不利影响。在初创企业融资交易中,因信息不对称和社会信用缺失,投资方明显地处于不利地位。初创企业要融资成功,设计一套科学合理的交易结构至关重要。

8.3.2　商业计划书

　　商业计划书是包括企业筹资、融资等活动在内的,企业战略谋划与执行等一切经营活动的蓝图与指南,是行动纲领和执行方案;也是企业管理团队和企业本身给风险投资方的第一印象,是评估的第一关。"拥有商业计划书的企业平均比没有商业计划书的企业融资成功率高出100%"。这是Arthur Andersen公司在2002年所作的一个调查结论,根据该调查,仅被调查的企业仅30%有书面商业计划书,这是国外的情况。在中国,有书面商业计划书企业的比例更少,更不要说计划书的质量了,因此融资成功的几率更小。有一份优秀的商业计划书,是敲开投资者大门非常关键的一步。

一、投资者关心什么样的项目

以实际经验来看,对于某一家投资公司,会重点关心如下几点:

1. 项目所属行业。各家投资公司,特别是著名投资公司都重点关心自己熟悉的相关行业,这样,他有相关的资源来协助发展你这个项目,他的投资风险相对要小。因此,你在投放你的商业计划书前,最好先打听一下有哪家投资公司关注你所做的行业。

2. 项目的独特之处。

(1) 独特的资源。如果你有一片金矿待开采,且金矿含金量比别人都高,投资者会判断:金矿是真的,含金量较高,而市场上金条基本上是可以卖出去的,那这个项目就不错,接下来,投资者会弄清楚生产成本、流通成本、税收等是多少,是否真正有利可图。当然资源的概念可以很广泛,如专利、独特的营销渠道、市政率管网、专营权或许可证、特殊人才等。

(2) 已具备的营业规模。正在运转中的企业,从某种意义上来说,总比一穷二白的项目来得有价值,不光是资本市场的认可问题,更重要的是,营业收入证明了市场的认可程度。那投资者就能据此评估,追加资金能增加公司营业额吗?能增加多少?

(3) 项目商业模式。你的项目商业模式清晰吗?举一个例子,3721公司,公司创始团队开发出了一种地址栏中文搜索技术,网络使用者不需记住公司冗长的网址,只要公司注册了实名,直接在地址栏输入实名就可以了,衍生开来,可实现关键词搜索,商业价值极大。其商业模式如下:大量的用户要搜索企业或商品——3721提供简易的实名搜索方法(地址栏搜索)——大量的商业单位要在网络上宣传自己,因此要求在3721注册,于是向3721缴纳注册年费,甚至还有排名费等。这样一个商业模式,从客户到商业流程,再到营销,既真实、可行,又非常清晰,因此,IDG(IDG技术创业投资基金)用了几天的时间就决定投资了。

(4) 项目的发展潜力。项目的发展潜力足够大吗?对于发展潜力不大(市场容量有限)的项目,投资者也不会太感兴趣,因为他的运作空间太窄,简单说就是"饼做不大",也没法分。

(5) 管理团队。包括主要领导人的成功经验及素质,团队技能、创业积极性及稳定性等。

(6) 行业及竞争者分析。这是商业计划书核心的部分之一,一定要让投资者理解并放心,同时看到本项目在行业中的价值所在。

(7) 相关政策背景。商业行为或多或少都与有关政策相联系,有有利的政策,也有不利的政策,这也是投资者重点关注的经营环境之一。

3. 项目风险

风险永远是投资者最关心的课题。

二、什么是好的商业计划书

一句话,最符合特定投资者需求的商业计划书就是好的计划书,因此符合"投资者关心什么样的项目"要求的就是唯一标准。具体来讲有如下几点:

(1) 形式上的要求。装订美观大方,字体合适,图案清晰,不要错误错字连篇,那将极大影响投资者对你项目的评价,毕竟,投资者最初还只能通过这篇商业计划书来了解你的项目和你的为人。

(2) 内容上的要求。一般来讲,商业计划书的内容格式都有一定规格,大同小异,但在重点方面还是要多加斟酌:

——产品独特之处,特别是该项目的进入壁垒;

——市场分析,一定要给投资者清晰的目标顾客概念,潜力分析要有理有据;

——盈利模式,一句话,客户为何必须购买你的产品,收入怎么到达你的公司,增长潜力有多大;

——近期和中期资金使用计划(现金流);

——公司战略与产品竞争策略,这也是投资者关心的焦点问题;

——营销模式有效吗?

以上是一份商业计划书是否能打动投资者的关键问题,由此商业计划书的优劣高低就分出来了。

三、商业计划书各章节写作要点

第一部分:概述。

概述是投资者看到的第一个部分。它给予投资者对你和你的计划书的最初印象,因此应该打印得正确无误,表述得清楚明白。

第二部分:业务及前景。

这部分论及大量有助于投资者了解你的业务的关键话题。向投资者展示是什么使你的业务在世界上的业务中有独到之处。阅读这一章节时,投资者将尽力确定这个产业"成功的关键"。

第三部分:经营管理。

这部分你要说明管理人员、董事和其他对业务运营有重要影响的人。通常,在一个非常小的机构里核心人物不超过三个,稍大一点不超过六个。

第四部分:筹资说明。

这一部分说明你想采用的筹资类型和相关条款。

第五部分：风险因素。

这一章节中你要说明投资于你的公司的最主要的风险，要说清楚你公司的所有缺点。不提供积极的意见，除了在每段的结尾处。

第六部分：投资回报和退出。

这部分里你要说明风险资本投资者最终是如何在公司拿到他投资所带来的回报。记住，投资者想拿到全部的钱而不对你的公司作任何投资。

第七部分：营运及预测分析。

这部分里你要列出自己对于公司以前营运历史以及对将来预测的分析。

第八部分：财务报表。

这并非完全是一个支持性数据的集成。你应有合并资产负债表，合并利润报表，合并股东持股报表，合并财务状况变动表。你还应给财务报表添上合适的注释。这部分内容应包括最近几年的财务报表，以及目前的财务报表。不管你是干什么的，都不要提交没有目前的财务报表的商业计划书。你若想证明自己经营较稳定的业务，就应提交目前的财务报表。有些商业计划书列出的财务报表是一年前的。叫人如何凭已成为历史的财务报表决定对你的公司投资？一些企业主还没有意识到这样的事实即财务报表在管理业务上的高度重要性。不用说，这样的企业主得不到风险资本公司的垂青。

第九部分：财务规划。

这部分内容应由对以后5年的年度财务规划组成，还要有一个具体的接下来12个月的月度现金流量表。任何人看一下表的情况，就能准确地断定现金流动状况。现金流量表应把财务方面的流入表现为现金流入。这些表应附加在商业计划书上并标注。

第十部分：产品宣传资料、小册子、报道和图片。

你应把产品图片和有关公司的宣传资料都放进去，它们可以展示你的产品或服务。商业计划书的书面表述是必要的，但图片同样有助于推销你的计划书。一篇关于行业或和你的产品相竞争的产品的概要性的报道是十分有用的附录。

第十一部分：附录。

写作商业计划书不要忘记了附录的特殊作用，实际上，一组高质量的附录对于融资的成功常常具有特别重要的意义，有时候可以起到关键的作用。因此创业者在写商业计划书时还需要作好附录的工作。有用的附录包括：企业的组织结构图示、损益预测表、现金流量预测表、资产负债预测表。

总之，列入商业计划书的是有关你业务的重要的和关键的因素。你的计划书不必叙述业务中那些微不足道的细节。应把那些不仅投资者也包括你在投资于此项业务前想要了解该业务的内容方面列入。当你开始写商业计划书时，你应具体地考虑到以上所有这些方面。那表示你会有一个巨大的计划书草稿。一旦你完成了草稿，你应除去那些不能增加计划书重要性的部分。商业计划书的主要目标是列出业务的主要方面,避免或者是仅仅触及业务的不重要的方面。

8.3.3 天使投资的交易结构

交易结构指融资所获得的债务资金和股权资金的组合,以及获得这些资金的条件。在现实中创业投资蕴含着极大的风险,为此创业投资公司可以通过设计仔细的交易结构来规避风险,将其权利与义务明确化、制度化。大多数融资谈判的焦点都集中在企业作价和交易结构上。交易结构的变化可以把一个不利的交易变成有利的交易,所以预先了解融资交易结构,对于创业企业家开展融资工作很有好处。

一、投资交易结构的内容

简单来讲,投资交易结构包括:① 投资额。② 企业作价和股票价格。③ 投资工具的选择。④ 股权与债权的比例分配。⑤ 利息或分红的比率。⑥ 不同融资工具的转换和附加条件。

广义地讲,交易结构还包括资金到位时间表、对投资者的保护条款、投资退出条件、偿付协议和回购条款(Redemption)、认股权、分红的附加要求(Dividend Preferences)和管理干股等等。有时投资商还会要求创业股东在他们自己的那一部分股份里匀出一部分作为员工期权的安排,在公司变更注册登记时落实。

(一) 确定利息或分红的比率

如果融资工具是债券或可转换债券[1],还有一个利息或分红的比率问题。这个比率一般是可商量的,而支付时间可以是定期的可以在上市或转换成普通股时一并支付。

如果企业家为了减少创业阶段的支出,可以要求分红为非累积性的,也就是说如果某一年公司决定不分红,投资商当年的固定分红也就取消了;还可要求在最后套现或转换为普通股时才支付利息或分红。反过来,投资商业可能会提出合计的利息或分红有权按与转换债券同样的价格换成普通股。但是,如果企业家提出分红或利息的总方案旨在投入金额的一个倍数以内的要求,投资者一般都会答应的。

(二) 资金到位时间与融资工具的转换

分阶段投资和追加投资的期权条款是当企业发展前途看好、公司价值升高时,创业投资还可用预先商定的价格向企业追加投资或把债券转为股权,这是风险资本获利的一条重要途径。分阶段投资和转换投资工具会增加投资管理成本,因为企业家和投资经理制作和阅读报告都要花时间精力,但出于资本安全性的考虑,大部分投资公司还是认为这样做是值得的。

---

[1] 这是创业公司最喜欢的投资工具之一;另外一个为可转换优先股。

（三）对投资者的保护条款

"棘轮"条款指的是被投资企业以低于前一轮的价格发行新股票筹资时,创业投资有权获得一定量的股票以保证其持股比例或投资价格不因新股票的发行而改变。

（四）投资退出条件

回购条款下投资商要求被投资企业或企业的原股东在一定条件下,以商定的条件收购投资商的股份,目的是保证在企业没有"前途"或投资基金到期时能把股权变成现金。

（五）投资商其他的要求

投资商其他的要求还会有跟随股票登记权、第一否决权、分期注入资金、根据经营业绩决定资金注入时间和股权价格、购买或出售股份的权利、反稀释条款、补偿和知情权等等。

二、设定经营目标、分阶段投资的交易结构

某海外投资商看中一家国内企业,投资前对企业的作价是 600 万美元,准备投资 400 万美元并占企业总股份的 40%。但投资商对企业是否能达到预测的财务目标心存疑虑,于是决定分两期进行投资,每期投入 200 万美元。第一期在达成投资协议后投入 200 万美元换取企业 25% 的优先股股份,第二期在年终结算(半年后)结果出来后投资 200 万美元增持企业 15% 的优先股股份。为此,双方达成如下协议:

第二期投资只有企业在年底实现其预测的全年收入和盈利目标后才继续投入。如果前一轮投资后企业达不到盈利目标,投资者有权做以下三种选择:

(1) 不再进行投资。

(2) 再投入 200 万美元增持企业 20% 的股份,这样第二期投资后总投资 400 万美元,投资拥有优先股股份 45%。也就是企业在投资前的作价调整为 489 万美元。

(3) 再投入 126 万美元增持企业 15% 的股份,这样第二期投资后总投资 326 万美元,投资拥有优先股股份 40%。这也意味着企业在投资前的作价调整为 489 万美元。

三、交易结构中的债券的作用

投资商允诺以 600 万元换取企业 30% 的股份,其中 100 万元用于换取股权,另外 500 万元以债券的形式提供,债券的期限为 10 年,在此期间,企业可以不用支付任何本息。同时如果企业的利润足以偿付部分债券而不会影响到企业现金流的话,企业可以先偿付部分或全部债券的本息。

投资商在这个交易中的目的很明显,如果企业茁壮成长,最后 30% 的股权以 2 000 万元出售,那么当初的交易结构中 100 万元的股权交易令他获得 1 900 万元的收益,同时它还可以收回 500 万元的债权;而如果当初是以 600 万元换取 30% 的股份,那么投资商只能获取 1 400 万元的收益。在前一种情况下收益是 19 倍,在后一种情况下收益只有 2.3 倍。当然,投资商也可以辩解前者的回报是 4.2 倍(2 500÷600),后者的回报是 3.3 倍(2 000÷600),两者相差并不大。

以长期债券作为投资工具进行投资并不能降低投资商的投资风险,因为一旦企业经营失败,投资商仍将损失所有的投资。但是如果企业经营成功,这种安排将大大增加投资商的收益。那么这种交易结构对企业家的利益有什么影响呢?投资商会强调,两种交易结构对企业都是一样的,因为企业同样得到600万元的发展资金。在相当长的一段时间里,企业无需担心债务偿还问题,而且因为债券的偿付后于其他债务,所以债券并不影响企业贷款的能力。如果企业经营得好,完全有能力提前偿付债券本息,而如果企业到了第十年仍然无法偿付债券,企业到那时可能也经营不下去了,那时即使企业关门大吉,企业家个人也不会背上任何债务,因为债券是企业债务。事实上,在投资总额既定的情况下,投资商把部分投资以债券的形式投入企业,实际上是降低了对企业的作价。

案 例

商业计划书主要内容示例

10万亩华夏冬枣基地建设项目商业计划书
第1篇　项目背景
第2篇　公司基本情况
2.1　公司概况
2.2　公司股权结构
2.3　公司管理架构
2.4　公司法人简介
2.5　公司当前资产负债情况
2.6　公司历史及当前经营情况
2.6.1　公司当前生产经营情况
2.6.2　公司前三年经营业绩
2.7　企业主要竞争资源
2.7.1　得天独厚的种植条件
2.7.2　优质的产品品质
2.7.3　丰富的种植技术和经验
2.7.4　政府大力的支持
2.7.5　公司长期积累的产品市场渠道和优质客户
2.7.6　已经形成的育苗、生产、加工基础大大降低了该项目的风险
第3篇　项目产品、技术及工程建设

3.1 项目主要产品及规模目标

3.2 主要产品质量指标表

3.3 本项目主要产品之特点描述

3.4 冬枣之生产工艺流程

3.5 冬枣栽培技术及丰产措施

3.5.1 栽培技术

3.5.2 丰产措施

3.5.3 病虫防治

3.6 所采用技术的先进性、可靠性和经济性

第4篇 行业及市场分析

4.1 冬枣行业概述

4.2 冬枣市场供求分析

4.2.1 需求分析

4.2.2 供应分析

4.2.3 市场预测

4.3 行业存在的问题及机会所在

4.3.1 我国对鲜枣的开发利用为初级阶段

4.3.2 中国鲜枣是高档名贵果品的属性

4.3.3 鲜枣的国内、国际市场急待开发

第5篇 产品营销策略与营销计划

5.1 产品营销策略

5.2 精细化战略规划

5.2.1 完善企业标准、推动行业标准的建立

5.2.2 精细化品牌运作

5.2.3 精细化渠道运作

5.3 精细化整合传播

第6篇 项目建设计划

6.1 项目建设主要内容

6.1.1 基地建设规模与建设的目标

6.1.2 基地建设内容

6.1.3 基地建设布局与进度安排

第7篇 项目财务分析

7.1 项目建设完成后主要财务报表(见财务附表)

第8篇 融资与退出

第八章 创业融资

8.1 本项目拟采用的融资方式、风险分析及相应的退出方式可行性
8.1.1 融资方案
8.2 投资退出方案
8.2.1 股权融资退出方案
8.2.2 债权融资退出方式
第9篇 结论
附件目录

本章小结

1. 随着企业的发展和市场的变化,融资将成为大多数创业企业普遍关心的话题。了解融资的一般程序,把握投资人的心理期望,是成功融资的前提条件。

2. 创业融资是处于发展早中期的企业向非公众投资者进行的股本融资。融资的方法有两种:一种是股权融资;另一种是债权融资。

3. 筹备阶段融资从大的方面来说,主要有间接融资与直接融资两种形式。间接融资包括抵押贷款、担保贷款、项目开发贷款、出口创汇贷款以及票据贴现贷款;直接融资包括股权融资、债权融资、企业内部集资、融资租赁、风险投资、政策性融资以及借外力筹措创业资金等。

4. 成长阶段融资可以从以下途径融资:债券与股票、天使资金、风险投资基金、合资或战略合伙、应收账款让售、购货定单预付款、设备租赁、固定资产出售并回租、私募、公开上市、有限合伙、可转换债务、国债信贷额度(Lines of Credit)与企业变卖融资等。

5. 天使投资是权益资本投资的一种形式,指具有一定净财富的有钱人,对具有巨大发展潜力的初创企业进行早期的直接投资,属于一种自发而又分散的民间投资方式。天使投资并非单独的融资渠道,而是属于风险投资的一种。

6. 商业计划书是包括企业筹资、融资等活动在内的,企业战略谋划与执行等一切经营活动的蓝图与指南,是行动纲领和执行方案;也是企业管理团队和企业本身给风险投资方的第一印象,是评估的第一关。

7. 天使融资交易结构指融资所获得的债务资金和股权资金的组合,以及获得这些资金的条件。在现实中创业投资蕴含着极大的风险,为此创业投资公司可以通过设计仔细的交易结构来规避风险,将其权利与义务明确化、制度化。

本章习题

1. 解析以下名词:创业,创业融资,天使投资。

2. 列出创业融资困难的外部客观因素。
3. 列出创业融资困难的内部因素及对策。
4. 叙述创业筹备阶段融资的主要类型。
5. 简述不同融资渠道优劣特点比较。
6. 详述天使投资与风险投资的区别。
7. 简述取得天使投资的关键因素。
8. 简略说明投资者喜欢项目的标准。
9. 简述商业计划书的结构。
10. 简述天使投资中交易结构的主要内容。

第九章 企业融资

学习目标

- 学习现代企业融资理论；
- 研究企业最佳资本结构；
- 了解筹资成本与筹资方式的关系；
- 掌握企业筹资原则及策略。

融资决策是其企业决策中的一个重要组成部分。企业融资有直接融资与间接融资、内源融资与外源融资等多种方式。但对于现代企业而言，更为重要的是企业债券与股票两种直接融资方式。企业的市场价值是企业自有资本价值与债务价值的总和。企业所追求的往往不是产值的最大化而是资本市场价值的最大化。自有资本的价值等于企业的股票数量乘以股票的市场价格；企业债务包括企业发放的短期商业票据、长期债券等，债务价值就是这些债务总的市场价值。企业为了达到市场价值最大化往往寻求最佳的融资结构。由于各种融资方式的资金成本、净收益、税收以及债权人对企业所有权的认可程度等存在的差异，在给定投资机会时，企业就需要根据自己的目标函数和收益成本约束来选择合适的融资方式，以确定最佳的融资结构，从而使企业市场价值达到最大化。一个合理的融资结构不仅有效地决定企业市场价值，同时对企业的融资成本、企业产权分配、治理结构以及通过资本市场对整个总体经济的增长等多方面都有一定影响。

9.1 现代企业融资理论

对于企业融资理论的研究，从研究方式来划分，大体可以分为三个体系：一是以杜兰特(Durand,1952)为主的早期企业融资理论学派。二是以 MM 理论为中心的现代企业融资理论学派，往后主要形成两个分支：一支是税差学派，主要研究企业所得税、个人所得税和资本利得税之间的税差与企业融资结构的关系；另一支是破产成本学派，主要研究企业破产成本对企业融资结构的影响问题，这两个分支最后再归结形成平衡理论，主要研究企业最优融资结构取决于各种税收收益与破产成本之间的平衡。三是进入20世纪70年代以来,随着非对称信息理论研究的发展,诸多学者开始从不对称信息的角度对企业融资问题进行研究,其中包括新优序理论、代理成本理论、控制权理论、信号理论等等。

一、现代企业融资理论的开端——MM理论

1958年,美国学者莫迪利亚尼和米勒(Modigliani and Miller,1958)在《美国经济评论》上发表的著名论文《资本成本、公司财务与投资理论》中得出MM理论,创建了现代企业融资理论的开端,因两位学者各自姓氏的第一字母均为M而称之为MM理论。MM理论通过严格的数学推导,证明了在一定条件下,企业的价值与所采取的融资方式——发行债券或发行股票无关的理论。该文深入考察了企业资本与企业市场价值的关系,提出在完善的市场中,企业资本结构与企业的市场价值无关,或者说,企业选择怎样的融资方式均不会影响企业市场价值。这一理论有着严格的假设前提,即没有企业和个人所得税、没有企业破产风险、资本市场充分有效运作等。

二、企业融资的平衡理论

平衡理论是20世纪70年代中期形成的"在负债的税收收益与破产成本现值之间进行平衡"而得到一个最优融资结构的理论,平衡理论又可分为平衡理论和后平衡理论。平衡理论的代表人物包括罗比切克(Robichek)、梅耶斯(Mayers)、考斯(Kraus)、鲁宾斯坦(Rubinmstein)、斯科特(Scott)等人,他们的模型基本引自于MM理论的修正模型。梅耶斯、斯科特平衡理论认为,制约企业无限追求免税优惠或负债的最大值的关键因素是由债务上升而形成的企业风险和费用。企业债务增加使企业陷入财务危机甚至破产的可能性也增加。随着企业债务增加而提高的风险和各种费用会增加企业的额外成本,从而降低其市场价值。因此,企业最佳融资结论应当是在负债价值最大化和债务上升带来的财务危机成本以及代理成本之间选择最适点。尽管相对于早期企业融资理论的描述性方法,平衡理论的数学推导更为清楚和严谨,但平衡理论的结论却与早期融资理论的平衡观点极为相似。后平衡理论的代表人物是迪安吉罗(Diamond)、梅耶斯等人,他们将负债的成本从破产成本进一步扩展到代理成本、财务困境成本和非负债税收利益损失等方面。同时,另一方面又将税收收益从原来所单纯讨论的负债税收收益引申到非负债税收收益方面,实际上是扩大了成本和利益所包含的内容,把企业融资结构看成在税收收益与各类负债相关成本之间的平衡。

三、企业融资的新优序列理论

进入20世纪70年代以后,对信息不对称现象的研究逐渐渗透到各个经济学研究分支领域,信息经济学、博弈论、委托代理理论等不对称信息研究理论得到重大发展和突破。众多学者也开始从不对称信息的角度来研究企业融资结构问题,这些理论研究并不是继续延续以前企业融资理论中只注重税收、破产等"外部因素"对企业最优融资结构的影响,而是试图通过信息不对称理论中的"信号"、"动机"、"激励"等概念,从企业"内部因素"来

展开对企业融资问题的分析,将早期和现代企业融资理论中的平衡问题转化为结构或制度设计问题,为企业融资理论研究开辟了新的研究方向。新优序融资理论的中心思想就是:偏好内部融资,如果需要外部融资,则偏好债券融资。另外一个非常重要的贡献就是将企业融资问题通过信号的传递与证券市场的反应充分地直接联系起来,回避了以前理论中必须通过资本资产定价模型才能间接联系的效果,而使得企业融资问题通过证券市场得到大量的实证分析。

四、企业融资的代理成本理论

代理成本说是以代理理论、企业理论和财产所有权理论来系统地分析和解释信息不对称下的企业融资结构问题的学说。代理成本是企业所有权结构的决定因素,代理成本的存在源于经营者不是企业的完全所有者(即存在外部股权)这样一个事实。在这种情况下,经营者的工作努力可能使他承担全部成本而仅获得部分收益;同理,当他在职消费时,他得到全部好处却只承担部分成本。其结果是经营者的工作积极性不高,却热衷于追求在职消费。因此,企业的市场价值也就低于经营者是完全所有者时的市场价值。这两者之间的差额就是外部股权的代理成本,它是外部所有者理性预期之内必须要由经营者自己承担的成本。让经营者成为完全所有者可以解决代理成本问题,但是这又受到经营者自身财富的限制。债券融资可以突破这一限制,但是债券融资可能导致另一种代理成本,即经营者作为剩余索取者有更大的积极性去从事有较大风险的项目。因为他能够获得成功的收益,并借助有限责任制度把失败的损失推给债权人。当然,这种债权的代理成本也得由经营者来承担,因为债权人也有其理性预期,从而债券融资比例上升导致举债成本上升。詹森和麦克林在对股权和债权的代理成本进行分析的基础上得出的基本结论是,均衡的企业所有权结构是由股权代理成本和债权代理成本之间的平衡关系来决定的,企业的最优资本结构是使两种融资方式的边际代理成本相等从而使总代理成本最小。

五、企业融资的控制权理论

该理论基本上延续了詹森和麦克林的研究思路,理论主要是基于企业融资结构在决定企业收入流分配的同时,也决定了企业控制权的分配。哈里斯—雷斯夫模型主要探讨了詹森和麦克林所提出的股东与管理者之间利益冲突所引发的代理成本问题,他们分别用静态和动态两个模型说明了,管理者在通常情况下是不会从股东的最大利益出发的,因此他们必须要被监督和戒律,而债务正是作为一种惩戒工具。债务不仅使股东具有法律上的权利强制管理者提供有关企业各方面的信息,让股东能够通过对信息的分析决定是继续经营呢,还是进行清偿,所以,"最优的负债数量取决于在信息和惩戒管理者机会的价值与发生调查成本的概率之间的平衡"。阿洪与伯尔顿在交易成本和合约不完全的基础上提出一种与财产控制权非常相关的企业融资理论。

总体来说,现代企业融资理论已经发展成为一个比较成熟的理论,并在西方各国的企业融资行为中起到了理论的指导作用。在我国,随着经济高速发展以及现代企业制度的建立,加强对企业融资问题的理论与实证研究有着非常重要的现实意义。可是,我国企业在很多方面情况不同于西方企业,尤其是国有企业,在股份制改革以及向现代企业转变过程中,将不可避免地涉及对企业融资行为和方式的变革问题,因此,如何正确应用西方现代企业融资理论中的结论,有效地处理好与同样处于变革中的国内资本市场,银行业之间的关系,最终成为真正意义上的现代企业今后需要进一步进行研究的问题。

9.2 企业筹资渠道与筹资方式

随着现代企业的发展,企业的财务功能日益得到加强。企业的创建、开发新产品、扩大生产规模、进行技术改造、资金周转不畅以及企业发生亏损时,都必须补充资金的不足。可见,筹资是企业理财的起点,是决定企业扩大生产规模和加快发展速度的首要环节,是现代财务管理的重要内容。随着改革的深入和现代企业制度的建立,企业的激励、约束、监督机制不断完善,使企业经营理念逐步市场化。国有企业已经认识到过去盲目争贷款、争项目带来的严重后果。而且随着市场经济的不断发展和深化,公司制的建立,国有企业筹资方式出现了多元化的发展趋势,如发行股票、发行债券、长期借款、融资租赁等。企业能够根据自身的经营特点、未来的发展趋势、各种筹资成本的难易程度和风险,并结合投资的需要等,来确定企业的筹资渠道和方式。

一、我国企业筹资渠道和方式

(一)市场经济条件下企业的筹资渠道

1. 国家财政

现阶段能获得财政资金的企业为数不多,但在那些国有独资的有限公司中,其资本的多数是由国家财政拨款而形成的。此外,还有一些由国家的特殊政策形成,如税款的减免和税款的退回等。这些都属于国家所投入的资金,国家对其拥有产权。

2. 银行

银行的贷款一直是企业资金的重要来源。即便是美国这样一个股票、债券市场非常发达的国家,银行贷款也达到了股票和债券融资的两倍。我国的银行包括专业银行和商业银行,贷款种类有基本建设贷款、技术改造贷款、流动资金贷款等。银行资金充裕,方式灵活多样,今后仍将是企业筹资的主渠道。

3. 非银行金融机构

非银行金融机构主要有信托投资公司、租赁公司、证券公司、保险公司等。从筹资角度来看,最基本的是利用租赁公司进行融资租赁业务,利用证券公司进行股票和债券的发放。随着企业进行股份制改革的深入,从这个渠道筹集的资金比以前大大增多了。

4. 企业的内部资金

企业的内部资金主要有计提的各项公积金、折旧和未分配的留存收益。这些资金不用企业特意去筹集,可直接由内部转移而来,为企业节省下一笔可观的筹资费用,应当引起重视。

5. 个人的资金

随着老百姓理财观念的变化,人们手中的钱财不再全部存入银行,出现了相当可观的游资。改革之初我国企业曾发行的职工股和股份制企业直接在股市发行的普通股都是吸纳这些资金的好方式。由于我国人口众多,居民手中的资金更是无法估量,这一块资金将成为企业筹资的重要来源。

6. 其他企业资金

企业在生产经营当中往往会形成部分暂时闲置的资金,如未进行设备更换时的折旧基金,企业可以利用它们进行相互的投资、借贷。另外,企业在相互提供商业信用时也进行了筹资。

7. 外商资金

外商资金是指外国和港澳台地区投资者投入的资金。我国自从实行改革开放政策以来,逐渐形成了外商独资、中外合作经营、中外合资经营三种直接投资形式的企业,有效地推动了现代化建设。目前,我国经济态势良好,经济形势稳定,为我国进一步吸收外资提供了较好的条件。

(二)市场经济条件下企业的筹资方式

1. 长期借款

长期借款是指企业向银行、非银行金融机构和其他企业借入期限在 1 年以上的借款,它是企业长期负债的主要来源之一。在制定金融体制改革方案时,我国学习和研究了市场经济发达国家的经验,从中国的实际出发,更多地借鉴了日本那种强化银行和间接融资的模式,实行了所谓的"拨改贷",变"财政为主"为"银行为主",国有企业的资金供给转而主要由银行承担。

2. 债券

债券是指企业以筹集资金为目的,依法向投资者出具的在一定时期内按约定的条件履行还本付息义务的一种有价证券。利用股票筹资,只有批准实行股份制的企业才能发行股票,而债券这种筹资方式是任何有收益的企业都能采用的。

债券筹资的优点在于:

(1) 筹资成本低。

(2) 保障控制权,债券持有人只是债权人,没有参与企业的经营管理决策的权力,只能每年从企业获取固定的利息。

(3) 可发挥财务杠杆作用。

债券筹资的缺点在于:

(1) 财务风险大,与长期借款类似,债券筹资也有固定的本息支付的财务压力。

(2) 限制条件多，债券筹资的限制条件比长期借款、融资租赁等筹资方式的限制条件更为严格，数量上也有限制。

3. 融资租赁

融资租赁是指与租赁资产所有权有关的风险和报酬实质上已全部转移到承租方的一种租赁形式。融资租赁是20世纪60年代世界金融创新潮流的产物。现在，融资租赁已成为仅次于银行信贷的第二大融资方式。20世纪60年代，融资租赁业进入主要西方国家并逐步国际化。我国的融资租赁业起步于20世纪80年代，经过20多年来发展形成一定的规模，并对经济发展起一定的支持和推动作用。

融资租赁筹资的优点有：

(1) 筹资灵活性强。融资租赁可以避免其他负债筹资方式中限制性条款的约束，使企业得到更大的自主经营的空间；另外，融资租赁筹资速度快，比借款购置设备更迅速、更灵活，因为融资租赁是筹资与设备购置同时进行，故可以缩短设备的购进、安装时间，使企业尽快形成生产能力，有利于企业尽快占领市场，打开销路。租赁的形式也是多种多样的，企业可以根据需要选择最有利的形式，并且企业还可以通过租赁公司来选择多样的资产，选择面要比自己购买宽得多。

(2) 有利于保存企业举债能力。由于融资租赁不直接改变企业的资本结构，不增加企业的负债，因此不直接影响企业的举债能力。

(3) 可以获得减税的利益。我国的所得税法规定，承租方由融资租赁租入的固定资产视同自有资产一并提取折旧；承租方支付的手续费、利息、折旧等可在支付时直接扣除。这样看来，融资租赁所发生的上述费用是作为费用计入成本，从而抵减所得，因而得到了减税的收益。

(4) 承受的风险低。随着科技的不断进步，设备陈旧过时的风险很大，而通过融资租赁形式取得的资产则可以回避陈旧过时的风险。因为融资租赁合同通常都规定，承租人在经过催告后在合理期限内仍不支付租金的，出租人有权收回出租物。所以，如果承租人发现所租的设备已陈旧过时，则可以通过拒付租金让出租人收回设备。

融资租赁的缺点在于：

(1) 租赁成本高。由于出租人所承受的风险大，必然要求较高的回报，导致融资租赁的租金要比债券和借款的利息高。每期固定支付的租金也有可能成为一项负担。

(2) 利率变动的风险。我国政府为了刺激消费，近几年七次降低利率。在租赁期间，如果利率继续下调，而承租人仍需按照合同规定的利率支付租金，就享受不到利率降低的好处。

(3) 租赁契约一般规定，未经出租人的同意，企业不得擅自对租入的资产加以改良，因而企业只能在设备原有的生产能力下组织生产，这会使企业的发展受到限制。

4. 普通股

普通股是股份有限公司依照法定程序发行的，用以证明其持有人对公司所享有的平等权利的书面凭证。随着国有企业改革的不断深化和发展，股份制已成为国有大中型企业基本的组织形式。国有企业通过发行股票融资，一方面有利于减少财政和银行的投融资压力；另一方面有利于降低融资风险和改善企业财务状况，促进企业机制转换和结构调整，加快横向经济联合和科技成果的推广。

采用发行普通股的方式筹资的优点主要有：

(1) 筹资数量大。一次便可筹集几亿、几十亿元，这是其他筹资方式做不到的。

(2) 有助于增强企业的借债能力。普通股是企业权益资本的主体，发行普通股可以扩大企业权益资本的数量，使债权人感到企业偿还债务的能力有保障，间接上也降低了债券的成本，使企业可以借到更多资金。

(3) 筹资风险小。普通股没有固定的到期日，是公司的一项永久性资金。

普通股筹资的缺点在于：

(1) 股权分散。发行普通股会导致现有股东对公司控制权的削弱。对中小企业而言，其控制权还有可能为他人夺走。

(2) 信息披露。公司上市后，会立即受到很多限制，必须定期发布信息公告。因此，管理上受到限制。

(3) 费用高。发行普通股的程序复杂，并要承担上市不成功的风险等。

9.3 表外融资及其方式

通过传统融资渠道向银行取得贷款的难度越来越大，因此，表外筹资受到了越来越多的关注。目前，表外筹资的主要方式有经营租赁、应收票据贴现与背书转让、附有追索权的应收账款出售、资产证券化等。

表外筹资，即资产负债表外筹资，是不记录负债但仍可以达到筹措资金目的的融资安排。正常情况下，企业通过举债方式筹措资金时，一方面在资产负债表的左方表现为资产的增加；另一方面在其右方表现为负债的增加，这是表内筹资；表外筹资则既不在资产负债表的资产方表现为某项资产的增加，又不在负债及所有者权益方表现为负债的增加，但相关费用及经营成果却在企业的利润表中反映出来，这种特殊的筹资行为正受到越来越多的关注。

一、表外筹资的方式

表外筹资的方式很多，但常见的主要有如下几种：

（一）经营租赁

按照与租赁资产所有权相关的风险及报酬归属出租人或承租人的程度，租赁业务分为经营租赁和融资租赁。融资租赁的租期较长，与租赁资产所有权有关的风险与报酬实际已转归承租方,因此,承租人要将融资租赁资产作为固定资产列示于资产负债表的资产方,相应的租赁付款额作为负债反映在负债及所有者权益方。融资租赁属表内筹资行为。经营租赁的期限短,承租人向出租人支付一定的租金取得租赁资产一段时间内的使用权,所有权归出租方。由于技术进步等原因导致资产损失的风险在出租方,资产增值的收益也在出租方。因此,承租人无须将所租入资产作为自有资产处理,相应的租赁费只是作为收益性支出对待列入当期损益。这是一种最常见的表外筹资方式。

（二）应收票据贴现与背书转让

应收票据的贴现,实际上是以未到期的应收票据作为抵押而向金融机构融通资金,取得短期借款的一种融资行为。贴现票据到期而付款方无力支付时,应由贴现方偿还银行,因而形成一种具有不确定性的负债。但其会计处理方法是,增加一项资产同时减少另一项资产,表现为企业两种资产形态的转换,从而使相应的负债放在了表外,造成表外筹资。与此类似,以应收票据背书转让支付应付账款也属于表外筹资行为。

（三）附有追索权的应收账款出售

应收账款出售,又称应收账款让售,是企业的一种短期筹资活动,具体做法是：企业向金融机构让售自己拥有的应收账款,金融机构根据应收账款的质量和是否带有追索权,按照一定的比例向让售企业支付货币资金。应收账款让售通常分为无追索权让售和有追索权让售两种情况。无追索权让售,金融机构承担应收账款不能收回的风险,企业承担销售折扣、折让及销售退回的损失。由于与应收账款相关的收益和风险已转移到收购方,因此,无追索权让售属表内筹资行为。有追索权让售,实际上是以应收账款作为抵押向金融机构取得借款的融资方式。当应收账款不能收回时,让售企业负有向金融机构偿付相关债务的责任,即金融机构对无法收取的应收账款享有对让售企业的追索权。而根据现行会计制度,附有追索权的应收账款出售业务在账务处理上表现为资产转让,只反映资产形态的变化,不反映负债的增加,构成表外筹资。

（四）资产证券化

资产证券化是指资产发起人将缺乏流动性但可预见未来现金流入的资产进行组合,构造和转变成资本市场上可以销售和流通的金融产品的过程。存量资产经包装后,出售给特设载体,特设载体向资本市场投资者发行资产支持证券,以获取资金,用以购买所受让的资产,资产发起人即获得了资金流入。其特点是资产所有权和收益权的某种程度分离,是资产组合的一种方式。这种融资方式起源于20世纪70年代的美国,20世纪80年代在全球范围内得到广泛应用。国内企业现也已开始使用这种方式筹资。作为一种新生事物,国内会计准则尚无对此作出明确规定,但根据国际通行作法,在会计处理上,该业务只记录资产的转让,不表现负债的增加,构成表外筹资。另外,还有一种通过控制其他企业,转移负债的表外筹资方式。具体做法是,一个企业以种种手法降低股权比例,秘密控制另外一个企业,规避合并会计报表的要求。在业务运作过程中,通过受控企业向外借款,以租赁、销售等方式实现财产转移。在会计核算中,负债列示在受控企业账面,资产归控制企业使用,由于不需合并会计报表,控制企业就实现了表外筹资。

以上是几种常见的表外筹资方式,随着经济的发展,新的表外筹资方式不断涌现,但万变不离其宗:将一部分资产、负债置于企业资产负债表之外,而将其所产生的支出和收益列示在利润表上。

二、表外筹资的诱因

一些企业是基于资金周转的需要开展表外筹资的,而另一些企业则是出于粉饰报表的动机开展表外筹资的,具体诱因大致有如下两种:

(一) 开辟融资渠道,加速资金周转

对于许多企业而言,资金问题是制约企业发展的瓶颈,而伴随着银行的商业化运作,许多企业,尤其是中小企业或效益不佳的企业,通过传统融资渠道向银行取得贷款的难度越来越大。为了求得生存和进一步的发展,不少企业走上了表外筹资之路,通过经营租赁、应收票据贴现等方式开辟新的融资渠道,获取企业所急需的资金,在一定程度上缓解资金紧张的矛盾,为企业争取了更加广阔的发展空间。一些具备一定资金实力且财务管理比较到位的企业,非常注重资金的周转速度,为了减少流动资金在应收账款、应收票据等项目上的沉淀,往往会采取积极主动的方式,寻求表外筹资,将应收账款、应收票据等提前变现,早日获得所需资金,加速资金的周转,充分利用财务杠杆作用,获取更多的利润,谋求更大的发展。

(二) 粉饰会计报表,美化企业形象

按照现行会计准则和会计制度,各种表外筹资业务都不确认负债,同时也不确认相应的资产,而其所带来的收益,所发生的费用都确认为当期损益。由此导致的结果是:一方面,降低了资产负债率,提高了流动比率和速动比率,体现为公司的长期偿债能力和短期偿债能力比实际好,股东权益比率上升,公司资本结构因此而得到改善。另一方面,提高了总资产报酬率,人为提高了企业的获利能力。上述两点改善向企业的相关者传递了错误信息,对企业本身有利,而对外界产生了误导。表外筹资,通过粉饰财务状况可以防止企业信用等级下降,保证借款成本不会因此而上升,便于顺利通过银行审查,为企业争取更多的贷款支持。人为调节偿债能力和获利能力指标,容易使其他债权人、潜在的投资者、政府和社会公众作出错误的判断和决策,对企业有利,对相关者则遗患无穷。

三、信息披露

作为方便有效的融资方式,表外筹资可以为企业开辟新的融资渠道,缓解资金紧张的压力,加速资金周转,为企业带来利益。同时,表外筹资所造成的信息扭曲,可能给相关者的利益带来极大的损害。基于这一认识,应当趋利避害,在规范表外筹资行为的同时,加强信息披露,剔除其中的虚假信息,防止恶意乃至非法的表外筹资行为,在维护企业利益的同时保护相关者利益。表外筹资相关信息披露的主要途径是会计报表附注。尽管目前

还没有专门的准则对此做出规定,但相关要求散见于现行会计制度和会计准则之中。

9.4 企业营运资金融资政策

企业要生存,要发展则必须筹集和拥有一定数量的资金。企业的营运资金就是流动资产减去流动负债以后的余额。营运资金融资政策,指的是如何安排临时性流动资产和永久性流动资产。

一、配合型融资政策

配合型融资政策的特点是:对于临时性流动资产,运用临时性负债筹集资金满足其资金需要;对于永久性流动资产和固定资产(统称为永久性资产,下同),运用长期负债、自发性负债和权益资本筹集资金,满足其资金需要。配合型融资政策要求企业临时负债融资计划严密,实现现金流动与预期安排相一致。在季节性低谷时,企业应当除了自发性负债外没有其他流动负债;只有在临时性流动资产的需求高峰期,企业才举借各种临时性债务。

这种融资政策的基本思想是将资产与负债的期间相配合,以降低企业不能偿还到期债务的风险和尽可能降低债务的资本成本。但是,事实上由于资产使用寿命的不确定性,往往做不到资产与负债的完全配合。如本例,一旦企业生产经营高峰期内的销售不理想,未能取得销售现金收入,便会发生偿还临时性负债的困难。因此,配合型融资政策是一种理想的、对企业有着较高资金使用要求的营运资金融资政策。

二、激进型融资政策

激进型融资政策的特点是:临时性负债不但融通临时性流动资金需要,还解决部分永久性资产的资金需要。激进型融资政策下临时性负债在企业全部资金来源中所占比重大于配合型融资政策。由于临时性负债(如短期银行借款)的资本成本一般低于长期负债和权益资本的资本成本,而激进型融资政策下临时性负债所占比重较大,所以该政策下企业的资本成本较低。但是另一方面,为了满足永久性资产的长期资金需要,企业必然要在临时性负债到期后重新举债或申请债务展期,这样企业便会更为经常地举债和还债,从而加大筹资困难和风险;还可能面临由于短期负债利率的变动而增加企业资本成本的风险。所以激进型融资政策是一种收益性和风险性均较高的营运资金融资政策。

三、稳健型融资政策

稳建型融资政策的特点是:临时性负债只融通部分临时性流动资产的资金需要,另一部分临时性流动资产和永久性资产,则由长期负债、自发性负债和权益资本作为资金来源,与配合型融资政策相比,稳健型融资政策下临时性负债占企业全部资金来源的比例较小。由于临时性负债所占比重较小,所以企业无法偿还到期债务的风险较低,同时蒙受短期利率变动损失的风险也较低。然而，另一方面，却会因为长期负债资本成本高于临时性负债的资本成本，以及经营淡季时仍需负担长期负债利息，从而降低企业的收益。所以，稳健型融资政策是一种风险性和收益性均较低的营运资金融资政策。

9.5 中国企业筹资体系的演进

经过 20 年的不断发展，我国的企业融资体制已日臻完善。依照筹资体系的演进过程，大致可以分为债务筹资为主阶段、权益资本快速兴起阶段和混合筹资方式出现阶段。

一、债务筹资为主的阶段

在这个阶段，企业依赖于以银行为主渠道的债务融资，企业内部仅有的一点利润留存往往不足以应付企业技术改造和新产品的研制开发中的各项资金支出，使得向银行借款成为一种企业所乐于接受的融资方式。

其中最主要、最常见的有借款筹资、租赁筹资和商业信用等三种。

（一）借款筹资

借款筹资是一种企业直接与商业银行或其他金融机构商借的、偿还期限较为固定的筹资方式。其优点集中体现在：

(1) 筹资速度快、手续简便，使得企业取得借款所花费的时间较短；
(2) 企业可以就借款条件和期限等事项直接与银行商谈，从而灵活性较大；
(3) 筹资不涉及发行等问题，交易费用少，使得筹资成本低。

借款的偿还方式一般有三种：一是到期偿还本息；二是定期偿还相等数量的本息；三是分期偿还数额不等的本息。

（二）租赁筹资

租赁筹资是一种特殊的债务筹资方式。通常以专门从事租赁业务的一些非金融机构和租赁公司作为出租人，以收取租金为条件，在契约或合同规定的期限内，将资产租借给承租人使用的一种经济行为。由于租赁的实质是以实物资本而非金融资本进行借贷的一种行为，因而也具有债务筹资的诸多共同特点。

根据租赁的期限和双方权利义务关系的不同，租赁活动可分为经营租赁和融资租赁两大类。

（三）商业信用

所谓商业信用是指商品交易中采用延期付款或预收货款进行购销活动而形成的借贷关系，是企业在商品交易过程中货与钱在时间和空间分离而产生的直接信用行为，是企业界普遍采用的短期筹资的手段。具体形式包括应付账款、应付票据、应付费用和预收货款等。

1. 应付账款

应付账款是企业因赊购而产生的一种短期限债务,是卖方向企业提供的一种商业信用。

2. 应付票据

应付票据是由出票人出票,委托付款人在指定日期无条件支付确定的金额给收款人或持票人的票据。其特点是支付期短,一般为6个月;票面利率较低,甚至可以不带息,而且不需要保持相应的补偿性余额和支付协议费;到期必须归还,否则要交付远高于同期借款利率的罚金。根据承兑人的不同,可将其分为商业承兑汇票和银行承兑汇票。

3. 应付费用

应付费用是指在生产经营中预先提取但尚未支付的费用,或已经形成但尚未支付的款项。

影响应付费用利用程度的因素是应付费用的发生额和支付的间隔期。企业的生产销售规模越大,应付费用的发生额就越高,企业可利用的自然形成的资金就越多;同样,支付费用的间隔期越长,企业可利用这些资金的时间就越多。即:

$$应付费用融资额 = \sum 应付费用日平均发生额 \times 支付间隔数 \div 2$$

4. 预收货款

预收货款是企业在向买方交付货物之前预先收取的全部或部分货款的信用形式,其相当于买方向卖方无息借款一段时间之后,卖方以货物进行清偿的行为。

二、权益资本筹资快速兴起阶段

当前,在我国,筹措权益资本主要有发行普通股、留存收益转增股本以及使用风险投资等特殊权益资本进行筹资等几种形式。

(一) 主要方式——发行普通股

股票是股份公司发给股东,以证明其进行投资并拥有对公司所有者权益的有价证券。依据股东权利义务的不同,可分为普通股和优先股两种。发行普通股是股份公司筹集资金的主要方式之一,所筹集的资金是企业的长期自有的权益资本。

按普通股的发行价格与面值的关系,发行可分为平价发行、市价发行、折价发行和中间发行。对于股票市价的计算可按以下的方程进行:

$$P_e \times (1 - f_e) = \sum_{t=1}^{n} DIV_t / (1 + K_e)^t$$

式中,P_e 为普通股股票每股售价;f_e 为普通股股票筹资费用率;DIV_t 为 t 期股利。

(二) 未分配利润——留存收益筹资

留存收益又称保留盈余,是指减去分配给股东和转入缴入资本(对于股份公司应为股本)账户后的累计净收益。作为企业从内部筹集权益资本而非直接向股东筹资的一种手段,将留存收益转增资本(或股本)的实质是将股东应得的收益留存在企业进行再投资。这种权益资本的投资既不会改变企业的股权结构,也不会改变控制权结构。在我国,上市公司配送红股和资本公积金转增新股的实质就是留存收益筹资。

(三) 特殊权益资本筹资——风险资本

具有高成长性的处于创业期的中小企业可借助风险资本(Venture Capital)充实权益资本。风险投资除了具有投资风险较高的特点外,还拥有以下特征:

(1) 与普通投资相比,更关注项目的市场前景发展策略和管理队伍素质。
(2) 投资风险由风险基金和企业共担。
(3) 投资期限较长,一般为3~7年。
(4) 资金的互补性强。
(5) 强调资本的周期流动性。
(6) 以退出时的资本增值作为回报,而非以企业分红为目的。

三、混合筹资方式出现阶段

进入20世纪90年代,在我国,可供企业采用的一些具有权益和债务混合性质的筹资方式也孕育而生。

(一) 优先股

作为一种企业为了筹集资金而发行的混合型证券,优先股兼有股票和债券的双重特征。

(二) 认股权证

所谓认股权证全称股票认购授权证,是公司发行的一种长期股票买入权,其本身不是股票,因此也不享受股东的权益;其持有者可以在规定的时间内按照事先确定的价格购买一定数量的公司股票。认购权证的要素是认股数量、认股价格(E)和认股期限。根据认股权证的要素和股票的市场价格(P_E),可以确定认股权证的内在价值(V)。这可用下面的计算式加以说明:

$$V = (P_E - E) \times N$$

其中,N为换股比例,即每张认股权证可购买的普通股票数。

(三) 可转换债券

可转换债券是由股份公司发行的,可以按一定约定条件转换为一定数量的公司普通股股票的债券。其实质是一种股票期权和股票选择权,但不能脱离可转换债券而单独流通。

从目前情况来看,我国当前发展混合型筹资,益处是非常多的。不但有助于丰富资本市场的融资工具,提高资本市场的市场化水平,而且有利于实现企业资金来源的多样化,降低企业的融资风险,同时,还能提高社会公众投资者的风险意识等等。

9.6 企业融资理论与我国上市公司的融资结构

企业在成长过程中需要不断得到资金的支持,企业融资一般采用内源和外源两种途径,而外源融资则分为债权融资和股权融资。在我国目前利率水平较低的情况下,我国上市公司在融资方式的选择上,往往偏爱追求"配股"或"增发"的股权融资方式,而不是通过债权融资的方式优化资本结构。比较西方企业和我国上市公司的融资特点,可以提供有益的借鉴。

一、西方企业的融资结构及我国上市公司的融资特点

(一)西方国家上市公司的融资结构

从美、英、德、加、法、意、日等西方七国公司融资的实践来看,内源融资在各国都扮演了重要的角色。从国别差异上看,内源融资比例以美国最高,高达 77%;外源融资中,来自金融市场的股权融资比例最高的法国也只有 21.35%,而由于从 1984 年起,美国企业已普遍停止发行股票再融资,大量回购自己的股份,致使美国股票融资的比重出现负数。就资产负债率来看,据统计,西方七国企业的资产负债率除了加拿大在 50% 以下,英国在 50% 左右波动外,其他国家的资产负债率均在 60% 以上,而且相当稳定。可见,在外部资金来源上,债权融资确实具有相当的优势。

(二)我国上市公司融资结构的特点

对我国上市公司融资结构进行考察时发现,我国上市公司有着不同于其他国家的特征:

1. 资产负债率较低。我国上市公司资产负债率较低。从负债结构来看,上市公司流动负债比率较高,长期负债水平较低,所有者权益占总资产的比例较高。这与西方国家形成巨大的反差。但各行业上市公司都比非上市公司拥有更低的资产负债率,采掘业和木材、家具行业上市公司的资产负债率则大约为非上市公司的一半。就上市公司平均而言,也比全国非上市公司资产负债率的平均值低十多个百分点。这充分说明上市之后企业资产负债率大大降低,上市公司保留了较强的债务融资能力。

2. 股权融资在上市公司长期资金来源中占较大比重。考察融资状况,上市公司在保持了较低资产负债率的同时却并没有停止通过发行股票筹集长期资金,权益性融资一直维持在较高的水平。

二、我国上市公司融资行为的成因分析

作为融资行为主体的企业,它的行为受到企业目标的制约,而企业目标又是其所有者——股东目标的体现。所以,对企业融资行为进行分析就必须研究我国上市公司的股本结构。

我国上市公司股本结构较为复杂，既有A股、B股和H股，又有国有股、法人股、内部职工股和转配股等划分。A股、B股和H股虽然能够在证券市场流通，但三种股票却因流通市场不同而处于彼此分割状态；而国有股、法人股、内部职工股和转配股不能在股票市场自由转让，并且占总股本的比重过大。另外，国有股一股独大现象严重，在法人股股东中，国有产权占控制地位的比例很高。因此，我国上市公司产权性质可以概括为以国有产权为主导的股东主权模式。

占股份总额最大比例的国家股股东，由于缺乏真正的产权主体而失去了对公司的控制，股东企业价值最大化的目标被内部人的目标所代替，内部人基于自身成本收益的分析，在融资决策时呈现出股权融资偏好；而产权主体缺位的法人股东，也存在内部人控制现象，其内部人从自身攫取控制权收益角度考虑，希望上市公司通过股权融资，母公司的内部人极力利用控制权操纵上市公司的融资行为，从而使上市公司呈现出股权融资偏好；中小股东的投机心态使其放弃了企业价值最大化的目标，这进一步纵容了上市公司的股权融资偏好。

要改变上市公司不合理融资行为就必须从形成控制人股权融资偏好的根源着手。

（一）优化股权结构，完善公司内外部治理机制

公司治理机制及其有效性与公司融资结构密切相关。建立一套有效的企业治理结构，关键在于明确能真正承担企业最终经营风险的外部出资人，并形成一套机制，使外部出资人有动力和压力从经理市场择优选拔经理人员，同时有效监督和约束他们的经营行为。要解决我国上市公司内外部治理机制的缺失，有赖于上市公司股权结构的优化。我国上市公司股权结构的优化是一个长期复杂的过程，因而也是一个渐进的过程，不可能毕其功于一役。要依据稳步推进、稳中求进的原则，在坚持公平与公正、保护投资者权益的前提下，有计划、有步骤地推进，要稳妥做好股权分置等工作。

（二）发展经理人市场

市场配置资源和竞争机制是市场经济的两个最基本的特征。经营管理人员是最具活力的人力资源，按照市场规则对其进行配置，按照竞争的办法来选拔任用，是市场经济的应有之一。

（三）经理人的激励与制衡

企业经理人激励机制是否充分有效，关乎市场选择机制运行的效益。对公司内部人的激励与制衡，最佳的机制是让企业家人力资源资本化，与企业非人力资源一同分享与其控制权相称的剩余。

(1) 要确立以年薪制为主体的激励性报酬体系。

(2) 试行股票期权制度。

(3) 注重精神激励功能，发挥成就感、挑战性和责任等激励因素的作用。

案　例

零距离的资本——国内第一例在线融资案例始末

随着互联网创业和风险投资在中国的持续升温,一种为创业者和投资者彼此间相互选择提供"匹配"服务的、全新的互联网商业模式已在国内悄然出现。目前,这样的网站至少已经有4家,其中包括:中华创业网(SinoBIT.com)、时代联线风险投资网(VC-link.com)、维欣风险投资网(VCChina.com)、万维投资网(e-ventures.com)等。

这种提供Online投资中介服务的商业模式,以其服务对象的特殊性,引起了人们格外的关注,也引发了相应的强烈的疑问:这样的商业模式,在中国这样一个商业环境尚需极大改善的国度里到底能否行得通?

深圳市马强的融资遭遇为这个问题画上了一个肯定性的句号。

马强大学毕业后,在中国工作了5年半,干过各个行业,然后又到美国读书,回国后在深圳一家著名的国际咨询公司做事。1999年12月中下旬,马强开始了自己的创业生涯。按马强当时的情况,他自己预计最快也要到2000年7月份才有可能开通他的网站。

2000年1月20日,马强在花了几万美元自己的工资储蓄之后,开发出了一个未来产品的Demo版。这时,公司有3个创始人,6、7个员工。而马强也由此开始面临选择:是否要自己去找风险投资?尽管他认识很多风险投资商,但他们几乎都不做种子投资。偶然的一个机会,马强发现了SinoBIT.com,抱着试一试的心情开始了与SinoBIT.com管理层的接触。按照SinoBIT的建议,2月24日,马强参照SinoBIT网站上关于商业计划的标准格式完成了自己的商业计划。

2月29日,SinoBIT在接受了马强网上提交的商业计划之后,就正式与马强签约,开始了双方的合作。很快,一个来自于波士顿的个人投资者,和一家美国的风险投资机构对马强的设想产生了浓厚的兴趣。在经历了一段时间的E-mail沟通之后,双方经由SinoBIT的安排,在SinoBIT的会议室开了一次一个半小时的电话会议。投资方对会议结果感到十分满意,随后就委托SinoBIT对马强做了一个约有30几个问题的"尽职调查"。整个过程加在一起还不到两周半,美国的这两个投资方就做出了投资决定,随后飞到中国香港,与马强正式会面并签署了投资协议。

虽然说,涉及投资融资这样的问题,不可能完全经由网络来实现整个过程,但在线的企业融资服务经由这个案例仍然显露出其强大的生命力。SinoBIT总裁张磊在谈到他们所操作完成的这第一个案例时,十分兴奋地说:"整个这个事件是一个浓缩了的、经提纯的风险投资过程。我们SinoBIT在这个过程当中,实际上相当于一个激光束系统或是一个高效翻译系统,把双方的噪音都屏蔽掉,从而大幅度提高了沟通效率。"

目前,互联网创业领域有一个普遍性的现象,就是差不多每家网络公司都要有一个创始人来专门负责融资。"像 SinoBIT 这样的公司出现以后,这些企业的融资工作就可以完全外包出去,从而能够使创业团队更为专注于提升自己的核心竞争力。"张磊说。

本章小结

1. 现代企业融资理论有一个逐步发展的过程,主要包括 MM 理论、平衡理论、新优序列理论、代理成本理论、控制权理论等。

2. 依照筹资体系的演进过程,大致可以分为债务筹资为主阶段、权益资本快速兴起阶段和混合筹资方式出现阶段。

3. 我国企业筹资渠道和方式有其自身特点,目前国有企业筹资方式出现了多元化的发展趋势,如发行股票、发行债券、长期借款、融资租赁等。

4. 表外筹资即资产负债表外筹资,主要方式有经营租赁、应收票据贴现与背书转让、附有追索权的应收账款出售、资产证券化等。

5. 营运资金融资政策,指的是如何安排临时性流动资产和永久性流动资产,主要由配合型融资政策、激进型融资政策、稳健型融资政策。

6. 企业融资一般采用内源和外源两种途径,而外源融资则分为债权融资和股权融资。比较西方企业和我国上市公司的融资特点,可以提供有益的借鉴。

本章习题

1. 谈论现代企业融资理论的发展历程。
2. 谈谈中国企业筹资体系的演进过程。
3. 企业筹资渠道和筹资方式有哪些?
4. 中国企业筹资方式偏重于哪几种?
5. 什么是表外筹资?
6. 简述企业营运资金融资政策。
7. 考虑一下,中国上市公司的融资政策是怎样的?
8. 请对中外企业资本结构进行比较。
9. 讨论企业的筹资原则及其策略。
10. 如何改进我国上市公司的融资结构及方式?

参 考 文 献

1. Hans Christiansen and Ayse Bertrand. Trends and Recent Developments in Foreign Direct Investment,2002
2. Hymer,SH,The International Operations of National Firms:A Study Of Direct Foreign Investment,MITPress,1999
3. 陈湛匀.金融创新实务.上海:上海人民出版社,1995
4. 陈湛匀.国际金融市场.上海:上海社科院出版社,1998
5. 卢汉林编.国际投融资.武汉:武汉大学出版社,1998
6. 王霖编.特许经营.北京:中国工人出版社,2000
7. 赵晋平.利用外资与中国经济增长.北京:人民出版社,2001
8. 中国人民大学竞争力与评价研究中心.中国国际竞争力发展报告——21世纪发展主题研究(2001).北京:中国人民大学出版社,2001
9. 刘红忠.中国对外直接投资的实证研究及国际比较[M].上海:复旦大学出版社,2001
10. 陈浪南,陈景煌.外商直接投资对中国经济增长影响的经验分析研究.世界经济,2002(6)
11. 信用证与国际贸易融资法律问题.北京:中国金融出版社,2004
12. 王英辉.国际融资与资本运作.北京:中国物价出版社,2004
13. 陈晓莉.IMF救援方案的宏观经济绩效实证.北京:世界经济研究,2005(3)
14. 何佳,夏晖.有控制权利益的企业融资工具选择——可转换债券融资的理论思考.北京:经济研究,2005(4)
15. 李国安.国际融资担保的创新与借鉴.北京:北京大学出版社,2005
16. 曹勇.国际货币基金组织贷款条件研究:以阿根廷为例.北京:国际金融研究,2005(11)